ケインズ理論とは何か

# ケインズ理論とは何か

## 市場経済の金融的不安定性

ハイマン・P・ミンスキー
堀内昭義 訳

岩波書店

本書は 1988 年 5 月，岩波書店より刊行された．



First published 1975
by Columbia University Press, New York.
First Japanese edition published 1988,
this reprinted edition published 2014
by Iwanami Shoten, Publishers, Tokyo
by arrangement with Columbia University Press, New York
through Tuttle-Mori Agency, Inc., Tokyo.

# 緒　言

ジョン・メイナード・ケインズは特筆に値する人物であるが、それは彼の「革命的な」著作『雇用、利子および貨幣の一般理論』によるものである。本書はこの著作に焦点をあわせ、それが経済思潮に革命的衝撃を与えたという主張を詳しく検討する。本書の主な論点は、『一般理論』が経済理論における革命的変化を具体的に示していること、しかしケインズが何を語ったかにかんする今日の標準的な理解が形成される過程において、『一般理論』が意図していた革命は未成熟なものに終ってしまったことである。つまり、本書は『一般理論』の革命的な影響を回復するひとつの企てである。

本書は『一般理論』に関心を集中し、それ以前のケインズの貨幣理論に関する論考のほとんどを事実上無視する。ケインズの考え方を発展させ、説明し、解釈し、さらに定式化することを目指した膨大な文献もやはりほとんど無視される。これらのものを無視するのは『一般理論』以前のケインズの著作やケインズについての諸文献を私が重要でないとみなしているからではない。ケインズの業績とそれが引き起こした議論を徹底して文献学的に研究することは、私の次のような主張を読者に円滑に伝える妨げになると思われるからである。私の主張したいのは、『一般理論』の無視されてきた側面の中に、資本主義の経済過程にかんして、現在われわれが当面している経済分析上の課題と政策問題にとって、標準的な経済理論が内包しているよりもはるかに適切な理論が存在していることである。

ここに叙述されているケインズ解釈を、私は長い年月をかけて発展させてきた。ひとつの素材は金融市場の不安定に関する私の著作であった。もうひとつの素材は、標準的なケインズ解釈にそれぞれ独自の方法で批判を加えてきた経済学者たちの著作であった。ジョーン・ロビンソン、G・L・S・シャクル、ニコラス・カルドア、シドニー・ウエイントローブ、ポール・ディヴィッドソン、ロバート・クラウアー、そしてアクセル・リーヨンフーブッドは、私の考え方に影響を与えた批判者のなかで傑出した人々である。標準的な経済理論に対する批判という点でのこれら同僚と私がどういう点で意見が一致し、どういう点で意見が分かれるかをこと細かに述べるとすれば、本書よりもはるかに長大な書物となったことであろうが、しかしそのような諸論考の批判や精緻化は、私が読者に伝えたい主張を明確にすることをかえって妨げたであろう。

私の考えの発展を助けたもうひとつの素材は、ケンブリッジにおいて過ごしたきわめて快適なサバティカル・イアーの間に私がまじえた議論であった。とりわけ、私はドナルド・モリッジに感謝したい。彼は後にジョン・メイナード・ケインズの著作選集の第一三巻(『一般理論とその後：第一部、準備』)と第一四巻(『一般理論とその後：第二部、弁護と発展』)として出版された書物を準備するために、ケインズの論文の山にちょうどもぐりこみはじめたところであったが、非常に有益な議論を私と交わしてくれたのである。しかし、本書においては、第一三巻と第一四巻に採録された題材は明示的には考慮されていない。これらの巻が出版されたときには、私の原稿は出版者の手許にあったのである。さらに言えば、この題材を詳細に調べることとは、本書とは全く異なる書物の主題である。

ドナルド・モリッジに加えて、ジョーン・ロビンソン教授、W・B・レッダウェイ、さらにオーブリイ・シルバーストンとアラン・ローに対し、ケンブリッジ滞在中に私に与えて下さった優遇に感謝したい。私は、フィリス・フリーマン、ローレンス・H・メーアー、モーリス・タウンゼント、およびバーナード・シュルの鋭い批評、批判にきわめて多くのものを負っている。以下本書には過誤や誤解があるかもしれないが、上に名を掲げた人々の誰もそれに責任はない。

私は私の著作に援助を与えて下さったことについて社会科学研究評議会、ナショナル・サイエンス・ファウンデーション、そしてもちろん私の本拠地のワシントン大学に謝意を表したい。それらの諸組織も本書に述べられていることに何の責任もない。コニー・プリチャードさんは、原稿のタイプと事務的作業において手早く効率的でしかも良心的であった。スーザン・シィフさんはゲラ刷りをチェックし、索引を準備する仕事をきわめて能率良く引き受けてくれた。コロンビア大学出版局のバーナード・グローネルトとカレン・ミッチェルは私に対して辛抱強く、しかも援助を惜しまなかった。

ジョン・メイナード・ケインズ著『雇用、利子および貨幣の一般理論』からの多くの引用を許可して下さったことに対して、ハーコート・ブレイス・ジョヴァノヴィッチ社と王立経済学会に対して謝意を表したい。

私の妻エザーに対し特別に感謝したい。彼女はそれと分からない多くの方法で私の著作を助け、かつ示唆を与えてくれたのである。

一九七五年六月

ハイマン・P・ミンスキー

# 序論

どのような学問についてもその学説の流れの中に、その理論的中枢が整然と位置づけられている時代が存在する。また、この中枢が混乱に陥っている時代もある。理論的中枢が整然としている時には、理論の内容にかんして幅広い合意が成立しており、それは、観察される事象を解釈する上で、また政策や技術の指針として役に立つ結果をもたらすかに思われている。理論的中枢が混乱しているときには、熟達した実践家たちの間でその内容について意見の一致がみられない。また、対立する諸理論が存在し、しかもどの理論もそれによっては説明が困難であるような観察事象を抱えている。どの理論もその有用性は限られているようにみえ、理論では説明しえない現象がいたるところに存在している。

数年前——つまり一九六〇年代初頭から中葉にかけて——には、マクロ経済学と金融理論はよく整った完成度の高い学問体系であるかに見えた。その時点においては、社会科学に固有の様々な異常現象はあるものの、ケインズの革新と古典派の総合に添った道具建てと理論とを統合した新古典派総合が、理論および実証的研究、そしてさらには経済政策の分析と処方箋とに指針を与えることができる適切な枠組であるということに、ほとんどの専門の経済学者が合意しているように見えた。今日では、主として、経済政策上の失敗が、いわば批判的な実験のごとき役割を演じた結果、その分析上の基盤の欠陥を露呈したためもあって、マクロ経済学と金融理論は混迷状態にある。

ケインズのもっとも高名な著作『雇用、利子および貨幣の一般理論』の最後のパラグラフには、次のような頻繁に引用される文章が含まれている。「経済学および政治哲学者の思想は、彼らが正しいときにも、あるいは間違っているときにも、通常理解されているよりも力をもっている。実際、世界は何にもまして彼らの思想によって支配されているのである。」(『一般理論』三八三頁) 上の引用文に先立つ文章で、ケインズは次のように述べている。「まさに現時点において、人々はより根本的な診断を普段にもまして待望している。とりわけ、その診断がもっともらしいものでさえあれば、彼らはそれを受入れ、その処方を徹底的にやりとげたいと思っているのである。」(『一般理論』三八三頁)

私がこの本を書いている時点におけるアメリカの雰囲気は、ケインズが描いたものと似ている。世界的規模の大不況を引き起こす切迫した原因は確かに存在しない。しかし、長引くインフレーション、豊かさの中にある貧困ばかりではなく、豊かさのゆえに生じる貧困の意識、ひさかたぶりに体験された金融不安定性とそれに対する危惧の念、そして国際貿易や国際金融にかかわる未解決の諸問題、これらのことがらのゆえに、経済と経済学の双方の現状に対する切実な不満がみられる。また、経済に影響を及ぼそうとして採用されてきた政策手段に対する幻滅感が広がりつつある。したがって、当然のことながら、これらの政策手段は有効であるという結論を示してきた理論的枠組は再検討されるべきなのである。

かくして、明らかに一九七〇年代の状況においては、『一般理論』が一九三〇年代に引き起こしたと同様の「知的革命」が再び生じる機が熟している。

本書は、経済学に対するケインズの主要な貢献を解説するのであるが、ここにおいて私は、先進資本主義を理解する方法にかんする「第二の革命」を生み出す契機が、『一般理論』においてケインズによって提起され、その後に無視されてしまった議論のいくつかの側面とその理論的延長の中に見出せるのだと主張したい。私の考えでは、伝統的な経済学の体系の中でおなじみとなり、一般に受入れられてきたものはケインズの議論の本質的部分の一部に過ぎないのである。旧い思考枠組――ケインズはそれを古典派経済学と呼んだ――の中に簡単に取り込める考え方、そして一九三〇年末と一九四〇年代初頭の世界経済が差し当たり直面していた問題、即ち大恐慌の経済不振の克服、および第二次世界大戦のために物資を動員し戦争を遂行するという二つの課題にとってもっとも意味があるような考えが受入れられたのであった。私はまた、これまで無視されるか、あるいは見失われてきたものこそ『一般理論』の本質を示す主要部分であると言いたい。つまり、この見失われた部分こそ旧弊な古典派の教義にとって基本的な定式と、鋭く対立するものであり、さらに先進経済が目下直面している諸問題にとってより重要である。要するに、新古典派総合と呼ばれる、ケインズ主義と古典派経済理論との折衷はケインズの業績の精神と本質の双方をおとしめるものにすぎない。

新古典派総合の発展の過程で無視されているものの本質は、次の三つの表題に分類することができる。すなわち、不確実性の下での意思決定、資本主義の経済過程の循環的性格、そして先進資本主義経済における金融上の諸関係の三つである。新古典派総合においては、ケインズによって強調された不均衡、つまり「われわれが実際に生きているのは〔決して到達されない均衡点の間の〕移行過程においてであるという事実」(『一般理論』三四三頁)は無視されている。新古典派総合のモデルは本質的に時間を含んでいないのに対し、ケインズは『一般理論』において常に時間、移行過程、そして特定の状況の一時的な側面を強く意識していた。さらに、『一般理論』がきわめて明確に、特定の制度的特性をもった経済を考察したのに対し、新古典派総合に代表される標準的な解釈では制度的な性質は捨象されている。とりわけ、新古典派総合の様々のモデルでは、ケインズにとって中心的な問題であった金融メカニズムはほとんど常にきわめていびつな形で扱われているのである。

『一般理論』の議論の通常無視されてきた側面を考慮に入れると、直ちに資本主義経済過程のひとつのモデルが浮かび上がってくる。そしてこのモデルは好況、不況、そしてインフレーションを伴う深刻な低迷状態にあるアメリカおよびその他の先進資本主義経済の動きを説明するのに、今日の主流の理論よりも有用であり、かつ政策決定に際してより役に立つのである。本書において再解釈されるように、ケインズは新古典派の理論体系の基本構造——生産関数と一定不変の選好体系——についてのわれわれの経済的思考の再検討を迫っており、そうすることによって、今日きわめて重要な「どのような種類の」という問題と「誰のために」という問題にかかわるまっとうな経済提言への道しるべを示している。

通説的な理解が示すように、ケインズの理論は完全雇用を達成するために金融財政政策の利用を提唱しており、今や金融財政政策はきわめて正統的な方法になっている。標準的な経済理論によれば、どのような種類の産出物が生産され、その産出物がどのように配分されるかは、経済がもっている基本的な生産と選好にかんする性格によって決定される。ケインズの別様の解釈からは、一般的な完全雇用政策という枠を越えて、どのような種類の雇用がもたらされるか、そしてどのように(誰に)所得が分配されるかという問題を政策決定に結びつけることを可能にするような見通しが得られるのである。このようにして、現実との関連性をもった政策の次元が広げられている。

『一般理論』の議論の中には、数多くの異なる議論の筋をみつけ出すことができる。いくつかの筋は古くからの古典派理論に逆もどりするものであり、それはケインズ自身が警告していた「習慣に堕した思考方法と表現方法」(『一般理論』viii頁)から彼自身も完全にはまぬがれていなかったことを示している。一方、他の筋道は旧弊な考え方からの離別につながっている。ケインズはそれらの議論の筋を明確に区別しなかった。たった一度だけ、ヴァイナー教授の書評に対する彼の反論(これは以下の議論で中心的なテーマとなる)の中で、ケインズは彼の書物の解釈が妥当であるかどうかについて公に議論したのである。ヴァイナーの書評はケインズの新しい理論を古い理論と結びつけており、ケインズはこのヴァイナーの解釈を、妥当でないと非常にきっぱりと否定した。他の解釈の中にも、古い理論との関連にこだわったものもあったが、ケインズはそれらを無視してしまうか、あるいは深く考慮することなしに受入れた。それらの標準的解釈はケインズと、彼が廃棄しようと意図した古典派の教義とを結びつけようとしたものである。ケインズがそれらをまともに反駁しようとしなかった結果、それらの標準的解釈はある程度の正統性を主張することとなったのである。しかし、これらのいささか疑わしい正嫡は、正統派経済理論の枠組からケインズが抜け出したことを示す『一般理論』の形質、つまり先進資本主義的経済を考慮する際の代替的な視角を示す形質を受けつがなかったのである。

『一般理論』の新しい点を強調したいので、私は『一般理論』以前に経済学者としてケインズが著した幅広い著作をほとんど無視してしまう。(とはいえ、『一般理論』の社会哲学と公共政策の含意を叙述するにあたって、私はケインズの導き出している含意が彼が一九二〇年代に抱いていた考え方と明らかに整合していることを示そうと思う。) 私はまた、彼の多彩な経歴の他の側面を無視する。わたしの焦点は狭いものである。つまり、経済学に革命を引き起こそうとする努力としての『雇用、利子および貨幣の一般理論』に私は焦点をあわせるつもりである。

以下では、ケインズが『一般理論』の中でおこなったように、あたかもわれわれが閉鎖経済を分析しているかのように議論しよう。明らかに、理論の応用に際しては――それが標準的理論であっても、あるいはまた新たに解釈しなおされた理論であっても――国際的な影響とそのフィードバックを考慮に入れなければならない。とくに私のケインズ再解釈では、金融市場の諸関係、その攪乱またはその不安定性が、経済の動向を特徴づける経済体系の様々な局面において主要な役割を演じる。一九六〇年代および一九七〇年代前半の状況をみると、先進資本主義経済の間で一般的となっている、半ば開放された経済体系においては、金融市場の混乱や不安定性の重要性は、これらの経済の各々を孤立したものとした場合よりも、どちらかと言えば大きい。したがって、金融制度をあたかも閉鎖経済と関連しているかのように扱うという議論の立て方は、説明上の便宜と必要性のためである。ケインズの理論を景気循環など金融市場の不安定性の文脈で解釈した場合の骨子はそのような議論の枠組の中で表現できるのであり、関心の範囲を相互に連関し合う開放された資本主義経済システムへ広げてみても、この議論の力を強めることすらあれ、弱めることはありえないのである。

# 目　次

# 第一章 『一般理論』とその解釈

ケインズがマルクス、ダーウィン、フロイトおよびアインシュタインとならんで、現代の知的革命を導いた偉大な思想家の殿堂にまつられるべきだとすれば、それは彼が、ひとつの科学として、また公共政策の有意義な手引きとしての経済学の形成に貢献したためである。そして彼の貢献は著書『雇用、利子および貨幣の一般理論』の中に盛り込まれている。

この書物は一九三六年二月に出版された。ケインズはその時五二歳であった。彼が専門の経済学者として最初に印刷物を著したのは、一九〇九年である。彼の最初の専門論文「インドにおける最近の経済事情[1]」は、一九〇七―〇八年の世界的不況と金融的混乱がインドに及ぼした影響を分析しているが、とくに金融的現象、つまりルピー問題の構造に力点が置かれていた。この最初の論文から一九三五年に至るまで、彼は金融経済学の諸問題に特に力点を置きつつ幅広く経済問題について書き、専門家と一般大衆の双方に呼びかけた。彼の国際経済学への重要な貢献でさえ、主に財政、金融の側面を扱ったものである。

一九三五年に先立つ二五年間の経済学における彼の仕事は、細かい点では新しく、しばしば論争の種となり、そして公共政策を論じる際には通説から離れる顕著な傾向を示していた。しかし、それでも全体としては、彼の仕事は主流派経済学の教義の中にとどまっていた。つまりケインズの批判は、それを標準理論そのものとみることはできないが、標準理論への内在的批判であったのである。『一般理論』の出版以前のケインズの経済理論に対する本格的な貢献を簡単に特徴づければ、当時の標準的な貨幣理論――つまり数量説――の展開を、より正確にするように努めることに主として心を砕いたことなのである。

貨幣数量説の基本的命題は以下のようである。すなわち均衡において貨幣は、相対価格、所得、および産出量が貨幣数量に依存しないという意味で中立的である。また、一般物価水準は貨幣量によって決定される。そして、分権化された(市場)経済は根本的に安定的である。『一般理論』以前のケインズの立場は次のようなものであった。すなわち、これらの貨幣数量説の命題は基本的には正しいが、しかし、長期的な結果が実現されるまでのメカニズムとその過程にかんして、その理論は曖昧かつ不正確である。そして、貨幣数量説が完全に受入れられるためには、均衡と均衡との間において――つまり不均衡、あるいは一時的状態と定義される短期において――経済がどのように動くかについてもっと知らなければならない。

『一般理論』は貨幣数量説にかんするこの初期の立場との鋭い対立を示した。ケインズは正統派経済学の理論的基盤、経験的基盤に対していきいきと楽しげに攻撃を加えたのである。彼は、好況と危機にさらされた資本主義経済を分析しているということを明示的に認めた分析枠組の中で、経済理論の課題を、短期における総需要、そしてそれと直接結びついた雇用を決定することと定義し直した。彼は消費関数や流動性選好などの新しい分析道具を導入し、不確実性など主流の経済学になじみのない概念を利用した。彼の分析は、貨幣が中立的ではないという結果を生み出した。数量説とは対照的に、彼の理論は実物諸変数が本質的な形で貨幣ないし金融変数に依存していること、価格水準は貨幣量のみに依存するわけではないし、また主として依存するとさえも言えないこと、そして、分権化された、計画化されていない資本主義経済――経済政策が適切な形で介入しない経済――はその移行過程において完全雇用を伴う安定的な均衡へ向かう自己修正的な体系ではないことを明らかにした。ケインズの新しい考えでは、完全雇用はたとえそれが達成されたとしても、それ自体がひとつの一時的状態であった。

『一般理論』は良く宣伝された大作として姿を現した。ケインズと、ケンブリッジやその他の場所においてケインズを取り囲んでいた若い世代の経済学者たちによって大作として宣伝されたのである。ケインズはジョージ・バーナード・ショウあてにこう書いている。「私は、世界が経済問題について考える考え方を……大いに変革するであろう経済理論についての本を自分自身で書いているのだと信じています。」[2] その本は、ケインズの多くの同僚たち、とりわけ若い世代の経済学者、その当時大西洋の両側において学界へ新規参入してきた経済学者たちによってまさにそのように受け取られた。ポール・M・スウィージーがケインズへの追悼文で述べているように、『一般理論』は「イギリスとアメリカにおけるすべての第一線の若い教師と学生の間に……自由と知的な刺激の感覚を生み出した。」さらに、ケインズは「経済学者の全世代に対して、新しい展望と新しい航路とを切り開いたのである。[3]」

『一般理論』は直ちに成功作となった。それにもかかわらず、その出版の時点から、ケインズの貢献の意義を削りとり、それに過小評価を与えるという過程が始まっていたのである。この過程にはJ・R・ヒックスのように、見かけの上では新しい教義の友人となった学者と、J・ヴァイナーなどの明らかな敵対者の双方が力を貸した。

今日専門の経済学者間の支配的な考えは次のようなものであろう。ケインズが論じたモデルは、たかだか、興味深いが、おそらく間欠的にしか生じないような特殊ケースを扱っているのであり、一般的に言ってケインズは古い古典派経済学を新しいケインズ経済学によって置きかえることに成功しなかった。たとえば、よく売れている教科書『マクロ経済学』の序論において、ガードナー・アクリー――ケネディ＝ジョンソン時代の「ケインズ派」大統領の経済諮問委員会の、最初は委員(一九六二―六四年)であり、次いで委員長(一九六四―六八年)となった――は、「ケインズの著作は「古典派」の考えの転覆というよりはむしろ拡張を示している。そしてポスト・ケインジアンの研究水準はケインズ自身の偉大な貢献が達成した高い水準をさらにはるかに超える水準に達した[4]」と述べている。

ケインズの業績についてのアクリーの評価は決して例外的なものではない。今日流布している多くの考え方は、『一般理論』の出現を歓迎したあの興奮は間違いであったという印象を与えるものである。今日の観点によれば〔ケインズの議論の中で〕正しかったものは新しくなく、新しかったものは正しくなかったようである。アクリーに例示される今日の解釈か、あるいは、スウィージーや他の人々が『一般理論』を迎えた際にとった、ケインズの業績を知的な革命であるとする解釈のいずれかが、『一般理論』の内容を誤って解釈しているのである。それらの両方ともが正しいということはありえないのだから。

本書の立場は、『一般理論』についてのケインズ自身の評価、および――スウィージーを一例とする――彼の同時代人たちの評価、つまりそれを革命的な業績とする評価が正しいというものである。この著作は、経済学と社会にかんする経済学者の観点に深刻な知的革命を生み出す胚芽を含んでいるのである。しかし、それらの胚芽は完全には花開かなかった。この著書の考えが学者によって解釈され分析され、さらにはその同じ学者によって公共政策の手引きとして利用されるにつれて、科学革命は胎児の段階で間引かれてしまったのである。

『一般理論』が正式に出版される以前においてさえ、ケンブリッジにおけるケインズの講義や回覧されたゲラ刷りに基づいて、専門の経済学者は新しい理論を古い理論に結びつけ始めた。もちろん金融における古い理論は、貨幣数量説である。『一般理論』解釈の過程は、結果として学界と政府部門の双方において古い理論にとってのほとんど完全な勝利をもたらしたのであった。サムエルソン、パティンキン、モディリアニ、そしてフリードマンなど現代のアメリカの経済学者たちの著作の中に例示されている支配的な新古典派総合はケインズ的であるよりも、古典派的である。それらの著作では、貨幣数量説の一般的な、あるいは「原則的な」妥当性が支持されているのである。

古典派理論のこの勝利によって、『一般理論』の出版以前の教義を特徴づけていた現実経済の運行にかんする不毛な定式化と見当違いの多くが、アカデミックな経済学の中で復活してきた。今日の主流派経済学の構築者のひとりであるパティンキンは、彼の影響力の大きい、名声を博した『貨幣、利子および諸価格の一般理論』の序論において、次のように書いた時、実は経済理論が的はずれであることを称賛しているのである。

貨幣数量説の命題は、通常その唱道者たちや、とりわけ(a fortiori)その批判者たちによって必要と考えられていたよりもはるかに弱い制約条件の下でも成立する。反対に、ケインズ主義貨幣理論の命題は『一般理論』や後の説明がわれわれに信じさせていたよりもはるかに一般性を欠いている。しかし、このことは実行可能な完全雇用政策の定式化にかんしてケインズ派の失業理論がもっている重要性を何ら減じさせることにはならない。(5)

『一般理論』が一九三〇年代にあっという間の成功を収めたのは、それが現実と密着していたせいである。それが出版された当時、世界とりわけアメリカは大不況の七年目にあった。その当時の新聞論調では、この大恐慌は一九二九年のウォール街の株価大暴落によって引き起こされ、その他の多種多様な金融的衝撃と危機によってさらに悪化されたものである。危機の頂点を示す事件は、フランクリン・ルーズヴェルトがハーバート・フーヴァーに次いで大統領に就任した一九三三年春のアメリカ銀行制度の崩壊である。
一九二九年から『一般理論』が出版されるまでの苦しみの年月の間、正統派の経済学者たちは、積極的な公共政策を政治的に実行可能な形で提案するようなことをほとんどしなかった。正統派の経済学者たちは、市場機構の自律的回復力を信じていた。つまり、当時支配的であった正統派理論は、財政政策のような市場機構への介入を含む不適切な政策が事態を悪化させなければ、経済回復は適当なタイミングで生じるであろうと主張したのである。
経済学者の中には、理論的には正統派に属していたが、通説からはかけ離れた政策を一九三〇年代初頭に提言をした者があった。イギリスが慢性の失業問題に苦しんでいた一九二〇年代の後半を通じて、ケインズは政策提言の点で非正当派的であった。つまり、彼は一九二九年の総選挙において、財政赤字を伴う公共事業を失業問題の緩和のために提案することによってロイド・ジョージを支持した。しかし、公共事業の効果についての彼の分析は混乱していた。これは整合的な理論的基盤をもたないが、しかし的をはずしていない政策提言の好例である。[6]
大恐慌期のアメリカで、通説からはずれた提言をしていたアカデミックな経済学者のもっとも重要な集団は、シカゴ大学の周辺に集っていた。大恐慌のどん底にあって、これらの経済学者は、今日だったら拡張的な金融・財政政策と呼ぶことができる政策を提案したのであった。しかし、彼らの政策提言は、その政策が正そうとしている現象が、経済体制のどのような特性から由来しているかを説明できるような資本主義経済の過程にかんする理論的モデルに立脚するものではなかった。

このグループの中でもっとも説得力のあったシカゴの経済学者ヘンリー・C・サイモンズの著作においては(7)、大恐慌をもたらしたアメリカ経済の欠陥は、主として銀行組織の制度上の弱さと政策当局の失敗によるものであって、資本主義経済の本質的な性格によるものではないと考えられていた。暴落とか危機とかのできごとが起こった後では、事態が悪化した原因を何らかの人間的な失敗や制度上の欠陥のせいにすることはいつでも可能であるから、このサイモンズの立場は本質的に論駁不可能である。サイモンズの政策上の処方箋は、後のケインズ理論の視野から判断すれば適切な方向にむいていた。しかし、彼の議論の出発点となった理論モデルが伝統的なものであったため、それは体系的で分析的に完結したモデルから導き出された結論ではなかった。そのため、サイモンズの見通しは予測能力がなく、政策的処方箋のための議論は説得力をもっていなかった。サイモンズは、その当時あらわになりつつあった資本主義の欠陥の原因と対決するのではなく、言わば対症療法を提案していたのである。

フランクリン・ルーズヴェルトは積極論者で経済を再活性化するために何かをなさねばならないと考えていたのだが、彼が身内の専門家として役立てるためにワシントンへ連れてきた経済顧問は、大統領に対して一体何をなすべきかにかんする真面目な、かつ体系的な助言を提供できなかった。それらの顧問の影響の下に、彼は金のドル価格をあれこれいじくり回すことによって物価――とりわけ農産物価格――を引上げようと努力したのであった。二、三年後にようやく、ワシントンで働いていた若手の、最初はあまり影響力をもたなかった顧問が『一般理論』の出版に先立って、経済を拡張するための財政政策の利用を提唱し始めたのである。しかしこの提言は、ルーズヴェルトの第二期目に至るまでは、実際に政策に影響を及ぼすことはなかったし、第二次大戦以前には財政支出と財政赤字に対する支配的な偏見が克服されることはなかった。ルーズヴェルトの第一期中の政策運営は整合性を欠いていたため、一九三二―三三年のどん底から最初の回復を示していた経済は、整合性のとれた拡張政策の下であったなら達成されたであろうよりも、より低迷した状態にとどまっていた。一九二九―三三年の金融市場の混乱のせいで、民間部門の支出パターンが当分の間低迷し不振をつづけるであろうことは疑問の余地がありえなかった。したがって、一九三三―三九年という時期は、整合的な「拡張的」政策は必要でもあったし、また非常に効果があったはずである。(8)

正統派経済学者の主たる対抗馬はマルクス経済学者であった。マルクス主義的感情はケインズの知的基盤であったイギリス・ケンブリッジの学部学生や若い大学院生の間で、強力であった。結局、『一般理論』は「赤い三〇年代」(the red thirty)に書かれたのである。正統派マルキストの理解では、大恐慌は資本主義には不安定性が内在しているとする考えの正しさを確証していた。かくして、経済不況に見舞われていた最悪の日々に、正統的経済学者と主流派マルキストは次のような同じ政策上の結論に到達したのであった。その結論とは、資本主義経済の中においては、経済不況に対処するのに有効な手段は何もないということである。一九三〇年代を通して、経済学者たちは、彼らが自らに保守派、自由派あるいは急進派のいずれのレッテルをはるにしても、明らかに同じ陰うつな結論に達した。つまり、資本主義においては、経済的不況は自生的に生じるのであり、それが自然に終熄するのを待つ以外にない。人々も社会も規則的に繰り返し生じる困難に対して何とか適応するしかないというのである。

イデオロギー的には、ケインズはマルキストの陣営にも、また正統派の陣営にも属していなかった。エドワード朝啓蒙主義の申し子であり、ブルームズベリー・グループの一員として認められていたケインズは、当然のことながら通説や権威をもった考え方に対して懐疑的であった。彼はヨーロッパ風の表現に従えば「左翼」(man of the left)ではあったが、ブルームズベリーの若いメンバーとともに一九三〇年代のより過激で教条主義的な左翼へ接近しなかったのは、彼が社会の専門的な研究に精力を傾注していたためであったかもしれない。戦間期を通じて、彼は一個の権威ではあったが、様々の政府部門に属する権威ではなかった。彼はある程度独立した、進歩的立場に身を置いており、彼が所属し、忠誠心をもっていた政党は自由党であった。温和な左翼という中間的なイデオロギーの立場と、左翼は問題の所在を理解しているが、それに対する解答をもっていないという判断とが『一般理論』を生み出したのである。この著書は専門的な経済学者の冷徹な合理主義と、現状よりもましな何事かを実現するべきであるし、またそれは実現可能であるという感情への一人の人間のこだわりとの結びつきから結実したとみることもできよう。

『一般理論』においてケインズは、知的にも、また政策的提言という点でも、正統派とマルキストが支持した陰うつな考え方に代るものを提示した。彼の分析では、一九二九年とそれ以降に生じたできごとは、偶然的な要因というよりもむしろ体系的な要因の結果であった。彼は分析の焦点を資源配分の問題から総需要の決定の問題へと移した。彼の新しい理論は政策が決定しうる変数の導入を可能とした。とりわけ、彼は総需要を定義して、政府需要と民間需要とが失業が存在する場合には補完的となり、完全雇用状態においては代替的となると考えたのである。彼の理論体系は積極論者の政治家や自由主義者の知識人の直観にうったえるような政策運営を正当化する分析を提供した。すなわち不況期には、公共事業はそれが適切に選択されたものであろうが、その選択が不適当なものであろうが、完全雇用の実現に役立つのである。彼の分析によって正当化された政策手段——今日ではそれは財政支出政策と呼ばれている——は、景気循環は避けられないが、しかし、制御しうるものだと約束した。ケインズは正統派経済学とマルクス経済学の双方の不毛な理論と悲観的な結論に対する代替物をもたらした。彼は経済学を「ひき戻して、現実世界との接点をもたせた」[9]のである。

『一般理論』とケインズの人格の中には、伝統的な経済分析との連続性が存在していたことも看過できない。このことが、この書物自身は伝承されてきた教義と明らかに訣別するものであったにもかかわらず、正当性をもった知的革命として、一時的ではあれ、直ちに受入れられたもうひとつの要因であった。

『一般理論』以前のケインズの主要な著作は『貨幣論』(A Treatise on Money)であるが、そこにおいて彼は、貨幣数量説が働く動学的メカニズムの決定に主たる関心を注いだ。彼が取り組んだ問題は、貨幣量の変化が経済にどのように作用して、数量説の基本定理が成立することになるのかを正確に決定することであった。それまで受け継がれてきた貨幣数量説によれば、貨幣は長期的には経済の動きに根本的な影響を及ぼさない中立的なヴェールである。しかし受け継がれてきた理論は短期的調整過程を分析していないので、なぜこのような結論となるかに適切な説明を加えていなかった。標準的な数量説を支えているパラダイムは単純な、時間を含まない交換と生産の経済であり、主体間の取引は物々交換でおこなわれるような経済である。貨幣は交易が生じるために必要な欲求の二重合致(a double coincidence of wants)の必要を取り除く有効な道具として標準理論に導入される。そのような二重の合致は、取引者の仲立をしたり在庫を保有する専門化した取引仲介業者が存在しないときに物々交換がおこなわれるのに必要だとされる。貨幣のこのような抽象的な概念を用い、さらに時間、耐久的生産設備、および企業を不自然な形で導入しているモデルにおいては、貨幣数量の変化は価格だけに影響し、産出量、雇用そして産出物の構成は物々交換の体系において決定される。

『貨幣論』においてケインズは、銀行によって創造され間接的に企業の負債を表現しているという点で、標準的な理論によって認められているよりも現実味のある貨幣の概念を用いている。ケインズによれば、貨幣的な変化を基本的には実物変数に影響を及ぼすことなく物価水準へ伝える短期メカニズムは、まず最初に企業の投・融資活動を変化させることによって作用する。第一に、貨幣量の増加は融資される投資額を増加させ、産出量に占める投資シェアを増加させる傾向がある。他方、この投資の増加は供給を上回る総需要増加をもたらす。この総需要の超過は産出量を変化させることができないので、価格を変化させる。さらに、ひとたび貨幣の拡大が止まれば、投資は産出量との関係で以前の状態へ戻る。

『一般理論』においては、ケインズの焦点は、貨幣が一定の産出量の中での投資シェアにどのような影響を及ぼすかということから、何が一般的に総需要と総生産を決定するかという問題へ移った。貨幣量は総需要を決定する多くの要因のひとつにすぎない。時には貨幣の変化は総需要を変化させるうえで効果がないかもしれない。完全雇用が実現される前の段階では、総需要は利用可能な資源に対し雇用される資源の比率を決定する。このようにして、ケインズは貨幣経済学の枠を拡げて、財政その他の総需要の決定要因を包含させたのである。その結果、貨幣理論はマクロ経済学となった。そして主要な論点は物価水準の決定から、生産、雇用、および価格の同時決定へと移ったのである。

ケインズの業績がもつ性質を解釈するうえで大きな問題は、『一般理論』が『貨幣論』や他の数量説の著作に盛られている考え方を、恐らくはもっと華々しい、もっと気のきいた定義の組合せを用いて飾り立てたものにすぎないか、それともそれ以前の教義から明確に訣別しているかということである。両者ともに観察された現象——価格あるいは生産——が決定される過程を考察してはいるものの、『一般理論』は『貨幣論』のもつ基本的な理論的視点を否定しているというのが本書の考え方である。

『貨幣論』においては、生産量と雇用量は終始貨幣的要因から独立の実物的要因によって決定される。分権化された資本主義的経済の市場機構は、完全雇用と呼びうる状態を達成すること、そして完全雇用からの乖離は一時的であって、連邦準備制度のお粗末な政策や不安定な銀行制度など、本質的とは思われない欠陥に由来すると仮定されている。

『一般理論』の考えでは、完全雇用を達成し、さらにはそれを維持するような自然の傾向は存在しないというものである。つまり、資本主義経済の基本的な経路は循環的だというのである。

『貨幣論』は、生産関数と単純な選好体系に立脚した理論的分析枠組によって経済システムの動きを決定することに依存していた。『一般理論』においてはこの分析枠組は放棄されている――あるいは少なくとも、第二義的な位置におかれている。

『一般理論』では、投資財生産を決定するうえで資産保有と金融の選択がもつ投機的な性格の方が、生産関数の特性よりも圧倒的に重要である。『一般理論』の基本主題は、資産価格決定の過程が投資の主要な決定因だということである。ケインズは、資産は毎期所得をもたらすという性質に加えて、保険でカヴァーできないような不都合な事態が生じたときに売却できるから、保有者の利益を守ることができると論じる。このことが、見通しと分析枠組という点で新古典派投資理論の分析枠組からの根本的なシフトを明示しているのである。『一般理論』を解釈する過程では、このシフトはぼやかされ、そして無視されてしまった。したがって、現今の研究においてケインズ主義的な投資関数のパラメターを決めるという名目の下で、計量分析の対象となるモデルを生産関数の仮定から導出する例は稀ではないのである。そもそもの性質からして、誤った前提に立脚しているのであるから、そのような分析は意味のある投資関数を決定できない。多くのことが同時に生起するし、また計量経済学者たちは統計にあれこれ手を加える術にたけているから、そのようにお粗末な理論的背景しかもたない研究でも統計テストを満足させることぐらいはできるであろう。

『貨幣論』を通じて、ケインズが金融理論によって説明されるべき複雑な事実を知りつくしていることが示されている。彼は、貨幣数量説の機械的な関係を、われわれが目のあたりにすることがらを説明する市場の意思決定、連携、そして経路の分析に置き換える必要があることを知っている。ケインズは物々交換の仮定に依拠した知的枠組を保ちつつ、価格水準の決定過程を明らかにしようとした。そのため彼は、ちょうど同じようにしてD・H・ロバートソンが『銀行政策と価格水準』[10]において多くの変数を含む複雑な分類学に陥ったように、緻密な定義の体系と主要な概念の派生物相互を細かに区別する作業にスペースを割かねばならなかった。

『一般理論』において、ケインズは金融理論を古典派の価格理論に依存させることをやめた。つまりそこでは、貨幣的現象は経済体系の動きを決定するのに、隅に引込んでいる存在ではなく、重要な要素のひとつとなったのである。このようにして、彼は複雑な資本主義経済の動きにかんする諸々の観察をより明晰で、より簡潔な形で結びあわせることができたのである。つまり、景気循環はもはや理論によっては説明できないような不可解な現象ではない。貨幣の重要性についての考え方がこのように変ると、微妙な区分の多くはよけいなものとなった。体系のありうる経路の多くに心わずらわされる代りに経済学者は体系の時間経路を特徴づけている二、三の局面のみを扱えばよい。

『貨幣論』と『一般理論』は重複し合っている。というのは、それらはいずれも、いくつかの同じ観察事象を説明しようとしている。したがって、『貨幣論』の多くの章句が『一般理論』の先駆けをなしているものと解釈できるのは何ら驚くに当たらない。しかし、これらの先駆けがあるからといってその中に含まれている概念や考え方の大胆な飛躍をあいまいにしてはならないのである。

『一般理論』は、制度上の慣習がもつ含意に関心を向けており、また金融的に複雑化した資本主義経済と明確な関連性をもった理論ではあるが、銀行制度や金融構造をこと細かに叙述してはいない。そのような詳細な叙述は『貨幣論』にみられる。もし、これらの二つの大作をどのように「統合」するべきかを考えるとすれば、次のようなことを理解する必要があろう。つまり、『貨幣論』の制度的分析は資本主義的経済における金融の諸問題を提示し、そうすることによって『一般理論』の理論的議論と分析枠組の背景を設定したのである。そうだとすれば、『貨幣論』の制度的分析を『一般理論』の理論と混ぜ合わせることが、これら二つの著作を統合するのに適当な方法のように思われる。

今日の主流派経済学者たちは真にケインズ主義的分析を放棄してしまったとはいえ、ケインズの主たる政策提言——不況は必然的なものではなく、人的資源と非人的資源の双方の浪費であるという主張——は、経済政策を導く政策上の基本的な格率となっている。今日の主流派経済学者は、彼らが推奨する政策手段の組合せについて意見を異にしているし、完全雇用にかんして異なった定義を使用している。しかし、経済政策にかんしては共通の基本的命題が存在している。即ち、限られた政策手段を適当に組合わせることによって、完全雇用、あるいはそれに近い状態が達成されるであろうという命題である。

しかし、ケインズの政策目標と積極主義的な政策スタンスの勝利は、彼の分析の中に暗黙裡に資本主義経済は根本的に欠陥をもっているという考えが潜んでいる事実をぼやかしてしまう。この根本的欠陥が存在する理由は、資本家の活力と野心にとって必要な金融システム——企業家のアニマル・スピリットを投資に対する有効需要に変換するシステム——が、投資ブームによって誘発されて野放図な拡張へむかう可能性をはらんでいるためである。その野放図な拡張は、金融市場の累積的な変化を惹起することによって金融システムを脆弱にする。そしてその結果、取るに足らない変動が引き金となって、深刻な金融的混乱が生じて、ようやくその拡張が止むのである。ケインズは、予測し難い不確実性下での意思決定の問題を考察することによって、資本主義経済がどのように働くかにかんする彼独自の考えに到達した。彼の分析体系によれば、資本主義においては、たとえ政策が大不況という資源の浪費を取り除くことに成功したとしても、その金融システムにおける基本的な特徴からして、需要を制御したり、その水準を維持することに繰り返し困難が生じるであろう。この根本的な不安定性から生じる様々な問題に対して、ケインズが明らかにした解決策は公共部門と民間部門の間の需要配分の重心を公共部門の方へ移し、金融市場と民間投資の不安定からもたらされる弊害の規模を低減させることである。

ケインズの偉大な業績は、それゆえに、経済思想の中にひとつの完全には実を結ばなかった革命を引き起こしたのである。彼が主張した経済理論の根底的な再定式化は、彼が執筆していた当時きわめて明らかであった資本主義の特性、つまり金融的混乱を伴う経済の停滞と深刻な不況を生じる傾向があるという特性を、標準的な理論が一貫性をもって説明できなかったことに対する反応であった。彼の理論は、停滞、好況、不況、そして様々の金融的現象を、整合的な形で説明したばかりではなく、——これらの現象は正統派の理論を非現実的とし、ケインズ派理論を現実性のあるものにした——不況と金融市場の崩壊がもたらす結果を打消すための、一連の政策的提言を導き出したのである。さらに、ケインズは全面的な社会主義という選択肢よりも修正資本主義を好ましいと考えていたけれども、彼の分析には資本主義に対する手厳しい批判を含んでいた。ケインズ自身の考えでは、彼の理論は現在の制度が投資の社会的コントロールを中心とする、はるかに平等主義的な経済制度によって置き換えられるべきことを示唆している。民間部門の利潤動機に基づく投資決定は、完全雇用に十分近い状態を生み出すことができないのであるから、「投資をある程度幅広い範囲で社会化すること」(『一般理論』三七八頁)が必要となろう。

ケインズ革命はなぜ完全な実を結ばなかったのか。その理由としては、いくつかのことをあげることができるであろう。多くの発展性を秘めた他の独創的な仕事と同様、『一般理論』の叙述も非常に不体裁である。そこには依然として旧式の理論がみられる。新しい理論の多くにかんしてはその説明が不正確であるし、また巧みとも言えない。緒言においてケインズは「この書物の内容は……習慣となっていた思考方法と表現方法からの……著者の長期に亘る脱出の闘いであった」(『一般理論』viii頁)と述べている。しかし古典派理論からの彼の離脱は不完全であった。彼も、古い考え方が「われわれの心のすみずみにまで」(『一般理論』viii頁)枝をはっていることを認めている。結果として、議論の分かれ目となる多くの重要な点において、とりわけ投資、利子率、および資産価格の決定にかかわる議論のいくつかで、ケインズは古典派にかなり譲歩している。それゆえ、『一般理論』を解釈して、ケインズが自らなしとげつつあると信じていた根底的な改革にとって、何が重要で、何が本質的でないかを見極めるためには、まず古典派に対するケインズの譲歩を取り除く必要がある――この譲歩は古典派がケインズの思考過程を支配したための過誤であるか、あるいはケインズが正しい政策の採用を速めるためにとった計算ずくの方便なのである。同時に(ケインズの図式がもつ)革新的な要素を拡張し、それをより完全なものにし、そしてそこからより深い含意を汲み取ることが必要である。

ケインズ革命が未完に終った理由をさらにあげるとすれば、ケインズが『一般理論』出版後、今日までに続いている解釈上の論争にほとんど加わらなかったことをあげることができよう。知的な革命の多くは青年によってなされる。マルクス、ダーウィン、フロイト、そしてアインシュタインは彼らが新しい考えを発表した後に、長い経歴を積むことができた知的革命の指導者たちの例である。彼らは未完成の独創的なアイディアから、新しい理論の、巧みで、洗練され一層磨きのかかった説明への転換に全面的に参加したのであった。彼らは、ある解釈が必ずしも正しい理解に至っていないとか、ある種の証拠がまさしく彼らの言わんとしていることを示しているとか、あるいは新しい概念は最初の主張で考えられていたことを超えた意味をもっているとかを指摘することができた。

ケインズが亡くなったのは『一般理論』出版後一〇年であった。しかし、この一〇年間は(ケインズにとって)落ち着いて科学的探究をおこなうことのできた時期ではなかったのである。ただし、『一般理論』出版後の最初の一年の間に、彼はその内容を説明したり、一層整理したり、批判に反論するために二、三の論文を発表できた。ヴァイナーの書評に対する反論、[11] アーヴィング・フィッシャーの業績をたたえる書物に納められた利子率にかんする論文、[12] そして『エコノミック・ジャーナル』誌上でのオーリンに対する返答論文[13]はケインズが『一般理論』出版後におこなった説明、解説の三つの重要な企てであった。

『一般理論』後にケインズが発表したこれらの小論文に照らして考えてみると、J・R・ヒックスの論文「ケインズ氏と『古典派[14]』」に端を発した標準的な解釈と定式化、つまり流動性選好の理論は貨幣数量説における流通速度を可変的なものとした理論と同じであるとする解釈が、なぜ主流派経済学において受入れられることになったのか理解に苦しむところである。おそらくその理由は、ヒックスがモデルを定式化し単純化した方法にもとめられるであろう。ヒックスは、おなじみの供給―需要分析にちょうど対応するような図を用いて、経済の教義に単純で整理された説明方法をつけ加えたのであった。ケインズはヴァイナーに対する反論の中で、図や数式を用いずに不確実性下での資産価格決定のモデルを単純明快に展開したが、このモデルは専門家にとってはなじみのないものであり、また彼の仲間たちにとってヒックスの単純なモデルよりも難しいものだったのである。『一般理論』の本質的な内容を明らかにするためには、『一般理論』の論理構造、内容、そして含意を明示する計画のもとに書かれた『一般理論』後のケインズの論文に多くの注意が向けられるべきである。

ケインズ主義革命の純粋に学問的な側面へケインズ自身が加わることは、『一般理論』出版直後の一九三七年のはじめに起こった彼の心臓発作によって終りをつげた。ケインズが完全に活動を再開したのは第二次世界大戦が始まった後である。心臓発作と戦争のためケインズは、『一般理論』に書かれているあらっぽい叙述からもっと巧妙に整理されたケインズ理論を抽出するという作業に十分に着手することができなかった。

第二次世界大戦の到来は、ケインズが直ちに政府のうるさ型の私的な顧問として立回らねばならないということを意味していた。『一般理論』において展開された支出と資源利用の理論的分析は総需要が利用可能な産出量に対する可変的な比率であるような状況に向けられたものであったが、政府の手によって、その理論的分析は戦争経済における全面的な資源利用計画のための道具へと変換されたのであった。ケインズ主義の考え方を世界戦争という文脈において利用可能なものにするためには、それを総需要不足の経済よりも資源不足の経済にあてはまるように定式化し直すことが必要だったのである。適当な水準の民間投資を決定する問題、および民間投資決定が金融、財政、および期待にかかわる諸変数とどのように関連しているかという問題は、戦時経済においては重要ではない。そこでは直接的な規制によって民間投資を制約し、政府は認可された活動に対する資金を保証するのである。ケインズ・モデルを戦時経済という状況の下で利用する方法のひとつは、当然ながら、資源を戦争目的に利用できるように消費をいかにしたら抑制できるかという問題に向けられた。つまり、ケインズ理論の中で、受動的というよりもむしろ死命を制する要素として消費関数を強調するということは、理論を戦争によってもたらされた経済問題へ応用することから当然生まれてきたのであった。

社会主義と同じように、戦争が稀少資源の配分を焦点の問題としており、しかも、これこそ新古典派経済学が得意とする経済的状況であるから、ケインズ経済学の戦時における応用の最初の段階では、多くの点で古典派経済学と共通点をもつ理論的側面に焦点があてられた。フローの(所得)集計量を用いた定量的な経済分析方法は、全面的な戦争計画立案にとって有効であったが、戦後その方法が計量経済学の予測として使われることとなった。計量経済学の予測モデルによって戦後二五年間実験が試みられてきたにもかかわらず、それらのモデルに組み込まれている貨幣、金融、および投資の理論は、需要が各種の資源の利用水準を決定し、金融の条件が需要に対して重大な影響を及ぼすような経済よりも、実物資源の側からの制約を受け、金融市場の制約や誘因が不在であるような経済にあてはまるものであった。

イギリスにおいてもアメリカにおいても、戦費調達の結果として、家計、企業、そして非銀行金融機関によって保有される国債と銀行の債務は大幅に増加した。その結果、一九三〇年代の脆弱な金融システムは、戦後の二、三〇年間に強固な金融システムへと変貌したのである。この期間に世界が当面した経済問題は『一般理論』においてケインズが熟考した類いの問題ではなかった。第二次世界大戦直後の二、三〇年間には貨幣および金融は実質総需要を決定する要因としては働かなかった。

六〇年代に入ってからは、自分自身ではケインズの使徒と考えていた高名な経済学者たち――とりわけ政府の政策決定に関与した経済学者たち――は、今や経済政策の秘密の鍵は解かれたのであるから、内生的な景気循環および国内の金融恐慌は過去のものとなったと宣伝するようになった。『一般理論』以前の標準的な理論からみると異常と思われる事象は――『一般理論』を生み出すこととなった学問上の危機は、その異常事象によって引き起こされたのであった――『一般理論』出版後の三〇年間では繰り返されることがなかったのである。ワシントンからフランクリン・D・ルーズヴェルトの時代までのアメリカの全歴史の過程において、三〇年間の間で何がしかの深刻な不況と混乱にみちた金融市場の不安定性のみられなかった時期は存在しない。第二次世界大戦後のアメリカにおいて、金融市場の不安定性と呼ぶにふさわしい状況が最初に生じたのは一九六六年の秋であったが、それはルーズヴェルトが大統領に就任してから三三年以上経っていた。

経済学やある種の科学のように、そこで扱われるデータが歴史によって生み出されるものは、異常現象にかんする実験が可能な自然科学とは異なっている。自然科学では、標準的な理論で説明がつかないような観察結果をもたらす実験がひとたびなされると、その実験はそれ以降いつでも可能となる。能力のある実験者であれば、誰でもこの観察結果を繰り返し得ることができるのである。経済学では、三〇年間の歳月の中で少なくとも金融パニックないし深刻な不況と様相を等しくする観察事象がみられないと、そのような異常事象はたんなる神話であるとか、過去に生じたことがらは測定誤差、人間(政策)の過誤、または既に修復されたような一時的な制度上の欠陥によって説明できるのだとする議論が提起され、受入れられがちである。つまり、新しい理論の必要性を確立したはずのやっかいな問題は、実のところ「決して」起こらなかったのだという考えが生まれるのである。かくして、経済の動きにかんして金融不安という観点から説明しようとする説と結びついた景気循環理論に代って、均衡および定常的成長という概念によって組み立てられた理論が台頭しうる。というのも、景気循環や金融不安の理論に肉付けを与えるような重要な観察は〔過去三〇年間〕不可能だったからである。一九四〇年代、五〇年代そして六〇年代の歴史が戦争のおとぎ話と見かけの経済的成功——この成功は、外見上適切な金融財政政策の助けを借りて実現された——を紡ぎだす過程で、まさにこのような理論の台頭が生じたのである。

ケインズ革命が芽のうちにつみとられてしまい、きちんと整理され、首尾一貫したケインズ理論が現在存在していないもうひとつの理由は、旧時代の標準的理論が、二、三のケインズ派の用語や関係式を吸収したうえで、実質的な科学上の進歩とみなされたものを作り出したということである。経済学者はしばしば、自由放任主義の命題、つまり自由な競争市場という制度によって、見えざる手によって導かれるかのように人々に共通の善が実現されるという命題が、疑問の余地なく確立しているかのごとく語ってきた。しかし市場経済について数理経済学者がこの命題の妥当性について精緻な形式的説明を与えることができたのは、第二次世界大戦後のことにすぎない。しかも、理論の実際的な意義を疑わせるような、はなはだ制約的な仮定の下でその証明が与えられたのである。自由放任主義の命題が妥当だとすれば、そのことは貨幣理論――もしくはマクロ理論――はいわば数学的な一般均衡理論という荷台に乗ることができ、それによって貨幣を含む経済体系もまた最適性の性格を持つことができることを意味するのだとみなされたのである。

複雑な金融制度をもつ資本主義経済を考察すると、一九五〇年代および六〇年代に達成された純粋理論の業績は実体をもつというよりも見せかけのものであることが分かる。重要な定理のうちで、時間と不確実性とが存在し、貨幣と金融が実物資産の保有および投資に対する融資の必要性という観点から意味のある形で定義されている体系においても等しく成立することが証明されたものはいまだかつて存在しない[15]。結局のところ、精緻で科学的に妥当なミクロ経済学と考えられているものと、多分に大雑把なマクロ経済学との間の整合性を、純粋に知的な関心から追求することは的はずれの探究であったのである。ミクロ経済学はマクロ経済学と少なくとも同程度に大雑把である。いずれの分野でも成功は意味のある抽象化ができるか否かにかかっており、どちらも、ひとつの一貫した形で現実経済のすべてを説明することはできない。

最後に、標準的な新古典派経済学の解釈が、差しあたりは適切であるような政策的枠組をもたらしたがゆえに、ケインズ革命の芽がつまれたとも言えるかもしれない。第二次世界大戦直後の時期には大恐慌の記憶が切実であっただけに、経済政策が本当に約束しなければならなかったのは、大恐慌を決して再び招かないということであった。財政政策の単純なルールは公共事業と実物資産の収益性を維持するための減税という形をとったが、このルールは完全雇用に近い状態を現実に達成しかつ維持するような政策の運営に成功したのである。この標準的な解釈によれば、危機の再発を防止し、不況を緩やかなものにするためには、資本主義経済の制度をほんの少しばかり変更するだけでよいという保守的な結論が得られる。標準的な解釈に基づく政策の成功が続くかどうか、「誰のために」そして「どのような種類の」政策がとられるべきかという問題や、完全雇用の性質にかんする問題は提起されなかった。標準的解釈から得られる教訓は何ら根底的な社会改革を要求しなかったばかりでなく、支配的な影響力をもっていた甘い要求基準に照らして十分でもあったために、ケインズ革命は未成熟に終ってしまったとも考えられる。

一九七〇年代の経済が展開するにつれて、一九二〇年代および三〇年代の経済現象のいくつかがあたかも再現されているかにみえる。金融市場の不安定性と危機が、いまや金融逼迫(クランチ)あるいは、金融圧縮(スクィズ)という呼称のもとに、相対的な経済停滞と並行して生じつつある。今日ではインフレーションは巧妙な構造をもった経済においてさえ、ひとつの慢性的な病弊となっているごとくである。今日の世界経済の動向は、標準的理論の観点からは異常としか解釈しえない有り様である。このような状況の下では、ケインズが企てたような経済理論の根底的な変革は再び意義のあることがらになったようにみえる。古典派経済学とケインズの理論枠組とを統合する試みを、ジョーン・ロビンソンはまがいもののケインズ主義(Bastard Keynesianism)と呼んだが、この試みは分裂四散しつつあるようである。こうした展開を考慮すると、経済理論の根本的な変革となるような成分をケインズの考えからくみ取り、今日の主流派にとって代る新しい理論を新たに構築する出発点として、それらの成分が役に立つものか否か考察する価値はあるであろう。

本書では、次のようなことがらが目指される。

1　結局新古典派総合に到達することとなった標準的な、または通説的なケインズ主義の図式を明らかにすること。

2　代替的なケインズ解釈を導き出すこと――この解釈は景気変動が存在し、不確実性を生み出すような世界における投資を強調する『一般理論』の側面に依拠する。このケインズ解釈は現在の標準的理論に内包されている経済イメージと全く異なるイメージをもたらすのである。

3　この代替的な解釈の政策的な含意と哲学的な含意とを検討すること。

(1) Keynes, "Recent Economic Events in India," *Economic Journal*, March 1909.
(2) Harrod, *The Life of John Maynard Keynes*, p. 642.
(3) Sweezy, "John Maynard Keynes," p. 301.
(4) Ackley, *Macroeconomic Theory*, p. viii.
(5) Patinkin, *Money, Interest, and Prices : An Integration of Monetary and Value Theory*, p. xxv.
(6) Keynes, "Can Lloyd George Do It?," pp. 86–125.

（7） Simons, *Economic Policy for a Free Society*.
（8） Galbraith, "How Keynes Came to America."
（9） Sweezy, "John Maynard Keynes," p. 299.
（10） Robertson, *Banking Policy and the Price Level*.
（11） Keynes, "The General Theory of Employment," pp. 209–23. 彼が反論した唯一の書評は一九三六年一月の『クォータリィ・ジャーナル・オブ・エコノミックス』に掲載された。彼の反論はヴァイナーの長大な書評に集中したが、この書評をケインズは「四つのコメントの中でもっとも重要である」と述べている。レオンチェフ、タウシッグ、そしてD・H・ロバートソンの書いた書評に対しては丁寧であるが、いささか辛辣なコメントをちょっと述べるという程度でしかなかった。
（12） Keynes, "The Theory of the Rate of Interest," pp. 418–24.
（13） Keynes, "Alternative Theories of the Rate of Interest," pp. 241–52.
（14） Hicks, "Mr. Keynes and the 'Classics'," pp. 147–59.
（15） Hahn, *On the Notion of Equilibrium in Economics*.

# 第二章　通説——標準的ケインズ解釈

## 序　論

経済理論を根本的に変えるという『一般理論』の約束はなぜ実現されなかったのか。この疑問に答えるためには、『一般理論』で用いられた概念のうち、今日の主流派マクロ経済学を構成する概念となっているものと、そうでないものとを識別する必要がある。ケインズの図式のうち、通説によって無視されてしまった考え方が、経済の動き、経済政策の可能性とその限界について、現在の主流派マクロ経済学とは全く異なる観点を提示することを明らかにすべきである。このことは『一般理論』にみられるぎこちない表現方法のいくつかを明晰にし、かついくつかの間隙を埋めなければならないということである。このような作業が必要なのは、それらの無視された考え方が、主流派マクロ経済学に組み込まれた考え方に比べて、専門家の間の論争において明確に説明されることも、また十分に論議されることもなかったからである。しかし、『一般理論』にかんする新しい解釈を示すまえに、われわれがどのような理論的体系から離脱しようとしているのかを明らかにしておこう。そのために、現代の標準的なケインズ解釈を展望する必要があろう。

『一般理論』から選び出されたアイディアを材料として、学問的な討論という鍛冶場から三組のマクロ経済学モデルが鋳造された。最初のモデルは消費関数に立脚するものであり、『一般理論』のその他の部分をほとんど無視してしまうものである。二番目のモデルは、財と貨幣市場の均衡条件が同時に満たされねばならないという点を定式化したモデルによって形成されている。さらに、この第二のモデルはその財と貨幣市場の均衡条件に加えて、労働市場の均衡条件を導出するために、生産関数と素朴な選好体系の考えを利用する三番目のモデルへと変換される。

この第三のモデルにおいては、各種市場の均衡条件の間で非整合性が生じる可能性がある。理論的には、この非整合性は様々の方法によって解消できる。今日常套的になっている解消方法は、貨幣と金融資産を消費関数の中へ導入することである。この場合には、「新古典派」モデルが生まれる。この新古典派モデルでは、体系の均衡を理論的に規定するもっとも重要な要素は労働市場の均衡である。しかし、通説的なケインズ体系をこのように最終的に修正すること――そこでは労働市場の均衡が他の市場のお膳立てをする――は『一般理論』の精神に全く反するばかりではなく、議論を「古典派」の世界へと引き戻してしまうのである。

貨幣と金融変数を内生的に決定されるパラメターとして導入することが、新古典派総合が示す定式化の鍵である。これらの変数の導入は、ケインズの導入した構成要素と構造に立脚したモデルにあらわれる諸関係を変化させることになる。そのような金融変数間の関係が導入されるまでは、『一般理論』から派生する概念に基づいて作られた様々のモデルは、計画化されていない資本主義経済が必ずしも完全雇用均衡をもたらさないという意味で、欠陥をもっていることを示していた。しかるに、これらの金融変数を消費関数へ入れることによって、そのような根本的な欠陥をもたないモデルが生み出される。もっとも、多くの論者は、金融変数のメカニズムは非常にゆっくりとしか働かないし、その効果も非常に弱いので、実際的な政策の観点からみれば頼りにならないと主張している。これらのモデルに即して考えると、かりに資本主義がその需要や雇用を決定するメカニズムにおいて欠陥をもっているとしても、これらのモデルの中で考慮されている諸関係とは別のところにその欠陥の説明をもとめなければならない。このことは次のような考え方の論拠を提供することとなったのである。すなわち、完全雇用を達成し維持することにかんして資本主義がもっている明らかな欠陥は、市場のプロセスの作動を妨げる、たとえば硬直的な賃金のような、なんらかの硬直性か、または経済体制に衝撃を与えて均衡を破壊し、均衡を回復する過程が働くことを妨げるような、根本的とは言えない制度上の欠陥――たとえば銀行制度の中の不完全性や貨幣制度の管理にかかわる失敗といった欠陥――に由来するというものである。また、その考え方によれば、経済政策を適切に運営するなり、わずかばかり制度を変更することによって硬直性を克服し、衝撃を防止し、欠陥を除去できることになる。これらのモデルは、資本主義経済における積極的な経済政策運営の依り所となり、根本的な改革は不必要であるという考え方を正当化するものとなったのである。

これからまず議論しようとする第一のモデルは消費関数モデルであるが、これは金融市場を無視している。これらのモデルは、財政支出の一部分を国債発行によってまかなった場合の効果を十分に考察できるモデルと結びつかない。しかし、他方では、これらのモデルから均衡予算定理およびフィジカル・ドラッグの定理が導き出される。さらに、消費関数は投資行動についての加速度原理や資本係数式と容易に結合できる。この結合から機械的な景気循環の加速度－乗数モデルと資本係数成長モデルが導出される。消費関数はこれらの動学的モデルを作るうえで有用なばかりでなく、経済予測を目的として開発されてきた大型の構造・計量モデルにとって理論上の基盤となっている。ケインズ主義と呼ばれる一般的な政策提言のほとんどは、消費関数に立脚しており、金融市場と投資との関連を説明できるようなもっと手の込んだモデルを事実上考察していない。

ケインズは終始一貫して、金融論の専門家であった。『一般理論』に由来すると考えられる第二のモデル群は、消費(貯蓄)関数に投資と資産選択の関係をつけ加えた様々のモデルから成っている。その基準となった定式化はJ・R・ヒックスの努力によって発展された。[1] ヒックスはその定式化によって、『一般理論』といわゆる古典派、即ちマーシャル、彼の先輩たち、および彼の追従者たちの著作に結実されている見解ないし理論との間に彼が見出した関連を説明しようとしたのである。ヒックスのこのモデルは、所得決定の枠組に、貨幣の需要、供給を明示的に導入している。この枠組(これは通常 *IS–LM* 分析と呼ばれる)はアルヴィン・ハンセンが第二次世界大戦の直前、および直後のアメリカにかんする政策提言を詳しく論じる作業において基礎としたものであった。そのために、この接近方法はしばしばヒックス－ハンセン・モデルと呼ばれている。[2]

ヒックス－ハンセンの財市場と貨幣市場の体系に、集計された労働市場をつけ加えることによって、労働市場が中心的な位置を占めている古典派モデルを創り出すことができる。また、このモデルによって、動学的な不完全雇用均衡がありうることを示すこともできる。というのは、このモデルでは労働市場の超過供給は経済の総需要を増加させるのに有効ではないかもしれないのである。ヒックス－ハンセン・モデルをさらに修正したものは、消費関数へ資産、および貨幣の諸変数を導入することである。この修正は、主としてパティンキンの業績[3]に結びついている。このモデルでは、物価水準を除くすべての経済変数が貨幣供給量から独立であるという意味での貨幣の中立性が、条件つきで成立する。この中立性が成立するための重要な必要条件は、貨幣が——政府の債務や金貨のような——外部貨幣であること、そして労働市場において超過供給の存在が、貨幣賃金と価格の低下をもたらすことである。

貨幣の中立性の成立が理論的に証明されれば、マクロ経済理論は(ケインズから出発して)ぐるりと一回転したことになる。なぜならば、これは古典派の貨幣数量説の鍵となる定理だからである。『一般理論』の書評の中で、W・W・レオンチェフは、一般均衡理論の基本的仮定は「すべての供給関数および需要関数は諸価格を独立変数、数量を従属変数として、ゼロ次同次関数になる」ことだと主張した[4]。ケインズはそれに対する短い反論の中で、はっきりとこの同次性の仮定の妥当性を否定したが、その論拠は「この仮定に矛盾するような経験的な証拠が豊富にあるし、また、いずれにしても、一般的な否定命題を証明しなければならないのは、それを正当化するためにきわめて特殊な仮定をおく論者であって、そうした仮定をおかない論者の責任ではない」ということであった。

さらに、ケインズは、需要関数がゼロ次同次であるという仮定は、「利子率決定に貨幣数量が果たす役割との関連で……正統派の理論的枠組に加えられている」[5]と主張した。つまり、ケインズの図式においては、利子率は貨幣数量にかんして(貨幣供給および他の名目変数が同じ率で変化したときに不変でないという意味で)ゼロ次同次ではない。他方、正統派の図式では、この大胆な仮定が議論にとって本質的な重要性をもっているのである。

このように、ケインズが引導をわたそうと骨身をけずった貨幣数量説は、ケインズ独特の洞察と考えられるものを自らの中へとり込むことによって、見掛け上は強い影響力を発揮してきたように見える。少なくとも、専門的な経済理論の分野においてはそうである。一九六〇年代の末から七〇年代のはじめにかけて短い期間に、素朴きわまりない数量説がマネタリズムの教義の衣をまとって、経済政策のひとつの指針として復活しさえしたのであった。

この章では、新古典派モデルの核心と並んで、様々の正統的なケインズ派モデルを説明する。以下の章では、『一般理論』および『一般理論』以降のケインズによる解説から、主流派経済学の発展過程で無視されてしまった考え方を引出そうとする。これらの無視されてきた部分は、標準的のモデルで用いられている素材と結びつけられることによって、従来の『一般理論』解釈に代る、根本的に異なった解釈をもたらすのである。

## 消費関数モデル

『一般理論』の中で、消費関数の構造は総需要の受動的な、あるいは決定される側の要素を識別する目的に役立っている。だから、もし現代のマクロ経済学とケインズの理論とを同一視するのであれば、いかなる意味においても消費関数は「現代マクロ経済学の中枢[6]」などでありえない。もし解剖学の類推が許されるならば、ケインズの考えでは、消費関数はマクロ経済学の受動的骨格(passive skeleton)であり、受動的ではあっても体系の刺激に対する反応を条件づけるものなのである。

消費支出の受動的な性質には二つの側面がある。金融資産をもたない労働者階級にとっては、消費支出が可能となるためには、前もって所得を受け取るか、消費と同時に所得を受け取るか、または将来の確実な所得受取りが保証されていなければならない。金融資産を保有している資産階級にとっては、資本を維持するというイデオロギーのために、消費支出は粗所得ではなく純所得に依存する傾向がある。このような点を考慮して消費支出は外部資金調達に有意には依存しないとはじめに仮定すると、消費行動は将来の支払いを約束するような契約の形で金融的残余(つまり金融債務)を残さないことになる。

消費にかんするこの考え方の妥当性は、制度や慣習が変れば弱まる。つまり、金融市場の条件が消費に影響を及ぼすか否か、そしてどの程度影響するかは時とともに変るのである。消費者金融制度の発達——最初の発達は一九二〇年代にみられ、そして第二次大戦後に再びその発達がみられた——は、労働者の所得と家計の支出との結びつきを弱めた。また社会福祉計画や移転支払制度の発達も、雇用と消費支出との関連を弱めた。さらに、アメリカなどの資本主義経済における所得分配の実態を前提とすると、全消費支出のかなりの部分(低く見積っても二〇パーセント)が所得分配の上位五パーセント階層によってなされる。これらの上位五パーセント階層は金融資産を保有しており、実物資本のストックに株式市場がつける価格の影響を受ける。したがって、消費が雇用からの最近時点の所得に依存するということ——このことは、理論的分析においては十分に満足のいく第一次近似であったし、また現在もそうであり続けている——は、一九七〇年代アメリカにおいては三五年以前のイギリスやアメリカにおけるよりも経験的な仮定としては妥当性の弱いものになっている。

経済理論における重要な命題のひとつは、経済成長には資本蓄積が必要であること、様々の国の経済的繁栄の相違は、生産に使用できる資本がこれまでにどのくらい蓄積されてきたかに依存しているということである。一方、資本蓄積は余剰、つまり生産と今期の消費および資本減耗の合計との正の差異、の存在に依存する。マルクスによれば、余剰がもたらされるのは、労働者が自分たちの生産したものを買い戻すことができないためである。ケインズによれば、他の諸変数——とりわけ所得——が変化するときに余剰はどのように変化するかを決定するのは、消費を支配する基本的な心理法則である。『一般理論』においては、消費にかんする階級的意識が言及されており、またN・カルドアやJ・ロビンソンなどケインズ派経済学者の著作の中では、階級間の所得分配が貯蓄性向を左右するとされている。しかし一般的に言って、ケインズ派の主流においては、余剰の決定法則(つまり消費関数)は、消費行動を決定するひとつの同質的な集計量として所得を扱っており、所得の分配を重視していない。

「消費関数はマクロ経済学の中枢である」という主張は、計量分析が実証的に消費関数を推計することにある程度成功したというかぎりにおいて、それなりの妥当性をもっている。一方、これらの計測された消費関数は、経済予測や経済コントロールさえも目指すモデルの土台となっている。計測された消費関数は、政策指向的な一世代の計量モデルの中心となっているのである。しかしながら、このように計量分析になじみやすいということ自体、消費が内生的支出の全体の中で予測される受動的な反応因子の部分として動いていることの証拠である。反応因子の受動的な行動を支配する法則は比較的単純であるから、所得決定において起動因子の活発な行動を支配する法則よりも説明しやすいのである。

消費は所得の確定的な関数であり、基本的に貨幣ないし金融市場の影響から独立しているという考えから、ひとつの単純なモデルがもたらされる。そのモデルはほとんどの教科書で所得決定理論の「最初の」練習問題、第一教程となってきた。しかし、消費の方は耐久財、非耐久財、自動車、サーヴィス、住居など様々の型に分けることができるので、その単純なモデルを概念上の複雑化をほとんど招くことなく、分析者の思うがままに「複雑」にすることができる。一九五〇年代、六〇年代の大型モデルの一部分として、消費関数は様々のタイプの消費に分割されることによって、計量モデルの道具だての主要な構成要素のひとつとなったのである。

ケインズ理論の中で、単純化された消費関数モデルを支持する主張を見い出すことはほとんどできない。消費関数にかんする彼の議論は、どちらかと言えばそっけないものである。第三講「消費性向」の長さは四三頁にすぎない。これに対し、第四講「投資誘因」は一一四頁に上っている。ケインズは「投資財生産に直接雇われた雇用を本源的な雇用」(『一般理論』一一三頁)とみなしたのに対し、消費財生産への雇用は第二次的、あるいは派生的なものとみなしたのである。

消費関数の原理についてのケインズの説明は次のようである。

先験的に、また人間性にかんするわれわれの詳細な知識から、そして詳らかな経験的事実から、大いなる確信をもって依存できる基本的な心理法則は、人々が一般的な法則として、そして平均的にみて、所得が増加するにつれて彼らの消費を増そうとするが、しかし、所得の増加分ほどに増そうとはしないということである。(『一般理論』九六頁)

実際の正確な数値は分析の対象となる時間の長さによっても変化するし、もっと限定された経済変数の変化によっても変化する。それは「慣習が……客観的な環境の変化に適応するだけの十分な時間が与えられないような雇用のいわゆる環境的変化の場合などの短期間を考える場合に」(『一般理論』九七頁)、とくに妥当する。「かくして、所得の上昇はしばしば貯蓄の増加を伴い、所得の低

下は貯蓄の減少を伴う。この程度は最初は大幅であり、その後は小さくなるであろう。」(『一般理論』九七頁)

消費－所得の循環的な関係は、消費の絶対水準の安定性を内包している。消費と所得の長期的な関係にむかってそれは調整される。つまり、所得増加が継続する過程では消費－所得比率は上昇する方向へ調整され、所得減少が長びく場合には下方へ調整される。景気循環過程における消費の変化と所得の変化との遅れをもった関係は、後の分析者によって、消費が現在(ないし最近)の測定された(ないし現実の)所得よりもしばしば恒常所得と名づけられる概念、つまり過去の所得の平均値で表現されるような所得とより密接に関連していることを示すものと受け取られてきた。

『一般理論』の出版以来、学界の論議の中では、消費という概念および消費の決定要因にかんする考え方は重要な変化を経てきた。ケインズにとって、消費は雇用理論の目的からみて総有効需要の一部分であった。総有効需要は、総供給関数の逆関数へ代入されると、労働に対する需要を生み出す。つまり、ケインズにとっての消費は、常に現在の生産とかかわり合っていたのである。

新古典派経済学の選好体系が想定する「現実」にあっては、われわれは住宅ストックからもたらされるサーヴィスと同様――自動車のような――耐久消費財からのサーヴィスの流れを「消費している」。したがって、この理論では現在の生産物の中で現在消費されている部分に、耐久消費財と住居という過去の蓄積サーヴィスの流れを加えた消費の概念が必要である。この概念によれば、耐久消費財および住宅の経常的な生産のほとんどすべては、あたかも一種の投資のようにあつかわれる。消費をこのようにサーヴィスの流れとしてとらえるという考え方は、ミクロ経済理論において用いられている消費の概念と整合的であるという意味で、新古典派経済理論の観点からみてより満足のいくものである。しかし、この概念は雇用理論の観点からみるとミスリーディングである。雇用理論の観点からは、今期に労働を使用する「生産物」に対する家計の支出にかんする理論が必要なのであって、この生産物がいつ用いられるかとか、その支出のための資金がどのように調達されるかとかは重要ではないのである。

消費関数において用いられるべき適切な所得の概念は、経済研究における論争の主題のひとつであった。ひとつの考え方は、消費支出の決定要因として経常的な所得よりも恒常所得、あるいは生涯所得に注目する。これらの所得概念は、家計がより長期に亘る、または生涯に亘る消費計画をたてるという観点と整合している。経済主体の恒常所得、または生涯所得は、その主体が保有する生産要素が、経済の生産過程への投入物として利用された結果として稼得する収益に基本的に依存している。生産要素の「限界生産力」は、完全雇用の世界では、急激には変化しないから、家計は自らが保有している生産要素が稼得するであろう実質所得について確かな見通しをもつことができる。したがって、家計および、家計が金融取引関係を結ぶ取引相手が、家計の期待実質所得についてはっきりした見通しをもっていること、そして実質消費は期待される実質所得に対して調整されることが仮定される。

ひとたび消費支出の若干が外部資金でまかなわれ、経済主体が所得に関する(均衡における確実な見通しではなく）循環的変動を示す不確実な見通しをもつとすると、恒常所得あるいは生涯所得の標準的な概念は、現在の消費支出の決定要因としてはあまり重要でなくなる。この標準的概念の代りに、不確実性や家計の金融的条件が現在の支出に与える影響を考慮した修正された恒常所得の概念が重要になる。標準的な恒常所得概念は消費行動を循環的変動の過程で安定化要因として作用するようにみなす傾向があるが、この代替的な概念は、消費が景気循環を促進する方向に変化する可能性を内包している。

おまけに、所得水準の短期的変動とは別に、所得の絶対水準が上昇するにつれて、所得と消費との絶対的な間隙が拡大する傾向が原理的に存在することはケインズにとって自明のことであった。「これらの理論からは、原理的には、実質所得が増加するにつれて、所得のより大きな比率が貯蓄されるということになる。しかし、その〔現代共同社会の〕実質所得が増加したときに貯蓄率が上昇するにせよ、しないにせよ、所得の上昇の絶対額に等しい程度に消費を増加させることはないであろう。」（『一般理論』九七頁）

とりわけ消費は自生的で他の変数を決定する要因というよりも、むしろ受動的な被決定変数であるから、客観的な経済諸要因に対するその正確な反応は大変に重要である。消費の行動が理解される場合、自生的な要因、つまり投資や政府支出の変化の効果を定量的に測ることができよう。

ケインズは、所得の変化以外に消費性向に影響をおよぼす多くの自生的要因を挙げている。後の研究によってとくに有意義なのは、様々の所得稼得階級にとっての所得の正確な定義であった。つまり、純所得——または後に可処分所得と呼ばれるもの——は粗所得といかに異なるのか、また測定された所得に含まれていない資本の増価や減価がいかに消費を変化させるか、ということである。さらに、ケインズは利子率、価格水準の予想される変化、企業の金融行動、政府の財政活動、および将来の所得にかんする見通しがどのように消費に影響をおよぼすかを論じた。これらの影響を要約した後で、ケインズは次のように結論している。「消費性向は十分に安定的な関数と考えられる……資本価値の意外な変化はこの消費性向を変化させるであろう。そして利子率や財政政策の変化は何ほどか変化をもたらすかもしれない。」(『一般理論』九五—九六頁)にもかかわらず、「賃金単位で測られる総所得が、一般的に、総需要関数の消費部分が依拠する主要な変数である。」(『一般理論』九六頁)

ケインズの考えでは、消費関数が重要なのは、それが「雇用量の変化は投資の純変化額の関数である」(『一般理論』一一四頁)ことを示す乗数に直接つながるがゆえである。「乗数の一般的原理にこそ、われわれは、国民所得の比較的小さな部分にすぎない投資額の変化が、なぜそれ自身よりもはるかに大きな総雇用と所得の変化を生み出すことができるのかを説明できる原理を見出さなければならない。」(『一般理論』一二二頁)かくして、消費‐所得の長期的な、あるいは趨勢的な関係は背景へ消え去ってしまう。ケインズにとって、循環的な消費関数が主要な意義をもっている。なぜなら、彼が設定した主要な問題は経済の循環変動を説明することだからである。

単純な線型で消費関数モデルを表現すれば次のようになろう。

$$Y = C + I$$

$$C = a_0 + a_1 Y \qquad a_0 > 0,\ 0 < a_1 < 1$$

$$I = I_0$$

ここで$a_1$は限界消費性向、$Y$は所得、$C$は消費、$I$は投資である。このモデルでは価格水準の変化が体系の動きに影響をおよぼすことはできないので、価格水準の変化は無視される。もし、$Y$、$C$そして$I$が実質額であるか名目額であるかを決めれば、それは実際、重要ではない。

上記の関係式から次のような乗数の関係式を導き出すことができる。

$$Y = \frac{a_0 + I}{1 - a_1}$$

ここで$\frac{1}{1-a_1} = k$は乗数であり、それゆえ

$$Y = ka_0 + kI$$

となる。

このモデルを拡張するのは容易である。たとえば、消費関数は可処分所得$Y$の関数と考えることができる。この可処分所得は、所得$Y$から租税$T$を差し引いたものである。そして総需要が政府支出$G$を含む形で表現できる。つまり、

$$Y = C + I + G$$

$$Y_D = Y - T$$

$$C = a_0 + a_1 Y_D$$

あるいは

$$C = a_0 + a_1(Y - T)$$

このモデルの場合の乗数式は次のようになる。

$$Y = \frac{a_0 + I + G - a_1 T}{1 - a_1}$$

ここで $1/(1-a_1)$ は投資および政府支出にかんする乗数であり、$a_1/(1-a_1)$ は租税にかんする乗数である。もし、

$$\varDelta Y = \frac{\varDelta G}{1-a_1} - \frac{a_1}{1-a_1}\varDelta T \quad かつ \quad \varDelta G = \varDelta T$$

だとすれば、

$$\varDelta Y = \varDelta G$$

である。これはもっとも単純な均衡予算定理である。つまり、政府支出と租税収入の同額の増加は、同じ額の所得上昇につながる。

もし、さらに所得税を重要だとみなし、租税が次のような所得の関数であるとしてみよう。

$$T = \gamma_0 + \gamma_1 Y$$

ここで $\gamma_0$ と $\gamma_1$ は租税体系についての政治的に決められるパラメーターである。この場合には、次のような関係式を得る。

$$Y = C + I + G$$

$$Y_D = Y - \gamma_0 - \gamma_1 Y$$

$$C = a_0 + a_1(Y - \gamma_0 - \gamma_1 Y)$$

このモデルでは乗数式は

$$Y = \frac{a_0 - a_1\gamma_0 + I + G}{1 - a_1 + \gamma_1 a_1}$$

となる。$1 - a_1 + \gamma_1 a_1 > 1 - a_1$ であるから、租税を所得の関数と仮定するモデルの乗数は、租税が所得と無関係であるとするモデルのそれよりも小さくなる。つまり、所得と関連する税体系は、投資ないし政府支出の増加がもたらす拡張的効果に対するひとつのブレーキを演じるし、また投資や政府支出の減少の縮小効果をある程度相殺するのである。

関数 $C = a_0 + a_1 Y$ を生産関数 $Y = \nu K$ にもとづく投資関数に結びつけることもできよう。この関係式においては、$\Delta Y = \nu \Delta K$、または $I = (1/\nu)\Delta Y = \beta \Delta Y$ となる。ここで $\nu$ は産出－資本係数であり、$\beta$ は産出物の一単位当たりの資本を示している。この関係を $I_t = \beta(Y_{t-1} - Y_{t-2})$ と表現してみよう。ここで $(Y_{t-1} - Y_{t-2})$ は時点 $t$ においてその大きさが分かる、もっとも近い過去の所得の変化である。この定式化と対称的とするために、$C_t = \alpha Y_{t-1}$ と表すことにしよう。つまり、消費は稼得されたことが分かっているもっとも近い過去の所得に依存するというわけである。これら二つの式を結びつけると次式が得られる。

$$Y_t = (\alpha+\beta)Y_{t-1} - \beta Y_{t-2}$$

これは加速度‐乗数モデルのひとつである。

図2‐1に示されているように、この二階の定差方程式は$\alpha$および$\beta$の値いかんによって所得の様々な時間径路をもたらす。$\beta>1$であれば、その時間径路は発散的であり、$\beta<1$であればそれは減衰的である。もし$(\alpha+\beta)^2-4\beta<0$であれば、所得の時間径路は循環的であり、不等号の向きが反対であれば、その時間径路は単調的である。このように、加速度‐乗数原理は多様な時間径路を生みだすことができる――つまり、われわれの景気循環の経験についての考え方を機械的に表現する基盤として、それを利用することができる。次の諸章では、景気循環にかんするこのような機械的な説明は、ケインズの考え方の根本と矛盾していることを論じようと思う。

消費関数を用いて成長過程の機械的モデルを創り出すこともできる。一単位の生産物を生産するのにヒ単

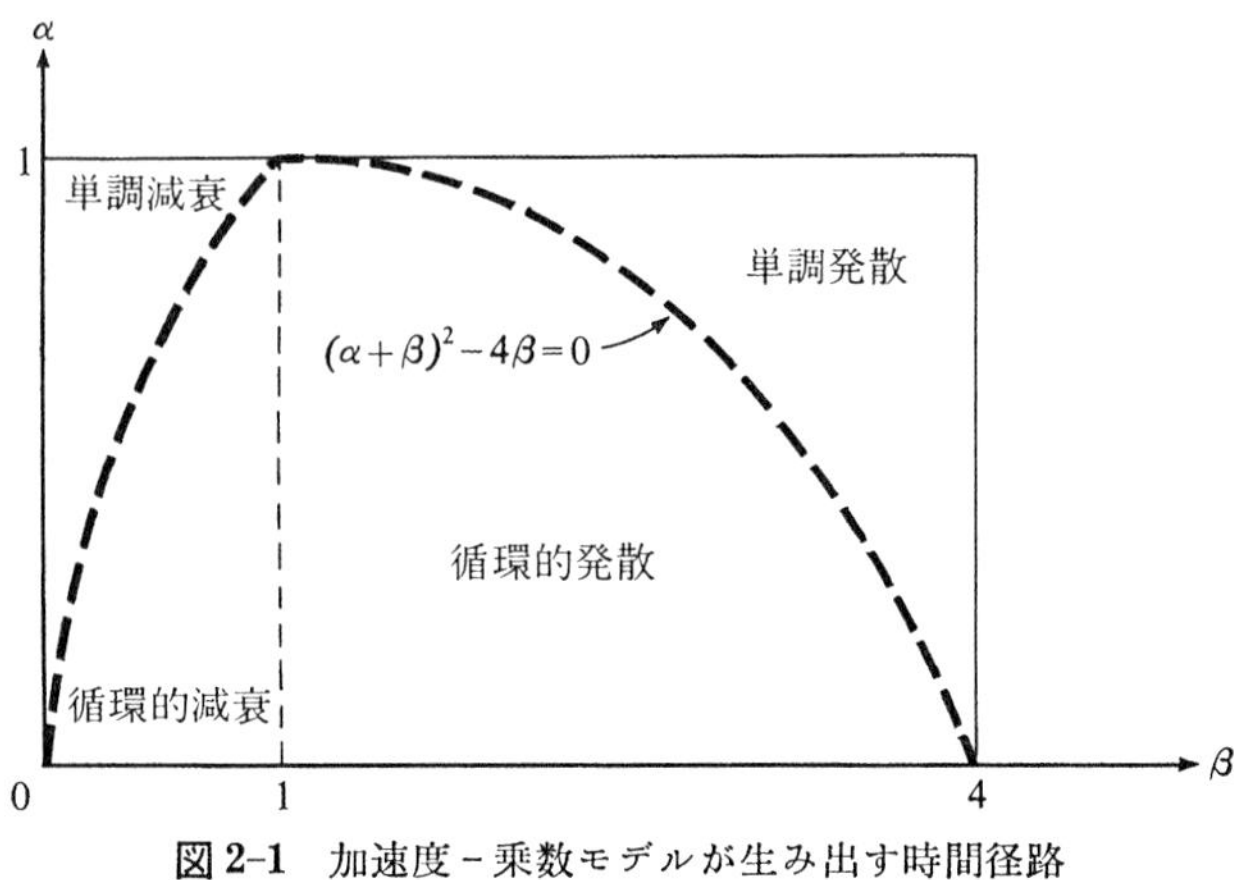


**図2‐1**　加速度‐乗数モデルが生み出す時間径路

位の資本が必要だと仮定してみよう。また、完全雇用において所得の$s$という割合が貯蓄されるとしよう。そうすると次の関係が得られる。

$$I = sY \text{ かつ } Y = vK \text{ したがって } \Delta Y = vI$$

ここから次式が得られる。

$$\frac{\Delta Y}{v} = sY \text{ または } \frac{\Delta Y}{Y} = sv$$

$\Delta Y/Y$を成長率$g$とすると

$$g = sv.$$

つまり、もっとも単純な形においても、消費関数は見かけ上は動学モデルの二つの組の基礎として利用できる。その二つの組は加速度‐乗数モデルおよび一部門成長モデルである。

単純な消費関数を消費の型に応じて分割することもできよう。たとえば、$C_1, \cdots, C_n$をサーヴィス、非耐久財、耐久財など様々な型の消費とし、$I_1, \cdots, I_n$を住宅、公営企業、製造業、在庫品など様々な型の投資であるとしよう。特定の消費および投資のいくつかは、利子率のみならず過去の所得、既存の財のストックなどの関数とみることもできよう。消費と投資の分割がどのように複雑であろうとも、モデルは次のような形式を保つであろう。

$$Y = \sum k_i X_i$$

ここで$k_i$は適当な乗数であり、$X_i$は関連する外生的、または先決変数である。

このような定式化を応用するとなれば、採るべき道は、明らかに、モデルに含まれる様々の消費関数、投資関数、そして他の関数を実証的に計測し、様々な$k$の値を決定することであろう。これらのモデルが叙述できる状況は、このモデルが前提としている条件のために限られている。投資の短期的変化を実証的に計測することは、計量分析の分野で目覚ましい成功を挙げているとは言えない。実際に使用されるモデルの多くは、経済の規則性を描写しているものと想定される関数関係から導き出される投資関数を計測するのをあきらめてしまっている。その代り、$I$の推定に際してサーヴェイ・データ――経営者に対するアンケート調査――に依存している。

初期の計量予測モデルは多様な形をとったが、そのいずれにおいても、所得決定に際して利子率、貨幣的現象、金融市場の関係にかんして大きな、または有意な役割を見出すことがなかった。経済のひとつの表現形式として、これらのモデルは財政支出政策の効果がその政策の作用する金融的環境と無関係であると示す傾向があった。これらのモデルは『一般理論』のひとつの側面に立脚していたが、その極端な単純性という点で、ケインズの考え方のひとつの誤解でしかない。金融的な側面がひどく単純化されてしまっているような計量予測モデルが失敗しようと、あるいはまた成功しようと、それはケインズの理論の妥当性を確かめるテストとはなりえないのである。

『一般理論』におけるケインズの考え方の根本は、資産選択と投資の主要な決定因子は不確実性の概念であるということである。他方、消費関数に立脚した計量モデルの財政支出政策版にとって根本的なのは、政策手段が特定の水準に設定されるならば、経済を微調整して完全雇用を恒久的に維持できるという考え方である。ケインズの考え方からは、完全雇用がしばらくの間維持されれば、企業家、資産保有者たちの直面する「不確実性」にかんする信念が変るであろうという考えが導かれる。その結果、ひとたび完全雇用が維持されると、それは需要の爆発的な増加につながる。ケインズの考えでは、不確実性の効果とそれに対する金融市場の反作用は金融市場の安定性をつき崩すのである。このようなケインズの考えは、単純な消費関数モデル、あるいはそこから派生してくる、形は複雑にみえても実は非常に単純な計量予測モデルと無縁である。

## *IS-LM* モデル

ヒックス教授は、今日のマクロ経済学においてもっとも幅広く使用されている図式、すなわち *IS-LM* モデルをひとつの論文の中で展開した。そのヒックスの論文の目的が、「ケインズ氏と古典派」との融和を図るものであったことはきわめて明白である。(7) この分析枠組は、A・ハンセン教授の論議の多くの基本的枠組をなすものであった。ハンセン教授は標準的なケインズ主義のアメリカ版を打出すことに重要な役割を演じた。そこで、この *IS-LM* アプローチはしばしばヒックス－ハンセン・モデルと呼ばれるのである。ヒックスの議論の主旨は、『一般理論』においてケインズは古典派理論の念入りな体系を修正したのであって、それを論駁したわけではないということである。後にみるように、このヒックスの見方は、その主旨においてヴァイナー教授が彼の書評において示した『一般理論』解釈にきわめて似ている。『一般理論』についてのヴァイナーの書評は、ケインズから長い論評を引出すことになった唯一のものであり、その論評の中でケインズは『一般理論』における論理構造についてのヴァイナー解釈をはっきりと批判した。

ヒックスの論文では、『一般理論』における考え方を様々に表現するに際して、引用や文献の参照をおこなっていない。「(『一般理論』の)読みごたえは……その風刺的な側面によって大いに高められている(8)」と述べられている。ストックとフローとの関係、不確実性、投資の本質的に循環的な性質に置かれた力点、現実の社会について繰り返し言及すること(制度的側面の重要性)は『一般理論』が取り扱っている重要な論点であるが、これらはヒックスの説明では無視されている。古典派理論は「産業の変動の分析に応用されるときに困難に陥る(9)」と述べた後で、ヒックスは『一般理論』を、このさほど重要とみなされていない分野へ古典派理論を応用する際に必要となる、ちょっとした修正に力を注いだものと言い表している。

ヒックスの定式化を説明する前に、二つの点を指摘しておくべきであろう。第一の点は、ヒックスが流動性選好関数を、現金に対する需要は取引高ばかりでなく利子率の関数でもあるという点をつけ加えることによってマーシャル流の貨幣需要関数を修正したものとみなしているということである。ヒックスは、ケインズの貨幣需要関数の中に、所得と利子率の双方が含まれていることを指摘した後で、「この修正によって、ケインズはマーシャル流の正統派に大きく歩み寄った。そして彼の理論はマーシャル理論の修正、拡張と区別し難くなったのである(10)」と述べている。

第二の点は投資需要がきわめて間に合せ的に導入されていることである。「古典派」モデルを導入するときに、ヒックスは次のように書いている。「$I_x$(投資)を決定するためには、二つの方程式が必要である。ひとつは投資量(これは資本に対する需要とみなされる)が利子率に依存することを示す式である。つまり

$$I_x = C(i)$$

これはケインズ氏の著書においては資本の限界効率表となるものである。[11]」(二番目に必要な方程式は貯蓄関数である。)ヒックスの説明では、古典派の場合にも、ケインズ主義モデルの場合にも投資需要関数は同じであり、彼の古典派モデルにおける貨幣需要関数と貯蓄関数に手を加えることによってケインズ派モデルを生み出している。

後におなじみとなった用語法で言えば、ヒックスのモデルは二つの市場を明示的に扱っている同時体系から成っている。その市場とは「貨幣」および「商品」の市場である。均衡では各々の市場における需要関係が同時に満たされねばならない。

ヒックス－ハンセン版のケインズ理論では、貨幣市場はひとつの「内生的な」需要関数にとじこめられている。この関数は、貨幣需要 $M_D$ を所得 $Y$ と利子率 $i$ の関数 $M_D=L(i, Y)$ で表現する。(ただし、ヒックスの論文では利子率が何の利子率であるかをはっきりと説明していない。)また貨幣の供給は――おそらくは公開市場操作を通じて、――金融当局によって外生的に与えられる。所与の貨幣供給量 $\overline{M_S}$ に対して、貨幣需要がこの供給に等しいという条件を満たす利子率と所得の軌

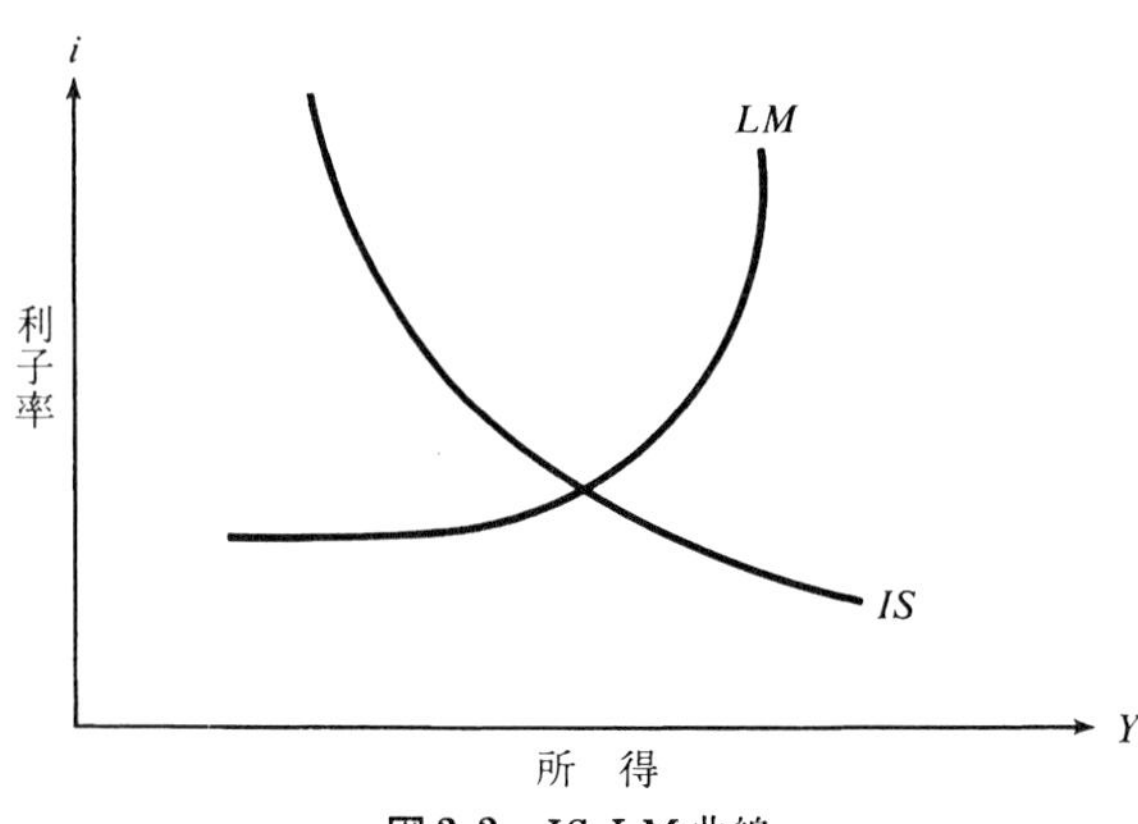


**図 2-2　*IS*-*LM* 曲線**

跡がもとめられる。この関数(これは *LM* 関数と呼ばれる)は一般に右上がりになる。もっとも、低い所得の領域では(ほとんど)水平となり、ある程度以上の高い所得の領域では(ほとんど)垂直になることがもっともらしいと考えられている(図2-2を参照されたい)。

商品市場は二つの部分から成り立つ。第一の部分は先に示したような関数

$$I=I(i)$$

で与えられる投資需要である。(ただし $I(i)$ は今日常套的となっている表現法に従っている。)これは利子率に関して右下がりの曲線となる。第二の部分は消費関数であるが、これはむしろ貯蓄関数(貯蓄=所得−消費)の形で検討した方が便利である。$S=S(Y)$ とし、$I=S$ とすると、$I(i)-S(Y)=0$ が得られる。この式を満たす点($i$, Y)の軌跡は右下がりとなる。(この曲線は *IS* 関数と呼ばれる。) *IS* 曲線と *LM* 曲線の交点は、一定の貨幣供給量の下で、利子率と「貨幣所得」の水準を決定する。

ヒックスは「労働者一人あたりの貨幣賃金率 $w$ は一定とみなすことができる」とはっきり仮定しており、また価格水準は $P=\lambda w$ という関係式で決定されるものと暗黙的に仮定している。そこで、貨幣所得と実質所得の関係は非常に単純である。様々の所得水準がどのように雇用と関連しているかは明示的には論じられていない。労働市場の条件については明示的な検討が加えられていないのである。したがって、この影響力をもった論文の議論は奇妙に中途半端なのである。この論文が労働市場について主張している内容はきわめてわずかしかない。しかし、賃金と価格が固定されているとすれば、「貨幣」総需要、または所得 $Y$ を労働に対する需要へ翻訳することができる。したがって雇用量が決定される。

*IS-LM* モデルは、単純な消費関数モデルに三つの関係式をつけ加えた。すなわち投資需要関数、貨幣‐利子率の関係、そして外生的に与えられる貨幣供給量である。ケインズ解釈としてのこの体系の妥当性を決定する上で、根本的な重要性をもつのは貨幣に関する仮定である——つまり、貨幣需要がどのように決定されるか、そして貨幣が所得と利子率の決定にどのようにかかわるかという仮定である。

ケインズが『一般理論』において三つの種類の資産を考慮したことはきわめて明らかである。第一二章「長期期待の状態」において、実物資本ストックの価格決定が検討されている。実物資本は将来の収益——今日の用語法で言えばキャッシュ・フローをもたらすであろう。実物資本の評価の問題は「投資(ケインズの著書においてはこれは実物資本を意味している)価値の変化はもっぱらその将来の収益にかんする予想の変化によるものであり、これらの収益が資本化される際の利子率の変化によるものではない」(『一般理論』一四九頁)という仮定からはじまる。

他方、利子率は「それ自体としては、ある期間貨幣に対する支配権を放棄し、代りに金融資産を保有するときに得られる収益を貨幣の額で除した比率にすぎない。」(『一般理論』一六七頁)しかし、「「貨幣」と「金融資産」とをどう区別するかは、考察しようとする特定の問題に応じた便宜上の問題である。」(『一般理論』一六七頁、脚注1)

このように、ケインズは二段階の過程を頭に描いているのである。まず貨幣と金融資産が利子率を決定する。この利子率は「一般的な議論では、様々の期間に亘る利子率、つまり様々の満期をもつ金融資産の利子率の複合体〔である〕。」(『一般理論』一六七頁)そしてこの利子率は、実物資本にたいする将来の収益と結びついて実物資本の市場価格を決定するのである。ただし、ケインズは利子率を決定する金融取引において、誰が借手であるのか――その金融資産が短期の政府証券か、商人の発行する短期商業手形か、あるいは企業が実物資本を保有するために発行する金融債務か、さえも――についてはっきりと述べていない。

さしあたりのわれわれの目的にとっては、ケインズが三つの種類の資産、つまり「原則として、銀行預金と完全に代替的な」(『一般理論』一六七頁)貨幣、現時点の貨幣と将来の貨幣とを交換する契約を意味する性格不明の金融資産、そしてその予想収益が多くの理由で変化するために、それがもたらすキャッシュ・フローについて、合理的な主体が確信をもった予想をたてられないような実物資本を考えていた、と述べるだけで十分である。

したがって、投資は『一般理論』においては四段階の過程を経て決定される。貨幣と金融資産の関係が「利子率」を決定する。長期期待が実物資本と経常的投資(すなわち資本ストック)からの収益――または期待キャッシュ・フロー――を決定する。その収益と利子率とが相俟って実物資本の価格を決定する。そして投資は、投資財の供給価格が資本ストックの収益の現在価値に等しくなるところまで進められる。ところが、単純な *IS-LM* モデルは、ケインズによって描かれた複雑な投資決定過程を考慮に入れていない。『一般理論』以後の経済研究では、ケインズが提起した投資決定にかんする疑問点は解明されるのではなく、むしろ無視されてきたのである。

われわれは差し当たり、標準的なマクロ経済学の説明の基礎として *IS-LM* の定式化を受入れることにしよう。ただし、後の章では投資理論の基礎を再検討することをあらかじめ断っておきたい。ここでは、*IS-LM* 分析がどのように新古典派の分析枠組に統合されるかという点を検討しておかなければならない。

*IS-LM* 分析は、それが貨幣の影響を考慮しており、また様々の関数の弾力性(形状および位置)が所得に与えるインパクトを考慮しているという点で、単純な消費関数モデルよりも念入りである。とりわけ、流動性選好関数は貨幣需要関数であるという考え方によって、ある種の状況の下では貨幣需要が利子率の変化にかんして無限に弾力的であるかもしれないという仮定、つまり $M_D=L(i, Y)$ は、ある範囲の所得にかんして貨幣の変化が利子率に影響しないような形状をもつという仮定

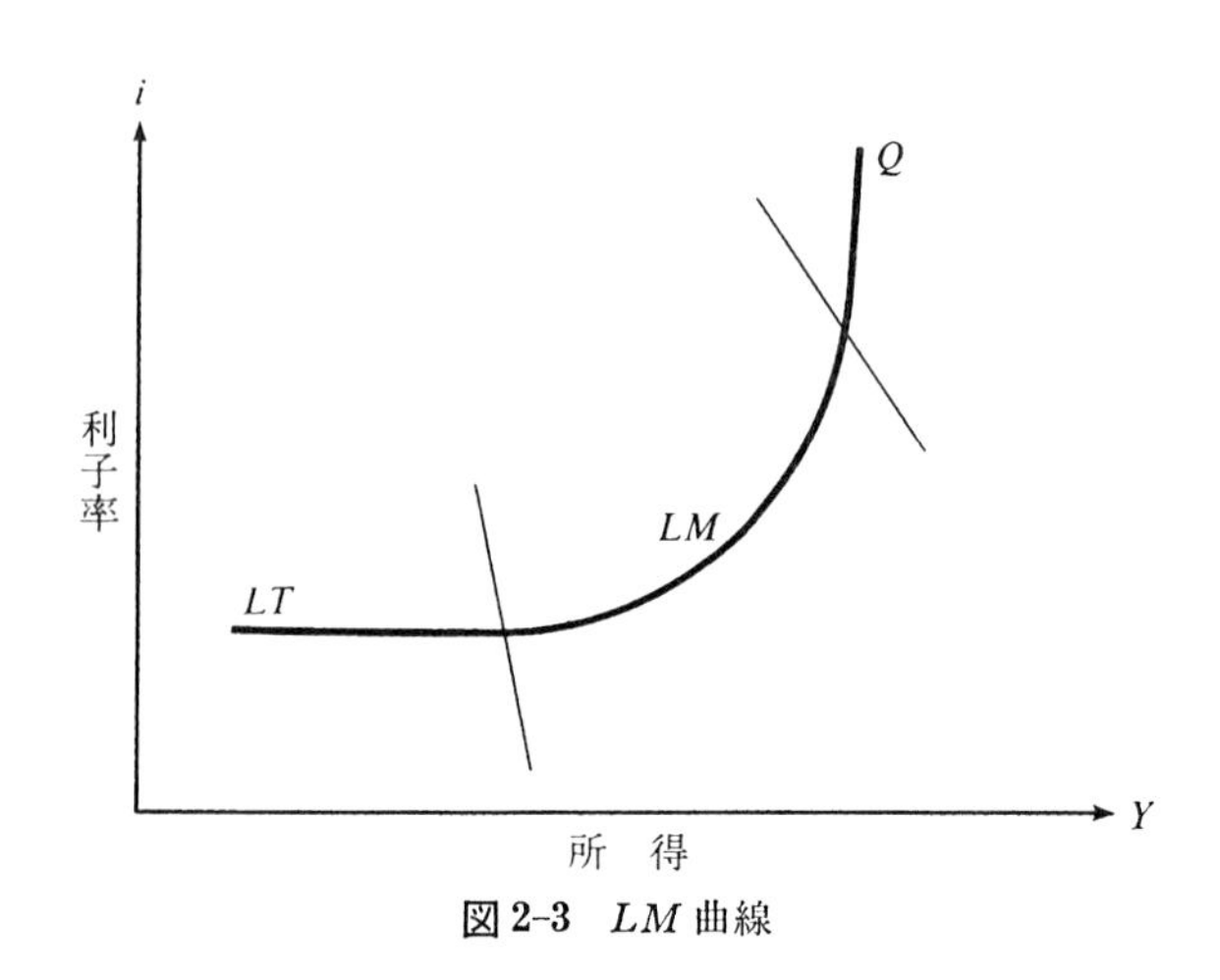

**図 2-3　$LM$ 曲線**

を導入することが可能となる。この流動性のわなと呼ばれる状況は大恐慌、あるいは金融危機の直後の混乱期に恐らく市場を支配するであろう。

*IS–LM* 分析に関連して展開された研究においては、貨幣の影響力にかんして三つの領域が$(Y, i)$平面上で定義された(図 2-3 を参照)。流動性のわなの領域($LT$)では、貨幣供給の増加は所得と利子率に影響をおよぼさない。$Q$ 領域においては、貨幣供給の増加は完全に貨幣所得の水準に反映される。そして($LM$ と印されている)中間的な領域では貨幣数量の変化によって貨幣所得と利子率の双方が影響を蒙る。かくして、*IS–LM* 分析においては、貨幣供給量の変化が「中立的」か否かあいまいである。つまりその変化は利子率を変化させるかもしれないのである。貨幣供給量の変化の結果、何が生じるかは流動性選好関数の形状による。

ところで、貨幣需要が利子率にかんして弾力的である理由としては、次の二つのことが考えられる。第一に取引動機に基づく貨幣需要が利子率の変化に反応するためである。第二にポートフォリオ、あるいは資産としての貨幣需要が他の資産の利子率に影響を及ぼす(決定する)ためである。

この点において、ヒックスのモデルで考えられている利子率が何であるかが漠然としていることが、とくに弱点となってくる。流動性選好関数の流動性のわなの部分を説明する議論は、利子率の上昇に伴うキャピタル・ロスの可能性をめぐるものである。つまり、このことは流動性選好関数の中に入ってくる利子率が長期利子率であることを意味している。他方、遊休現金の代替物は短期の金融資産であるから、このことは流動性選好関数に入る利子率が短期利子率であることを意味している。この矛盾を回避するひとつの方法は、各満期の利子率間の関係が一定であると仮定することである――もっとも、現実をほんの少し観察してみれば、この仮定が非現実的であることはたちどころに分かる。ヒックス流の流動性選好関数の内容にかかわるこの困難は、後で説明するように、流動性選好関数が資産の需要価格を決定する関係式であると解釈すれば氷解するであろう。

流動性のわなに加えて、IS 曲線が利子率にかんして非弾力性であるかもしれないという可能性――つまり利子率の低下が投資を目に見えて増加させないかもしれないという可能性が存在する。したがって、IS–LM 分析では、貨幣という茶碗と所得という口唇との間に二段階のズレが生じる。つまり、まず第一に貨幣供給量の増加は利子率を低下させないかもしれない。また第二に、たとえ利子率が低下したとしても、それが投資に影響をおよぼさないかもしれないのである。

ヒックス－ハンセン・モデルはケインズの図式における財市場と貨幣市場との相互依存関係を明示的に考慮しているという点で、単純な消費関数モデルよりはケインズの考え方を正確に表現している。しかし、それにもかかわらず、それは資産選択と投資行動の双方にかんする不確実性の重要性をはっきりと考察していない。またそれはモデルの変化の過程ではなく均衡状態を描いているがゆえに、ケインズの深遠かつ精緻な考え方を伝えるモデルとしてはケインズに対して公正でないし、また単純すぎるのである。

## 労働市場と *IS–LM* 分析

標準的なマクロ経済学をさらに一層展開させるために、ヒックス－ハンセンの体系に労働市場の分析を明示的につけ加えなければならない。労働市場、財市場、および貨幣市場を同時に考慮することからもたらされるモデルは、ケインズが強調した特性を示すモデルから、きわめて単純な古典派モデルまでを幅広く包摂している。*IS–LM* モデルと労働市場とを統合することから生み出されるひとつの成果は新古典派総合、つまり標準的なマクロ経済学の中核となる経済モデルである。

新古典派総合については次節で詳しく説明するが、ここに至ってわれわれは全く間違った道をたどってきたことが分かるのである。というのは、新古典派総合の主要な定理——つまり完全雇用均衡は市場機構の下で達成されるという定理——はケインズの考え方の論理的妥当性、あるいは「一般的」妥当性を否定しているからである。このことは、新古典派総合が価格硬直性に由来する失業の発生と継続を認め、価格硬直性が支配的であれば「ケインズ派」政策の提唱と矛盾しないと主張していても、そうなのである。

この新古典派総合に到達したので、われわれは以下の諸章において、この結果がどのように「間違った道筋」からもたらされたかを調べることができる立場にある。この検討に次いで、われわれは『一般理論』の精神により忠実なモデルの構築にとりかかることができるのである。

労働市場は通常、普通の価格理論が特定の労働市場を扱う方法を一般化することによって集計モデルの分析へ導入される。そうするために、次のような集計生産関数

$$O=\theta(K, N)$$

(ここで、O＝産出量、K＝資本ストック、N＝労働)が導入される。ただし

$$\frac{d\theta}{dN}>0 \text{ かつ } \frac{d^2\theta}{dN^2}<0$$

(つまり、労働の限界生産物 $d\theta/dN$ はすべての $N$ について正であり、それは $N$ が増加するとともに逓減する。)集計生産関数は、労働に対する需要関数と雇用の各水準に対応する産出量(実質所得)の双方を決定するのに用いられる。労働需要関数は、労働と協働する生産要素である資本を一定として、労働の限界生産性を示す曲線である。労働の限界生産力は雇用が増加するに伴って低下する。したがって、この曲線は負の勾配をもっている。

『一般理論』におけるケインズの主たる関心事は雇用量の決定であった。しかし、彼は労働に対する需要を導出するのに、集計生産関数を用いないように細心の注意を払ったのである。彼はまず、総供給関数 $Z=\phi(N)$ を定義した。ここで $Z$ は「$N$ 人を雇用したときの産出物の総供給価格」(『一般理論』二五頁)であり、総供給関数の逆関数は $N=\phi^{-1}(Z)$ と表現できる。投資、消費、そして政府支出の合計である総需要 $D$ が総供給に等しい限り、雇用関数は総需要に依存する形で次のように表される。

$$N = \phi^{-1}(D)$$

総需要の各々の水準における様々な産出物の構成が非常にはっきり定まっているという論法を用いて、ケインズは特定の雇用関数を集計して全体としての雇用関数を導き出すことが適切であると結論づけたのである。

*IS–LM* 分析では、総需要の水準は実質タームで定められる。総需要を先の雇用関数へ代入することによって雇用水準がもとめられる。説明を単純にするために、労働供給関数は外生的に与えられる貨幣賃金の下で無限に弾力的であると仮定されている。

ケインズは雇用水準の決定に際しては、生産関数の概念を用いなかったが、各貨幣賃金率に対応する価格水準を決め、かつ一定の賃金率の下で雇用の変化とともに価格水準がどのように変化するかを決める際に、この概念を用いたのであった。彼は、総供給関数(つまり財の供給価格)が雇用の増加とともに線型的に上昇するか、あるいは雇用がある一定水準を超えた後は、労働の生産性の低下のために、雇用の増加よりも急速に増加すると仮定した。労働を追加的に雇用することから得られる限界的な売上高は賃金率に等しいか、またはそれを上回っていなければならないから、価格水準は賃金率を労働の効率性――これは労働の限界生産力と同じものと考えることができる――で割ったものに比例するという結論にケインズは達した。したがって、限界生産性の式をもちいて、ケインズは次の式が成立すると主張した。

$$P=\frac{W_0}{(d\theta/dN)(N_E)}$$

つまり、一定の貨幣賃金 $W_0$ の下で、価格水準 $P$ は現行の雇用水準 $N_E$ における労働の限界生産性と逆比例の関係にある。$N_E$ が増加するとともに $d\theta/dN$ が減少するならば、一定の貨幣賃金に対応する価格水準は、雇用の増加に伴って上昇するのである。

ケインズ流の定式化では、$W_0$ の動きを決定する労働市場の条件が、価格水準の主たる決定因子である。もしこの結果が

$$P=\frac{MV}{O}$$

ここで流通速度 $V$、産出量 $O$ は所与であり、それゆえに

$$P=\gamma M$$

という貨幣数量説の基本的な考え方と矛盾しないのであれば、それは貨幣数量説を次のような条件付きの命題へ翻訳することになる。つまり、貨幣数量の増加は、それがまず労働市場に影響を及ぼ

すがゆえに、価格にも影響を及ぼすという命題である。ここでは、貨幣量の変化がその影響を価格の変化へと伝搬させるための経路となっているのは労働市場の動きである。さらに、労働市場の条件が貨幣供給の変化から独立した貨幣賃金の変化をもたらすほど、価格変化も貨幣供給の変化から独立になる。このことから、価格水準は貨幣供給によって決定されるという古典派の主張は信頼できないものであるし、また不正確であるということになるのである。

価格水準の決定にかんするケインズの図式では、雇用の増加とともに労働の限界生産力($d\theta/dN$)($N_E$)は低下するので、一定の賃金率の下で、価格水準は雇用の増加とともに上昇する。このようにして、たとえ貨幣賃金が不変であっても、雇用労働者の実質賃金は雇用の増加とともに低下するであろう。資本主義経済においては、賃金交渉が妥結して契約が貨幣タームで締結されても、それら交渉や契約の長期的にみた実質的条件は価格の動向によって決定される。このことを認識するのは重要である。この点にかんする洞察——すなわち、経済体系の動向が貨幣ターム、あるいは名目タームで締結された契約の実質的条件を決定づけるという認識——は、経済主体の意思決定に対して、個々の経済主体のコントロールや裁量では手に負えない一種の不確実性を投げかけることになる。この原理はたんに賃金契約ばかりではなく、金融的契約にもあてはまることは明白であろう。

他方、雇用水準の関連する範囲において、労働の限界生産性が一定であれば、価格水準は一定となり、次のように表現できる。

$$P = \mu W$$

ここで、$\mu$は賃金に上のせされるマークアップ「率」である。これは非常にありふれた仮定である。しかし、今日の新古典派理論の進展の過程において、ヒックス－ハンセンの*IS-LM*分析は、労働市場の動向と労働生産性が主として価格を変化させるというケインズの図式に対応するような形で労働市場を統合しようとはしなかった。むしろ、競争市場の分析において導入される仮定――各企業は貨幣賃金が労働の限界価格生産物に等しくなるところまで(つまり生産物$i$に対する$j$というタイプの労働にかんして

$$W_j = P_i \frac{d\theta_i}{dN_j}$$

となるところまで)労働を雇用するという仮定――が集計された型で導入される。つまり、経済全体で雇用される労働者の数は、労働者の限界生産物が実質賃金$W/P$に等しくなるところで決定されるであろうということ、形式的には

$$\frac{d\theta}{dN} = \theta_N(\bar{K}, N) = \frac{W}{P}、\text{したがって}$$

$$N_D = \theta^{-1}{}_N\left(\bar{K}, \frac{W}{P}\right)$$

と仮定されるのである。この$N_D$曲線は右下がりである。そして短期的には資本ストック$K$は一定水準$\bar{K}$にあると仮定されている。

この需要曲線に供給曲線が付け加えられる。この供給曲線は、労働者による労働と余暇の選択が

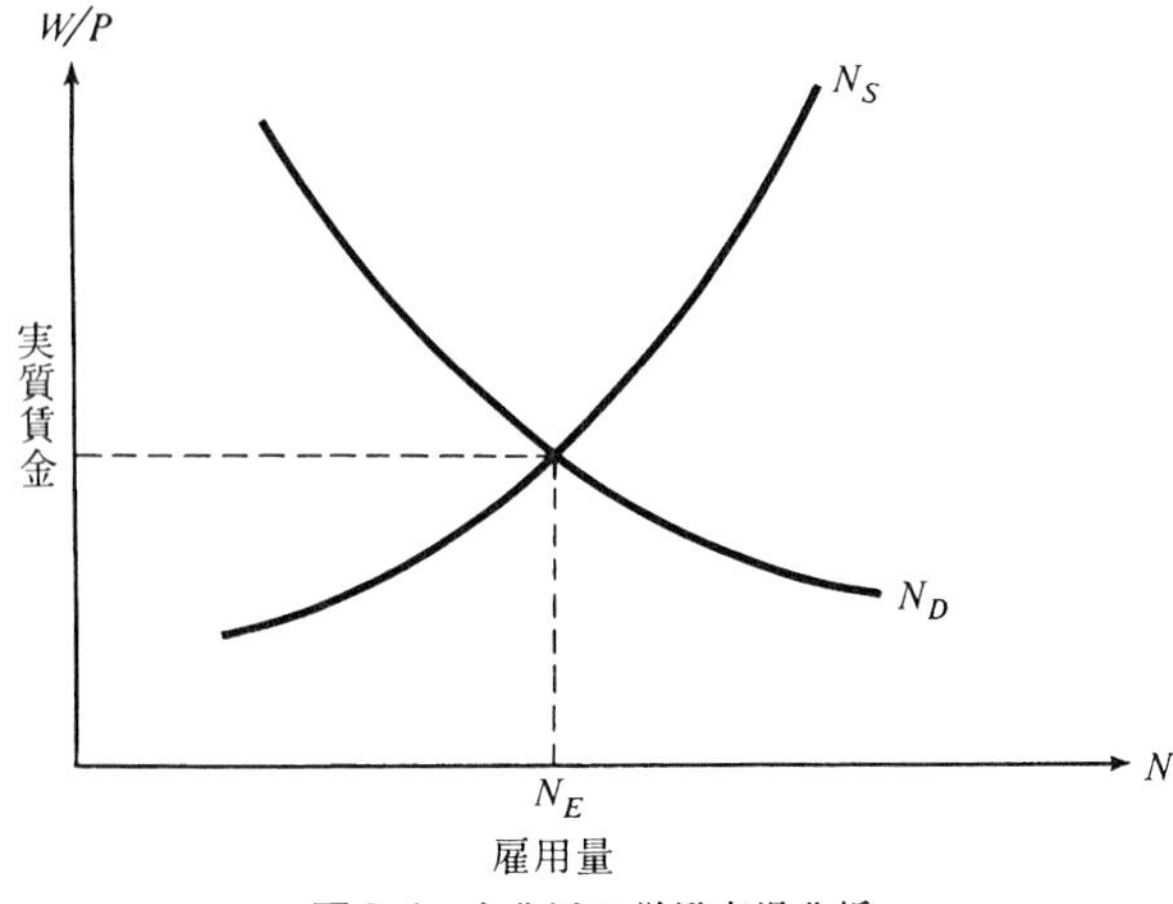


**図 2-4**　古典派の労働市場分析

実質賃金によって決定されるという仮定から導き出される。つまり、

$N_S=\xi\left(\frac{W}{P}\right)$、ここで $N_S$ は労働供給である。

さらに、$dN_S/d(W/P)>0$ が仮定される。つまり $N_S$ 曲線は右上がりになるということである。$N_S$ 曲線と $N_D$ 曲線との交点が均衡実質賃金と雇用を決定する。古典派経済学では、この実質賃金と雇用を達成するような市場の過程が存在すると、いささか安易に仮定される(図2-4を参照されたい)。この仮定を導入すると、雇用量 $N_E$ を生産関数へ代入して産出量 $O=\theta(K, N_E)$ が決定される。労働市場の均衡条件によって決定されるこの産出量を、こんどは、*IS*–*LM* 体系を形成している投資関数、貯蓄関数、そして流動性選好関数へ代入して、ヒックスの体系を利用する古典派モデルを決めることができる。

この変換の過程では、消費関数、投資関数、および流動性関数は実質タームで定義されている。貨幣供給量は、定義によって名目変数であるから、次のような形で物価水準を明示的に流動性選好関数へ導入する。

$$\frac{M_D}{P} = L(i, O)$$

ヒックス・モデルの *IS* 曲線に結びつけられる投資-貯蓄関数は、財市場の均衡と整合する利子率-実質所得(産出量)の組合せをもたらす。古典派モデルでは産出量は労働市場における均衡によって決定されるものと仮定されているので、投資-貯蓄の均衡条件は利子率を決定する。利子率と産出量が財市場および労働市場で決定されるものとすると、流動性選好曲線に「割り当てられる」役割はたったひとつ、つまり価格水準を決定することである。*IS-LM* 分析では流動性選好関数は貨幣市場の均衡に対応する利子率と実質所得の関数を示すのに対し、古典派モデルにおいては流動性選好関数は労働市場で決定される実質所得を名目所得へ変換するのである。流動性選好は、最初ヒックスによって貨幣需要曲線へ変換されたのであるが、今や価格水準を決定する以外に何の役割も果たさない。流動性選好関数は価格水準と「外生的」に決定される貨幣供給との関係を表しているので、ここで貨幣数量説に到着したことになるわけである。このモデルが素朴な貨幣数量説 $MV=PT$ と違っているのは流通速度が利子率に依存する変数であるという点である。

産出量の決定にあたって労働市場が支配的な役割を演じるこのモデルは、現代風の衣装をまとっ

た古典派モデルである。このモデルは各市場をそれぞれ別個に解き、その解をつなぎ合わせる。労働市場の均衡は

$$N_S = \xi\left(\frac{W}{P}\right),\ N_D = \theta^{-1}\left(\frac{W}{P}\right),\ \text{かつ}\ N_D = N_S$$

で表現されるが、これは雇用量を決定し、この雇用量が生産関数を介して実質所得 $\bar{O}=\theta(\bar{K}, \bar{N})$ を決定する。所得が与えられると、貯蓄関数 $S=S(i, \bar{O})$ と投資関数 $I=I(i, \bar{O})$ が利子率 $i$ を決定し、さらに産出量の投資・消費の分割を決定する。所得と利子率が与えられると、流動性選好関数 $M_D/P=L(i, \bar{O})$ が外生的な貨幣供給量 $M_S=\bar{M}$ と相俟って、価格水準を決定する。$M_S=M_D$ の関係を用いると次式を得る。

$$P=\frac{\bar{M}}{L(i, \bar{O})},\ \text{これは}\ P=\frac{k(i)}{\bar{O}}M\ \text{と同値である。}$$

価格水準は貨幣数量によって決定される。単純な流通速度一定の数量説よりも精緻であると言うことができる唯一の点は、流通速度が利子率によって決定される変数だという点である。

古典派モデルにおける均衡は、生産関数に体化されている技術的条件と家計の選好条件によって決定される。生産関数は労働と資本の限界生産力関数を決定し、一方これらの関数が労働需要曲線と投資需要関数を決定する。古典派体系における家計の選好体系は家計がもつ技術条件だと解釈できる。つまりこの選好体系は、余暇と貯蓄を満足度(経済的効用)に変換するのである。したがって、

労働供給曲線と貯蓄供給曲線は、労働需要曲線および投資需要曲線の決定とおなじような形で、選好体系の変換によって決定される。

外生的な貨幣供給が価格水準を決定する古典派モデルと、外生的な賃金率が価格水準を決定するケインズ的な労働市場を付加されたIS-LMモデルは、双方とも平行的な形で構成されている。古典派モデルでは労働市場が主役であり、それが雇用と産出量を決定する。そして貯蓄、投資の均衡が利子率を決定し、外生的に決められる貨幣供給が価格水準を決定する。一方、ケインズ的な労働市場の組み込まれたIS-LMモデルでは、所得と利子率は財市場と貨幣市場の同時均衡によって決定され、そこで決定された所得が(雇用関数を介して)労働雇用量を決める。そして、その雇用量に対応する労働の生産性と外生的に与えられる賃金率とが価格水準を決定するわけである。

貨幣供給——またはその変化率——あるいは賃金変化率を内生的にすることによって、古典派モデルとケインズ的IS-LMモデルの双方を拡張できるであろう。たとえば、貨幣供給量の変化と利子率とを関連づける貨幣供給関数と、銀行行動の特性を古典派モデルへ導入することができる。また、貨幣賃金変化率と失業率とを関連づけるフィリップス曲線[12]をケインズ的IS-LMモデルへ導入できる。

古典派モデルは実際のところ、あまりにも強い主張に結びついている。このモデルによれば、かなりの規模の長期に亘る雇用の変化は、偶発的あるいは一時的な現象であって、何ら体系的なものではない。実際の雇用量の変化を体系的な現象として説明するためには、古典派モデルのように単

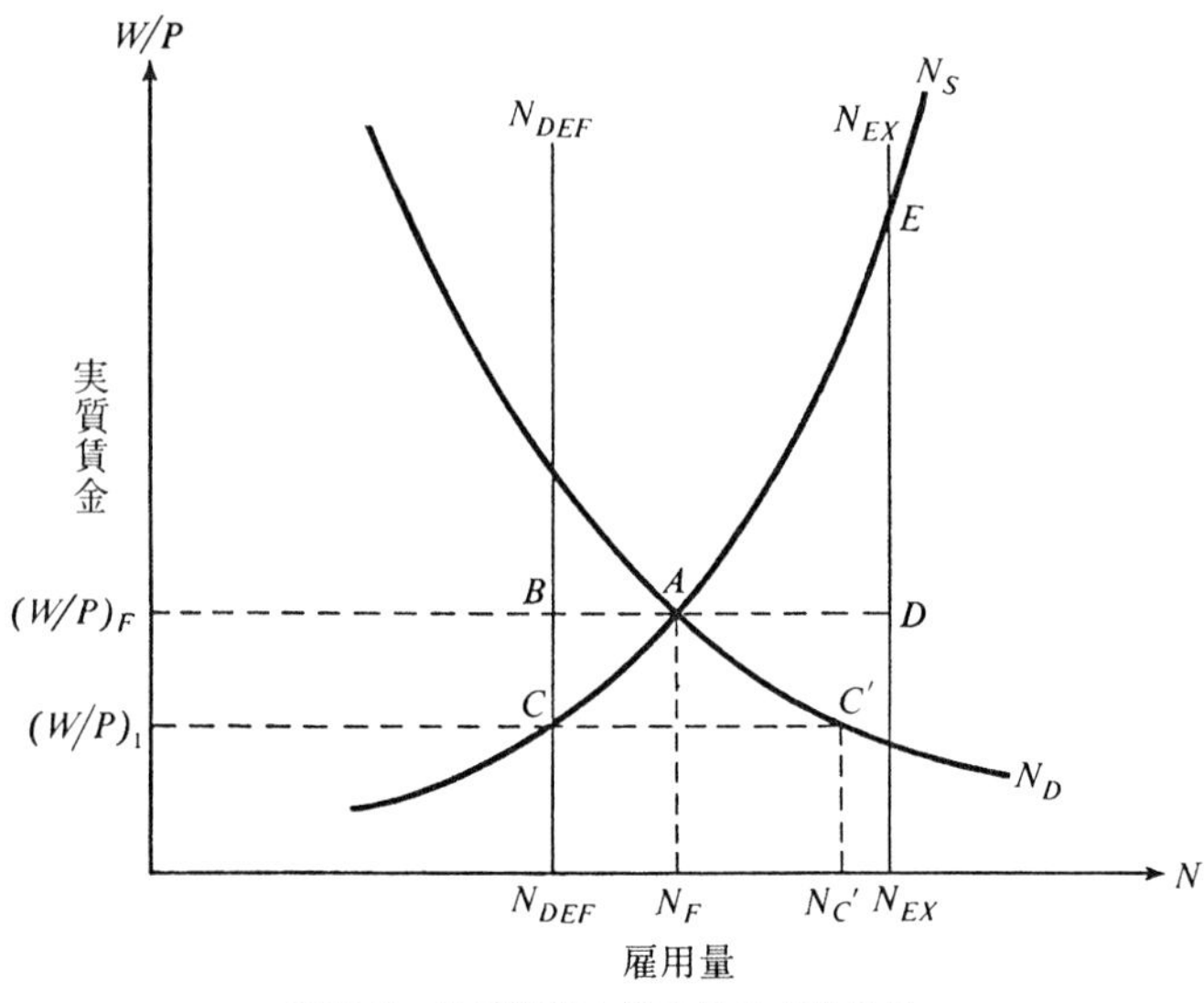


**図 2–5　数量調整を伴う労働市場分析**

純に労働市場の均衡が体系を決定すると仮定するのではなく、何らかの形で労働市場が投資、貯蓄、そして貨幣市場と相互連関をもって総需要を決定すると考える必要がある。

古典派と労働市場にかんするケインズ的図式とを調和させるひとつの方法は、均衡の継起を想定し、均衡へ到達するのに時間がかかると考えることである。この考え方においては、観察される失業と *IS–LM* 体系の反応は不均衡現象となる。

失業の可能性を本格的に扱えるような理論を構築するひとつの方法は、ヒックス－ハンセンの総需要決定モデルと労働市場における実質賃金決定とを結びつけることである。このことは次のように進めることができる。まず総需要から導出される労働需要が、労働の限界生産力と家計の選好体系と相俟って雇用量の決定を支配する。したがって、*IS–LM* モデルから決定される所得が労働市場自体の「均衡」需要を上回ったり、あるいは下回ったりする労働需要をもたらすときには、動学的な調整が生じて雇用量を増加、あるいは減少させ、雇用をちょうど *IS–LM* から導かれる労働需要に等しくする。この調整過程が生じた後で、*IS–LM* で決定される実質総需要を生産関数へ代入することから得られる労働需要と、労働供給との交点で与えられる「均衡」が達成されるように、貨幣賃金が適切に変化し始めるであろう。

図2–5において、点*A*は「古典派」の均衡点、ないし労働市場自体の均衡を示しており、$N_{DEF}$ および $N_{EX}$ という直線は *IS–LM* 図式に含まれている総需要決定の関係式から導き出される労働需要を表している。このうち $N_{DEF}$ は労働需要が不足する場合を、また $N_{EX}$ は需要が過剰な場合を示している。まず最初に、労働市場における均衡へ向かう動きがもたらす変化は、*IS–LM* 図式に内包される市場均衡と矛盾しないと仮定する。したがって $N_{DEF}$ を労働に対する有効需要とすると、需要・供給の新しい均衡点は *C* となり、$N_{EX}$ の場合にはそれが *E* となる。

点 *C* においては、財市場と貨幣市場から導き出される労働需要量は供給量に等しい。つまり財市場と貨幣市場は均衡しており、この側面から何らかの変化が生じる原因は存在しないのである。この実質賃金の下で働く意欲をもつすべての労働者が雇用されており、この側面においても変化が生じなければならない理由はない。確かに、この実質賃金と生産関数の下で企業は *C′* で示される労働者を雇用して、雇用と生産を増加させたいと考える。しかし、企業が購買者を調査してみると、総じて余分の生産物を受入れる市場は存在していないことが分かる。労働者の所得 $N_{DEF}(W/P)_1$ によって決定される労働者の需要が投資需要につけ加えられると、$N_{DEF}$ という労働者が生産する産出物を購入するのにちょうど十分である。点 C はひとつの均衡ではあるが、ひとたび達成されると、$(W/P)_1$ において $C'$ の労働需要をもたらすような古典派の労働需要関数を基礎づけている生産条件を満たしていない。

*IS-LM* モデルに即して、点 $C'$ における労働需要をながめてみよう。実質賃金が $(W/P)_1$ であるとき、企業にとって利潤を最大にするためには $O=\theta(K, N_C')$ で与えられる産出量が生産されるべきである。しかし、貯蓄、投資、そして貨幣市場の条件から需要がもたらされる過程を所与とすると、$N_C'$ という労働者から生産される産出物がそれ自体を吸収するのに十分な需要をもたらす途は存在しない。点 $C'$ で示される労働市場の条件は、古典派のモデルから言えば労働市場の不均衡を示しているとはいえ、それ自体としては労働に対する超過需要 $(C'-C)$ を消去するだけの動学的な調整過程を生じさせることがない。点 $C'$ が維持されるために必要なことは、企業が様々の金融的債務を満たすのに十分な所得を獲得できるということである。つまり、経済が $C'$ にあるときに企業家は破産しないという条件が必要である。この金融にかんする十分条件が満たされれば、この均衡をつき崩す内生的な変化は生じない。

原理的には、点 C は労働の供給曲線上にあるから、完全雇用均衡である。しかし、過去においては、雇用水準は $N_F$ であったとか、過去の生産量は現在の水準よりも大きかったとか、さらに過去あるいは停滞ないし不振状態にあると考えられても不思議ではない。
はないとみなされるであろう。点Cは深刻な不況状態というわけではないが、経済が不況にあるか、
の利潤は現在のそれよりも大きかったといった記憶のために、この均衡は経済の満足すべき状態で

財市場と貨幣市場において決定される生産物需要から派生する労働需要が完全雇用均衡を超える場合には、雇用と実質賃金が上昇する傾向が生じる。ここで点$E$が実現されると仮定してみよう。点$E$においては、労働供給、財市場、そして貨幣市場の均衡条件がすべて「満たされる」。しかし、この産出量において労働の限界生産力は実質賃金率よりも低く、それゆえにおそらく生産水準と賃金を切り下げる誘因が存在するであろう。この誘因は生産の削減に結びつくであろうか。ふたたび、労働市場の変化は総需要に影響しないこと、そして企業の所得がその様々な金融的債務を満たすに十分であることを仮定しよう。

産出量が削減されるためには、全体的には適当な利潤を挙げている企業が、たとえ最終単位の売上については限界的に損失がでるとしても注文を断って、生産を減少させねばならない。「現実的」に判断してみると、企業は現在の注文を断ることによって顧客を将来失ってしまうことを恐れるであろう。さらに、もし企業が点$E$で示される状況にあるとすれば、彼らは投資計画を実行して、現在よりもより高い労働生産性を達成すべく、資本設備を増加させるであろう――これによって、今や労働需要が$N_{EX}$となるであろう。

確かに、点Cは完全雇用均衡以下であり、点$E$はそれ以上であると主張するのは少々大げさな印

象を与える。しかし、議論の大きな欠落点は、経済が点CあるいはEにあるときにどのようなことが生じるかという点にあるのではなく、これらの点が達成されるかどうか、つまり、たとえば労働需要が$N_F$から$N_{DEF}$にシフトしたときに生じる調整過程がCにおける均衡を実現するかどうかという点にある。この不均衡過程は二つの様相をもっている。ひとつは労働市場自体の反応であり、他のものは、ヒックス－ハンセン・モデルの*LM*および*IS*曲線へのフィードバックである。*IS*曲線あるいは*LM*曲線が影響を受けると、今度はそれが$N_{DEF}$曲線、あるいは$N_{EX}$曲線を適当に(均衡を回復するように)シフトさせるか否かという問題が生じる。つまり、もし労働市場自体の動学的な調整が当初の均衡から完全雇用へ経済を動かすことができないのだとすれば、市場相互間の相互作用にみられる動学的調整が均衡を回復できるだろうかという問題である。

## 完全な均衡　新古典派総合

不均衡過程の研究に対するケインズの主要な貢献は、ある特定の市場の不均衡によって生み出される変化が、他の市場の条件にまず影響を及ぼすことによって当該市場へ大きなインパクトを与える可能性があるという視点をはっきりと導入したことである。つまり、ある市場の不均衡が他の市場の不均衡を誘発する可能性があるわけである。問題となるのは、そのような市場間の相互作用が新しい均衡をもたらすか、それとも当初の不均衡状態を一層悪化させるかということである。

価格理論に登場する孤立した小さな市場では、ある価格の下での超過供給はその市場における価格の低下をもたらす。そのような価格低下はそれ自体の市場においては均衡を回復する方向に働くし、他の市場にはみるべき影響を与えない。このような見通しは部分均衡分析を正当化する条件である。古典派モデルは労働市場をこのような方法で扱う。労働市場のように集計化された市場では、不均衡が引き起こす価格や数量の変化は他の市場に重要な影響を及ぼし勝ちであるにもかかわらずそのような方法がとられるのである。しかし、ケインズの視点からみれば、それ自身の市場の変化が他の市場に与えるインパクトが、その市場自体の反応と相俟って、体系の動向を規定するのである。

図2-5の点$A$の均衡から出発して、需要の不足は最初に一定の賃金率の下での雇用量を減少させ、体系を点$B$へ向かって動かすであろう。以下の説明では、需要の不足の場合を取り上げることにするが、最初に需要超過がある場合にも対称的に説明することができる。ここでわれわれは、資本主義経済における賃金が貨幣賃金であって実質賃金ではないことを認識しておかねばならない。そこで、需要の不足が貨幣賃金低下の引き金となると仮定しよう。しかし、価格水準は貨幣賃金を労働生産性で割った比率で与えられるから、価格も賃金とともに低下する傾向を示すであろう。

貨幣賃金は二つの形で――つまり費用の一項目として、そして所得の一形態として――価格決定にかかわってくる。貨幣賃金の低下は、一定の価格の下で雇用者たちが供給したいと考える産出量を増加させるであろう。しかし、同時に貨幣賃金の低下は被雇用労働者たちが一定の価格の下で購入しうる生産物の量を減少させるであろう。賃金デフレーションを開始させるということは、実質賃金にかんするかぎり際限のない繰り返し過程となりうるのである。価格水準と貨幣賃金は同じ方向へ、基本的には同じ率で変化するであろう。労働市場自体において生じる実質賃金と雇用量の不均衡を是正する方法として、貨幣賃金の引き下げという方法は非効率的な方法であるかもしれない。つまり、図2-5の点 $B$ で与えられるような雇用水準への動きが生じるや否や、経済がそこに釘付けとなってしまうかもしれないのである。

しかし、貨幣賃金と価格水準の低下は、金融資産の実質価値や——貨幣供給量が名目額で固定されているので——貨幣の実質価値にともども影響するであろう。もし貨幣が主として銀行の預金債務によって構成されているのであれば、貨幣のほとんどの部分は、銀行が保有する民間部門の債務によって相殺されるであろう(このような貨幣は内部貨幣と呼ばれる)。価格低下の結果、貨幣保有者が得る実質的な利得額に対応して、銀行から借入れている債務者にとっては実質的な損失が生じる。価格水準の低下とともに、民間の債務者にとっての実質的負担が増加するので、民間部門にはその債務を減少させようとする誘因が与えられる。このようにして、貨幣賃金と名目価格の低下をもたらす過程は名目貨幣量の減少をともなうであろう——とりわけ貨幣が主として内部貨幣から成り立っている場合にはそうである。資産や債務の実質価値の変化から、銀行に対する債権者(つまり預金者)は影響を蒙るが、銀行からの借手の行動には影響が及ばないと仮定する場合にのみ、賃金および価格水準の動きが確実に価格水準でデフレートした銀行貨幣の実質量を増加させ、人々の需要を変化させるであろう。

しかし、貨幣の中には銀行に対する民間の負担によって相殺されない部分がある。つまり鋳貨および銀行準備としての正貨、大蔵省の補助貨幣、そして最後に銀行が保有する各種の大蔵省の債務、さらには多少定義を拡大して民間部門が保有する大蔵省の債務がそれである。(コイン、補助貨幣、大蔵省の債務は外部貨幣と呼ばれる。) 物価下落の過程において、これらの資産の実質価値は上昇する。

民間の債務によって相殺されない貨幣のうち、民間部門によって保有されるものの実質価値がこのように上昇することは、労働市場の不均衡の影響が他の市場へ波及し、労働市場の図の基礎となっている *IS–LM* 図で示される均衡を変化させるひとつのルートである。

貨幣の実質価値の上昇が *IS–LM* の市場に影響を及ぼすひとつの径路は、*LM* 図における実質貨幣供給量を増加させること、つまり *LM* 曲線を右へシフトさせることによる。もし流動性のわながなければ、このシフトは利子率を低下させ、その利子率の低下が今度は投資と所得を増加させるであろう。この効果は、時には「ケインズ」効果とよばれるが、この効果によって労働需要関数が、労働の需要曲線と供給曲線との「古典派的」な交点で定義される均衡へ向かって均衡を回復するようにシフトすることになる。

しかしながら、この過程はうまく働かないかもしれない。上述の議論に対するひとつの反論は、価格水準の低下はその低下がさらに続くという期待を生み出す可能性があるということである。この反論はどのような投機的需要の分析にもあてはまるであろう。このような期待は、目下低下しつつある投資財の価格が今後も低下を続けるであろうという期待と結びつきうるであろう。$N_{DEF}$で特徴づけられる状況にあっては、企業家はたんに労働の超過供給の潜在的可能性に直面しているばかりではなく、実際に資本設備の超過供給にも直面しているから、彼らはそのようなデフレ過程において、投資財の注文を延期しても不思議ではない。かくして、少なくとも最初の段階では、超過供給が存在するかぎり、需要の拡大が投資財に対する発注に依存するような調整過程は生じないかもしれないのである。

一九三〇年代後半から四〇年代前半にかけての消費にかんする統計資料の示すところでは、消費の循環を示す統計で見ると平均消費性向が低下している。しかし、長期的な消費統計は消費－所得比率が基本的に一定であることを示している。このように得られた一定の平均消費性向のひとつの説明は、所得とともに富の実質価値が増加し、この富の増加が、そうでなければ所得の上昇に伴って生じたはずの貯蓄率の上昇を相殺したというものである。この説明によれば、短期的な、あるいは循環過程の消費関数は富の蓄積とともに上方へシフトしていくことになる。名目資産の増加が富の実質価値の増加と同じ効果をもたらすと仮定することによって、デフレーションが外部貨幣と金融資産の実質購買力を増加させるとともに消費関数が上方へシフトするという状況を想定できよう。金融資産の実質購買力が消費に及ぼすこの影響は「実質残高」効果と呼ばれる。新古典派総合にとって基本的な仮定は、物価下落がもたらす金融資産価値の増加は資本蓄積による実質資産の増加と同じ程度に、所得から貯蓄される額を減少させる上で有力であるというものである。価格下落のこの効果は$(i, Y)$平面で*IS*曲線を右方向へシフトさせ、総需要を増加させるであろう。

以上述べたように、価格下落は総需要に対して二つの効果を与える。それらの効果のうちひとつは需要を増加させ、もうひとつは需要を減少させる。まず、価格下落は貨幣の実質供給量を増加させ、それによって利子率を低下させる。また価格下落は金融資産の実質購買力を増加させるので貯蓄を減少させる。それとともに、デフレ期待によって投資を減少させるであろう。原理的には、投資の減少には限界がある——資本設備の任意の稼動水準に対して、マイナスの投資には下限が存在しているのである。さらに、安定性を乱すような期待を明示的に考察することは新古典派総合の精神とそぐわない。また流動性のわなのために、貨幣数量の増加が利子率に与えるインパクトもその影響力は限られているであろう。しかし価格下落が貯蓄に及ぼすインパクトの可能性には限りがない。理論的には、価格下落の過程で、完全雇用所得のすべて、あるいはそれ以上が消費されるような形に貯蓄関数を「定式化」できる。したがって、貯蓄関数へ貨幣の実質供給量を含めることによって、総供給関数の逆関数から導き出される雇用関数が、古典派の労働需要曲線と供給関数との交点(図2-5の点*A*)をちょうど通るように「仕組む」ことができるのである。かくして、失業が貨幣賃金の低下をもたらさない場合にのみ、つまり貨幣賃金が硬直的である場合にのみ失業は継続するのである。

総供給関数を逆関数にすることから決定される労働需要が労働市場の均衡雇用に等しくなるよう

に、貯蓄関数をシフトさせて達成される均衡は、労働市場の条件が満たされると同時に IS–LM モデルのすべての関数が満たされるという意味で完全な均衡である。完全な均衡から失業の状況に経済を変動させる最初の「ショック」が貨幣供給の変化によるものであるとすれば(貨幣供給がすべて外部貨幣であるか、または外部貨幣と内部貨幣との結合の場合には両者が同一の比率で変化するとすれば)、体系を完全雇用へ引き戻す価格下落は――体系のすべての実質変数が不変に保たれるという意味で――中立的であろう。そして、価格変化が貨幣供給の変化に比例するという貨幣数量説の結果が得られるのである。

新古典派モデルを発展させた人々は、失業が存在する場合、価格下落によって経済は古典派の「技術的に」決定される完全雇用を達成すると結論している。しかし彼らはそこから、デフレ政策が選択されるべき政策・措置だという含意を引出してはいない。新古典派総合の議論においては、デフレ政策よりも金融政策、財政政策によって総需要の不足をより手取り早く是正する可能性が残されている。たとえ、理論的には体系は自動的に均衡を回復する性格をもっているとしても、その自動的な径路はそれをとるにはあまりに苛酷にすぎるかもしれない。均衡が自動的に回復されるためには時間がかかりすぎるかもしれないし、あるいは賃金の硬直性のゆえにその力が働かないこともありうるのである。したがって、ケインズ的な財政金融政策は、それが理論上は不必要であるとしても、望ましいものであろう。新古典派総合では、積極的な完全雇用政策を提唱することと、経済の自動調節機能を理論的に信じることとは決して矛盾するとは考えられていない。この新古典派総合の観点から言えば、ケインズは社会科学者として、あるいは経済理論家としては、いわば敗北したが、経済政策にかんして有用、適切な方法で論陣をはった賢人としては、勝利を得たということになろう。

## 結論

ここまで、『一般理論』から抽出された諸要素をとり入れた様々の標準的モデルを紹介してきたわけであるが、この紹介によればそれらのケインズ的モデルは、(消費関数モデルのように)取るに足らないか、(労働市場を含まない *IS–LM* モデルのように)完結していないか、(労働市場を含んでいるが、実質残高効果を考慮していない *IS–LM* モデルのように)整合性を欠いているか、あるいは(新古典派総合のように)そこから得られる結論が、古くからの貨幣数量説の結論と区別がつけられないといったものであった。確かに、新古典派モデルの自動調節過程は様々な市場の間の相互連関的な変化を扱っている。新古典派総合は決して単純ではない。というのは、(貨幣数量説のように)労働市場の均衡をあらかじめ想定して、そこで決定される完全雇用生産量を貯蓄関数、投資関数、あるいは貨幣市場の関係にそのまま代入するというような方法をとっていないからである。当初の不均衡状態から均衡点へ移行する過程では、各種の市場間の相互作用を伴うので、その過程は遅いものであろう。そして様々の箇所において、おそらくは制度的な理由で、市場は反応を示さないかもしれないし、また反応したとしてもそれは不均衡を増幅するような形でなされるかもしれない。とりわけ――おそらくは、労働組合の力に由来する――労働市場の反応の遅れや硬直性が、労働の超過供給が貨幣賃金の低下をもたらすことを妨げるであろう。かくして、賃金の硬直性が失業を引き起こすと主張される。(あらゆる価格が伸縮的に調整される)新古典派の世界においては非自発的失業は消滅すると考えられているのである。

このように労働市場の反応の遅れ、あるいは貨幣賃金にかんする硬直性を悪玉として指摘することは、賃金の伸縮性は、それが生じたとすれば、事態をかえって悪くするであろうというケインズの考え方と対照的である。ケインズは、投資需要の機械的な性格が賃金低下の効果を減殺するひとつの要因であると考えていたが、しかし彼の図式はそれにのみ立脚していたわけではない。彼はまた内部貨幣が銀行制度において創造される過程をも考察したのである。賃金、価格、そして企業へのキャッシュ・フローの低下は銀行の潜在的な借手の返済期限までの債務負担を増加させるであろう。賃金と物価の低下は貨幣を減少させ、債務デフレを招く過程に火をつける傾向がある。このような過程が当初の労働需要不足の影響をさらに悪化させてしまうであろう――つまり、賃金および価格水準の伸縮性は不均衡促進的なのである。

われわれはここまで、ケインズを基礎とする標準的な理論モデルを、必要な範囲でできるだけ詳しく説明してきた。いよいよ、これから『一般理論』の無視された、あるいは失われた側面に目を向け、それらの側面が資本主義経済の過程にかんして非常に異なる図式をもたらすことを明らかにしよう。

（1）Hicks, "Mr. Keynes and The 'Classics'," pp. 147–59.
（2）Hansen, *Monetary Theory and Fisical Policy* を参照。
（3）Patinkin, *Money, Interest, and Prices : An Integration of Monetary and Value Theory.*
（4）Leontief, "The Fundamental Assumption of Mr. Keynes' Monetary Theory of Unemployment," p. 193.
（5）Keynes, "The General Theory of Employment," p. 209. 以降本書では *QJE* として引用する。
（6）Ackley, *Macroeconomic Theory*, p. viii.
（7）Hicks, "Mr. Keynes and The 'Classics'," pp. 147–59.
（8）Ibid., p. 147.
（9）Ibid., p. 150.
（10）Ibid., p. 153.
（11）Ibid., p. 149.
（12）Phillips, "The Relation between Unemployment and the Rate of Money Wage Rates in the United Kingdom, 1862–1957" を参照。

# 第三章　基本的な視点

## 序　論

ケインズ『一般理論』について、今日の支配的解釈は新古典派総合の中に具体的に示されている。この解釈によれば、『一般理論』によって提示されたモデルは、それが執筆された当時マーシャルの経済理論を踏襲し、それを一層精緻化しつつあった人々が受入れたであろうモデルと本質的に違わない均衡モデルであった。この観点からみると、通説批判と目されるケインズの主な主張――つまり、資本主義経済においては長期に亘る失業が起こりうるという主張――が導き出されるのは、経済の硬直性、とりわけ貨幣賃金の硬直性や流動性のわなのように、特殊な形状の関数関係が仮定されているからなのである。新古典派総合の体系は、財市場と貨幣市場の同時的な均衡を労働市場の均衡と確実に整合させるためにケインズの体系に実質残高効果を導入することによって生み出されるのであるが、今日の支配的解釈によれば、その新古典派総合が、ケインズ以前の経済分析において、暗黙裡にではあれ想定されていたのである。ひとたび実質残高効果が導入されると、市場メカニズムに固有の欠陥は消滅することが標準的な理論によって明らかにできる。つまり、市場過程によって完全雇用が達成され、かつそれが維持されるというわけである。

さらに、市場の硬直性、制度上の不備、あるいは政策上の失敗のゆえに失業が拡がり、それが長期にわたって存続するとすれば、標準的な理論からみれば政策的には次の二つの途がありうる。ひとつの途においては、金融財政政策を適切に用いることによって、完全雇用への障害をのり越えたり、失業をもたらす市場の失敗の効果を相殺することができる。もうひとつの途においては、経済の構造的欠陥を是正し、完全雇用からの逸脱が発生し、それが継続する原因となった硬直性、および制度上の難点を除去する。

この新古典派の考え方においては、ケインズの永遠に残る貢献は主として公共政策の領域にある。彼の議論によって、経済のコントロールを目的とした積極的な介入の提唱が知的な意味でも尊敬に値することがらとなったのである。さらに、新古典派によれば、調整過程のあるものは速やかには働かないという事実を考慮すると、マクロの政策的介入、つまり金融・財政政策は自由放任主義を指向するものと目されている古典派経済学においても暗黙のうちに想定されていたというのである。

ケインズ理論についてのこの解釈は、ヴァイナーの書評に対する反論において、ケインズによってはっきりと否定された。ヴァイナーは「現代の金融理論は、保蔵性向を貨幣の「流通速度」を減少させるひとつの要因として取り扱う。その結果、その理論は本質的にケインズの理論とほとんど同じである(1)」と主張した。ヴァイナーの考えでは、ケインズの理論は、基本的にはマーシャルのモデルに、流通速度がいかに決定されるかについての正確な説明をつけ加えたものなのである。「ケインズ氏と古典派」において、ヒックスは「彼(ケインズ)の理論はマーシャル理論の改訂・修正版と区別し難いものであり、既にわれわれがみたように、新しい理論ではない[2]」と述べているが、このケインズ解釈もヴァイナーのそれと同じである。

ケインズがヴァイナーの解釈を否定したことは明瞭である。彼は次のように書いている。「私はヴァイナーの解釈に同意できない」。さらに彼は「それ(貨幣需要)をこのような(ヴァイナーの説明する)方法で取り扱おうとする金融理論家は、全く誤った道筋をたどっていると確信している。」(*QJE*、二一一頁)

本章と次の四つの章において、われわれは新古典派総合につながる解釈に代る『一般理論』解釈を提示することにしよう。この代替的な解釈は、ヴァイナーに対するケインズの反論において彼が表明した考え方に対応する。この代替的な解釈は、ケインズが複雑な金融制度をもつ資本主義経済の動向を説明するための理論を構築した点を強調する。そのような経済は固有の欠陥を持っている。なぜならば、その経済は不安定性に満ちた循環運動を示すからである――つまり、そのような資本主義経済は自動的な過程によって完全雇用を維持できないし、また景気循環の各々の局面は、経済の運動方向の形を変化させるような諸関係がその局面で作り上げられてしまうという意味で、一時的なのである。

資本主義経済は、生産手段の私的所有と民間投資によって特徴づけられる。複雑な資本主義経済では、金融制度および財政制度が実物資本ストックの保有と新しい実物資本の生産のために必要な資金の調達方法を決定する。ケインズが想定した種類の資本主義経済においては、民間部門が金融資産のポートフォリオを保有し、実物資本の保有は本質的に投機的な金融資産の保有と同値である。また、銀行という用語は金融活動に専門的に従事する機関の総称として用いられるが、この銀行がその経済において重要な役割を演じる。ケインズ理論では、各循環局面の一時的な性質を規定している主要な要因は投資の不安定性である。しかし、資本主義的な金融制度をもつ経済における景気循環のより根本的な原因は、金融資産構成および金融諸関係の不安定性なのである。

標準的経済学は新古典派総合へ変貌する過程で、『一般理論』の一部を見失ってしまったが、その失われた部分において、ケインズは実質的需要の変動にかんする投資理論と実物投資の変動にかんする金融理論を提示した。人々が需要する金融資産の構成や、もっと一般的な金融取引にかかわる意思決定は、将来の見通しの変化がきわめて速やかに現在の人々の行動に影響を及ぼす分野であることは明らかである。将来の見通しの変化に対するこの敏感さは、最終的な支出主体である企業や家計にあてはまるだけでなく、商業銀行、投資銀行など各種の金融機関にもあてはまる。しかし将来は不確実である。ケインズを理解するためには、彼の不確実性にかんする洗練された考え方を理解し、経済過程についての彼のヴィジョンにおいて不確実性がいかに重要であるかを理解する必要がある。不確実性を含まないケインズ理論は王子の登場しない「ハムレット」のようなものである。

本章においては、ケインズを解釈し理解する上で基本的な検討題目の性質を三つの視点から説明する。これらの視点は景気循環の経済的環境、不確実性、そして投資の性質である。古典派経済学と新古典派経済学が物々交換のパラダイム——自営農民や工業者が、村の市場で物々交換するというイメージ——に立脚しているのに対し、ケインズ理論は投機的金融取引のパラダイム——銀行家がウォール街で取引をおこなっているというイメージ——に依拠している。

次の四つの章では、これらの観点を用いて投資行動と経済の動きとにかんするケインズ理論を導出する。この理論は金融的、投機的な決定要因を強調する。

## 景気循環の視点

ケインズは、ヴァイナーの流動性選好にかんする解釈がなぜ受入れ難いのかを説明するにあたって、景気循環の枠組から議論を出発させる。彼の議論の劈頭の言葉は「恐慌において生じるような場合……」(*QJE*、二一一頁)というものである。ジョーン・ロビンソン教授が述べているように、ケインズの議論において硬直性は失業の説明要因ではなかった。

貨幣賃金は制度的な理由で硬直的であるという類いの、俗流ケインズ主義者がケインズに帰着させてきた議論はケインズ自身の議論ではない。ケインズの議論は不況期に賃金が切り下げられれば、それは状況を悪化させるであろうというものであった。(3)

『一般理論』を、経済制度の本質からして循環変動を示すような経済を扱っているのだとみなすことが妥当であると考えるべき根拠は、その書物の至るところにみられる。『一般理論』の第二二章「景気循環についての覚え書き」は明示的に景気循環を扱っているが、循環現象については、その章や一九三七年二月の *Quarterly Journal of Economics* 誌上のヴァイナーへの反論においてばかりではなく、彼の著書のいたるところにおいて言及されているのである。『一般理論』の主題が複雑な資本主義経済であり、その過去や将来が景気循環を伴っているのだという観点からこの本を読むと、『一般理論』を景気循環の文脈で解釈することが適切であると判明する部分が至るところにみられるのである。序論においてケインズは次のように書いている。

> この本は……経済全体の生産と雇用の規模の変化を決める力が何であるかを明らかにする研究へと発展した……貨幣的経済は……将来にかんする見方の変化が、雇用量の変化の方向のみならず変化量にも影響を及ぼしうる経済である。(『一般理論』vii頁)

第二二章の第一パラグラフは次のように始まる。

> われわれはこれまでの諸章において、任意の時点における雇用量を決めるものは何かを明らかにしたと主張している。したがって、もしわれわれが正しいとすれば、われわれの理論は景気

循環という現象を説明できなければならない。(『一般理論』三一三頁)

それゆえに、ケインズはヴァイナーへの反論を締めくくるに当たって、「私が述べていることのことは、なぜ生産や雇用がかくも変動しやすいかを説明する理論なのである」(*QJE*、二二一頁)と書いている。

『一般理論』が出版された一九三六年は、世界経済が大不況へ陥って七年目の年であった。経済状態は一九三三年のどん底からかなり回復し、一九二九年から一九三三年までの期間に生じた金融市場の混乱、危機から見かけでは脱していたが、失業率は依然として高水準にとどまっていた。アメリカでは、一九二〇年代末に記録された国民所得の最高水準を回復できていなかった。世界経済は不安定な低迷状態にあり、企業家精神は生き残ってはいるものの、活発ではなかったのである。

その当時の標準的な経済理論――ケインズはそれを「古典」派と呼んだ――は不況の到来を予測することも、それが生じた理由やその深刻さと長期的持続を説明することもできなかったし、また政策に役立つような指針を与えることもできなかった。[4] 一九三〇年代の標準的な経済理論からみれば、一九二九―三三年の時期にアメリカで生じた事柄は説明不可能であったのである。ケインズはこれらの現下の情勢を議論の出発点として選んだわけであり、彼の新しい視点は、従来異常と思われたできごとを通常のこととして説明することを目指していたのである。

確かに、経済学者(古典派も異端派も)、政治評論家、そして政治家たちは生じつつある深刻な経済的不振を説明しようとした。過剰投資、過少消費、過剰債務、投機ブームの後遺症、銀行部門の部分準備制度、中央銀行の政策上の失敗、労働組合(アメリカには事実上存在しなかったのだが)、賃金引下げに対する労働者の抵抗、農産物価格の低落、信認の失墜などが大不況の原因として学者や評論家たちによって槍玉に上げられた。一面的な説明はどれも簡単に論破されてしまう。他方、景気循環の局面や過程についての正確な叙述も存在したが、それらは統一のとれた分析体系に統合されていなかったのである。

ケインズは『一般理論』の中で、経済の各循環局面を説明できるモデルを提示している。このモデルは様々な一面的説明の特徴を統合して、多面的で統一された分析構造を作り出している。

> 景気循環がみられる現実の状況を詳細に調べれば、それが非常に複雑であり、それを完全に説明するためにはわれわれの分析のあらゆる要素が必要であることが分かるであろう。とりわけ、消費性向、流動性選好の状態、そして資本の限界効率の変動はいずれも重要である。(『一般理論』三一三頁)

景気変動の過少消費説は消費関数に包摂されている。また過剰債務説と金融制度の不完全性説は流動性選好によって扱われるし、過剰投資説は資本の限界効率表に体化されている。さらに、信認の状態にかんしては不確実と期待にかんする手の込んだ議論によって表現されているが、それは様々の関数の「シフト・パラメター」として理論の中へ組み込まれているのである。各種の価格硬直性説に対しては、賃金や他の費用の相対的な硬直性を認めることによって配慮されており、そのため価格水準決定における「ニュメレール」あるいは定点は、当然のこととして貨幣賃金にもとめられたのである。

『一般理論』は、景気循環の理論そのものではなく、むしろ、経済の一時的な状態がいかに決定されるか、それらの一時的状態の持続性がいかに破壊されるかを説明する理論である。経済の各状態は少数の関数関係の形状と位置によって表現される一定の市場条件の相互作用から生じるとみなされている。さらに、他の関数関係ほど厳格には定式化されなかった不確実性の側面を無視すれば、ケインズが導入した新しい関数のそれぞれを、形式的な古典派モデルに登場する関係と同様の、あるいは類似の形に変換できるのである。つまり、不確実性と循環的変動についての視点を無視してしまえば——これはケインズの理論を正しく理解するためにはできない相談なのだが——ケインズの新しい理論はお馴みの伝統的理論の構成要素をまず少し修正し、それから新奇な形に統合し直すことで表現できるわけなのである。

しかしながら、ケインズを解釈するに当たって通常無視されるか、あるいは重視されないような概念、つまり循環的変動の視点、投資と資金調達との関係、そして不確実性などの概念が、彼の貢献がもつ意義の全体を支える鍵となる。ケインズ革命が未成熟なままで終った理由の一つは、おそらく、新しい考え方が多くの伝統的モデルの構成要素を用いた枠組の中で述べられたためであろう。

そして、ケインズが伝統的な構成要素を用いた理由は、おそらくケインズ自身が彼の序論において警告した「慣習的な思考方法と表現方法」(『一般理論』viii頁)から完全には脱却できていなかったためであろう。以下で展開される議論では、右下がりの資本の限界効率表が存在するという仮定は、投資過程における不確実性と金融変数の重要性をかえって理解し難くするということを、ひとつの論点として提示する。とくに、資本の価格水準を利子率によって表現する方法は、投資決定についてのケインズの主張を混乱させてしまったのである。

『一般理論』の関数関係は経済の短期的状態を決定する。そしてその状態の各々が均衡とみなされる。短期均衡は、本来的に一時的なものである。特定の市場におけるマーシャル流の短期均衡では、資本の蓄積あるいは減耗が進行中であり、それゆえに、その過程が停止しないかぎり、時間の経過とともに長期均衡のための資本ストックの条件が満たされるであろう。マーシャル流の長期均衡においては、それ以上の変化をもたらすような内生的な経済力は働かない。人口の外生的な変化、技術革新、制度的変化、さらには政治上の変化などが、経済体系の行き着く先の長期均衡を変化させ、経済を不均衡へ陥れるかもしれない。しかし、マーシャル流の考え方によれば、経済体系はいずれは静止状態へ落ち着くのである。

ケインズが均衡と呼ぶ場合、それは経済がそこへ向かって進んでいく諸変数の一時的な値の体系を示していると解釈するのがもっともよい。しかし、マーシャルと対照的に、ケインズの場合には、経済がそのような変数の体系へ動くに従って、内生的に決定される変化が生み出され、それが経済の(一時的)均衡を変化させるのである。これは、ほんの瞬間しか到達されないような移動標的にたとえられる。どの経済状態も、それが景気加熱(ブーム)であれ、経済危機であれ、債務デフレであれ、景気停滞であれ、あるいは景気拡大であれ、一時的なものである。ケインズの考えでは、どの短期均衡においても、経済体系を「不均衡化」させる過程が働く。安定性は達成不可能な目標であるばかりではない。安定性に近づくような状態が実現されると、直ちに安定性を破壊する過程も始まるのである。

ケインズは、たとえばマーシャルのように、二つの均衡「短期と長期の均衡」を区別する単純なモデルを作らなかった。ケインズのモデルでは、経済体系は多くの状態のいずれかになる可能性をもっており、どの状態においても、それを自ら破壊する種子が内包されている。経済状態をブーム期、危機状態、デフレ状態、停滞期、拡張期、そして回復期に区分できよう。『一般理論』では、これらの経済状態の各々が取り上げられており、それぞれはそれに先立つ状態、およびそれに続く状態と関連づけられている。経済状態の各々は、各種の関数の形状(弾力性)と位置によって特徴づけられる。しかし、『一般理論』においては、ブーム期、危機状態、デフレ状態、拡張期についての厳密な議論はなされていない。これらの経済状態は多分に金融市場の動向によって決定されるのであるが、経済の金融的側面の詳細にわたる説明は、たんに示唆されるだけで、徹底的に、あるいは体系的には考察されているわけではないのである。

まさにこれらは、『一般理論』およびヴァイナーに対するケインズの反論の中で、取り上げられたにもかかわらず、標準的なケインズ解釈やケインズ主義経済学の発展においては無視されてきた諸問題の側面なのである。これらの側面が無視された結果、標準的なケインズ主義経済学は、停滞期の不完全雇用均衡が長期あるいは短期の遅れを伴って完全雇用均衡へ至る、分断された二段階モデルに堕してしまった。不完全雇用状態は『一般理論』において考察された「新しい」経済状態であると同時に、その当時の世界経済の状況にとくに深く関連していたので、「雇用の一般理論は不況の経済学である(5)」という誤った見方がきわめて広く受入れられることになったのである。

経済状態の循環過程は『一般理論』において必ずしも明確に説明されているわけではない。事実、そこには景気循環の相異なる二つの考え方が存在している。それらのひとつは減衰的な加速度原理モデルに対応するであろうような緩慢な循環であり、もうひとつは「ブームと崩壊」的な激しい循環である。第一八章において(『一般理論』二四九―五四頁)、ケインズは非発散的な加速度―乗数モデルの典型といえるような緩慢な景気循環のモデルを素描している。そこに示されている景気循環は、ゆるやかな乗数と投資の緩慢に変動する見込収益とに立脚している。この投資―乗数モデルは

> われわれの実際の体験の際だった特徴――つまり、雇用や価格の非常に極端な上下変動は生じず、経済は完全雇用状態よりはかなり低い水準と、われわれの生命をおびやかすぎりぎりの水準よりもかなり高い水準との中間的な雇用をめぐって変動するという状況を説明するのに適している。(『一般理論』二五四頁)

とみなされている。したがって、第一八章に示されている景気循環モデルはブームや経済危機を説明していない。

第一二章と二二章、ヴァイナーに対する反論、そして『一般理論』のいたる所でみられる文章の中で、ブームと危機を伴う激しい景気循環が描かれている。しかし、『一般理論』のどこにも、また『一般理論』の後に発表された彼の新しい理論を説明している数少ないケインズの論文のどこにも、ブームと危機は適当に定義されていないし、十分に説明されてもいない。ケインズは、金融市場の動きがブーム期における危機を、不可避的にするとは言えないまでも、その可能性を高めることを示唆してはいるが、しかし徹底的には考察していない。この点は『一般理論』の論理的な欠落、ミッシング・リンクであり、一九三七年の彼のヴァイナーへの反論の後にもそのまま残されたものである。今日の標準的なマクロ経済学を生み出した伝統的なケインズ解釈は、金融の側面の詳細を捨象してしまい、したがって本来金融と深く係わっている経済状況――つまりブーム、危機、そして債務デフレ――を捨象してしまった。現代資本主義を解釈し、理解する手引きとして、『一般理論』がもつ潜在的可能性を完全に理解するためには、ケインズが断片的、かつ不用意に論じたことがらを完全なものとしなければならない。『一般理論』においては、ブームと危機は体系的には研究されなかったとはいえ、それらはケインズの主張を理解するための鍵となる要素である。

ブームと危機の詳細についてケインズが明示的に、かつ正確に論じなかったからといって、それによってわれわれが実際にこの作業に着手することに躊躇してはならない。『一般理論』が構想された一九三〇年代初期には、ウォール街の大暴落がすべての人々の心に刻みこまれていた。それゆえ、ケインズにとっては、金融上の混乱と景気変動との深いかかわりを明らかにする上で大暴落の議論を続ける必要はなかったのである。

第一次大戦後、主にポンドを戦前の平価水準へ復帰させるという不得要領な政策(これに対してケインズが反対を唱えたことはよく知られている)のために、英国は鉱工業部門における慢性的な失業と停滞の時期をむかえることとなった。伝統的な古典派経済の枠内では一九二〇年代のこの経済的停滞を、ポンドで評価される国内価格水準と為替レートによって決定されるドル建ての価格との不釣合によって容易に説明できた。それゆえ、英国における一九二〇年代の不況は新しい理論を必要としなかったのである。賃金および産業構造は急激な環境変化に対してゆっくりとしか調整されないことを認めさえすれば、古い理論で十分だった。事実、一九三一年のポンド切下げによって、深刻な不況が世界的規模で拡がりつつあったにもかかわらず、英国はつかの間の「繁栄」を享受したのである。結局、一九二〇年代の不況は旧式の理論の枠内で十分説明できたのであり、ケインズがポンド平価の戦前水準への復帰を論じた「チャーチル氏の経済的帰結」(6)も古典派経済学の伝統に添っている。

したがって、新しい理論を生み出した新奇な現象(anomaly)は、ウォール街の大暴落とそれ以降に生じた混乱であったのである。『貨幣論』(*A Treatise on Money*)が構想されていた期間は英国の慢性的不況期に当たっていたが、この著書は古典派経済学の流れをくむものである。『一般理論』の懐妊期間は大恐慌期に当たっており、この大恐慌はまずアメリカで、次いで世界経済全体で生じた債務デフレ過程を生み出した。しかし、ケインズは経済的危機を説明もしなかったし、それを説明する理論を提示することもしなかった。図式を完全とするために、われわれは欠落している部分を埋めなければならない。ブーム、経済的危機、そして債務デフレーションを内生的に生み出すモデルがないと、ケインズの理論は不完全であろう。(7)

## 不確実性

不確実性と、不確実性下の意思決定過程の分析は、永らくケインズの知的関心の対象であった。一九二一年に出版された『確率論』に対して、ケインズは何回かの中断をはさんで一五年間の歳月を注ぎ込んだ。この『確率論』は「絶対的に確実であるとは考えられないが、合理的で、ある程度の重要性を帯びている……議論」(8)を扱っている。さらに、彼はそこで、「ひとつの命題について、様々な量の知識のおかげでわれわれが抱きうる様々な程度の合理的信念」(9)が存在すると論じている。この著書の中で、ケインズはひとつの命題の蓋然性と、その命題に付与される重要性とを区別している。たとえば、われわれにとって利用可能な意味のある証拠(情報)が増えるにつれて、ある変数の確率の大きさは減少するかもしれないし、増加するかもしれない。しかし、いずれにしても何ものかが増えているように思われる……というのは新しい証拠(情報)が得られるにつれて、ある変数の重要性は高まるのである。(10)

『確率論』におけるケインズの考え方は、ある命題 $a$ に付与される合理信念、もしくは確率性の程度は証拠 $b$ に条件づけられているというものであり、この確率命題は $a/b$ と表現される。たとえばゆがみのない賭け台で生起する事象のような、いくつかの単純な場合には、客観的な状況を理解することによって $a/b$ に $0<a/b<1$ の範囲で正確な数値を与えることができる。しかし現実世界で頻繁に生じ、経済学により深くかかわっているような他の場合には、専門家の間で完全に合意が成立するような客観的な基準に立脚して、そのような正確な数値を得ることができない。それにもかかわらず、正確な数値を客観的にもとめられない場合にも、決定は下されねばならない。意思決定は、あたかも客観的な確率がもとめられているかのようにして下される。そのように、十分な知識が欠如したままで、付与される確率を「主観的確率」と呼ぶことができよう。不十分な知識に基づいて付与される主観的確率は急速に、かつ大幅に変更され勝ちである。それゆえに、そのような推測値に立脚した意思決定の過程も急激にかつ顕著に変化しうる。

ケインズの考えでは、客観的根拠、あるいは主観的根拠によって条件付命題に付与される確率に加えて、意思決定に介在する別の主観的要素が存在する。それは、その付与された確率が行動指針、あるいは決定の指針として利用される際の重要性、あるいは信頼性である。『確率論』の中でケインズは情報の収集を、ある命題に与えられる重要性、ないし信頼性を高めるものとみていた。しかし、『一般理論』が家計、企業、そして銀行の将来にかかわる意思決定について論じた経済問題の文脈においては、経済的危機のようなできごとは世界観について抱かれている予測の信頼性を極端に減少させる可能性がある。事態の推移は将来の事象に付与される主観的確率の分布を変えると同時に、その分布についての信頼性を増加させることも、減少させることもある。

ケインズは『確率論』において――かかわりのある確率について主観的に推測すると同時に、その主観的確率とは独立に、証拠に対する重要性を付与するという――二重の意思決定モデルを提起しているのであるが、それが不確実性下の意思決定の定式化として適切な方法かどうかは、ここでの議論にとって重要ではない。おそらく、この問題は何らかの別のモデル――たとえば、可変的な客観的確率分布と不確実性にかんする可変的な選好関数を仮定するモデルなど――によって、もっと適切に処理されるのかもしれない。ケインズ解釈にとって重要でありかつ根本的なのは、ケインズが、不完全な知識にもとづいてなされる意思決定を検討するための洗練された哲学的思考枠組によって、時間を含む(そして、それゆえ不確実性を含む)経済的選択の問題と、そのような選択が重要となる経済変動の問題に到達したこと、そしてこの思考枠組が彼の経済学の基調をなしていることを認識することなのである。さらに、ケインズはこの不確実性を確実な同値(certainty equivalents)に置き換える方法はないと主張しているし、また重要な確率的命題と、その命題に付与される重要性は、偶発的で予測不可能な形ではなく、生起する事象に整合する形で変化すると主張した。ケインズの『確率論』で取り上げられた不確実性下の意思決定は、『一般理論』にとって中心的な問題である。ヴァイナーに対する反論の中で、ケインズはさらに議論を進めて、不確実性にかんする自分の考えが、彼の先生や同僚たち——つまりマーシャル、エッジワース、そしてピグ——の考えと異なっていることを明らかにした。彼は次のように、彼らの考えの性質を特徴づけている。

所与の時点において、諸事実および期待は確定的で計算可能な形で与えられると仮定されている。そして危機については、本当のところたいして注意が払われていないのだが、それは厳密な確率計算ができるものだと想定されている。確率計算は議論の表面に決して登場しないが、確率計算によってそれは不確実性を確実性の場合と全く同じように計算可能な概念へと変換できるものと仮定されている。(*QJE*, 二一二—三頁)

次いでケインズは、彼が言うところの「不確実」な知識がどのような意味をもっているかを明らかにする。

説明させてほしいのだが、「不確実」な知識という言葉によって、たんに確実に知られていることと、蓋然的でしかないこととを区別しようとするわけではない。ルーレットのゲームは、その意味では不確実性の下にあるわけではないし、戦費国債(victory bond)の償還の見込も不確実性にさらされてはいない。あるいはまた、余命の不確実性もほんのわずかな程度のものでしかない。天候の不確実性でさえたいしたことはない。私が使っている意味は、ヨーロッパで戦争が生じる見通しであるとか、今から二〇年後の銅の価格や利子率、ある新しい発明の陳腐化、一九七〇年の社会制度の下での私的資産保有者の地位などにまつわる不確実性なのである。これらのことがらについては、何らかの計算可能な確率をあてはめるための科学的な根拠は存在しない。にもかかわらず、日常生活をおくらなければならないわれわれは、行動や意思決定の必要に迫られて、このどうしようもない事実を無視し、あたかも一連の損得の見込をそれらの損得の各々に適当な確率をかけた上で足し合せてベンサム流に計算しているかのように行動しようと最善を尽くしているのである。(*QJE*, 二一三―四頁)

かくして、確実的同値は専門家によって大いに好まれて利用されているが、それは実際家にとっては、方便にすぎず、一応尊重はするとしても、程よい方便という目的に整合しない状況が生じれば放棄されるものなのである。

不確実性に直面し、かつ「行動や意思決定の必要に迫られて」(*QJE*, 二一四頁)、われわれは便宜的方法を工夫する。たとえば、われわれは現在を「将来にとっての役に立つ指針」であるとみなすし、現在の市場条件が将来の市場についての良い手がかりを与えると考える。そして「われわれは多数者、あるいは平均的な人の行動を見ならおうとする。」(*QJE*, 二一四頁) これらの根拠に乏しい基礎を前提とすると、将来についての判断は「突如とした、極端な変化にさらされがちである。」(*QJE*, 二一四―五頁)「豪華な理事会室や非常に巧妙に規制された市場に役立つ、これらの見かけの良い優雅な技巧は崩壊しやすいものである。」(*QJE*, 二一五頁)

このように、伝統的な理論において経済体系の動きを決定する要因となっている生産関係や安定的な選好関数の働きを妨げ、その重要性を減少させるのが不確実性である。この不確実性は、家計、企業、そして金融機関がおこなう資産選択と、企業、実物資本保有者、そして企業への資金供給者たる銀行が資本の見込み収益にかんして抱く判断、という二つの側面において、体系の動きを決定する要因に強く影響する。

『一般理論』を解釈するに当たって、ケインズがまず『確率論』の著者であったことを銘記すべきなのである。

## 投資と不均衡

ケインズのヴァイナーに対する反論においては、変動する有効需要は消費と投資という二つの構成要素から成っている。「人々によって需要される消費財の量は……乗数の公式を通じて……投資財の生産量と関連している。」(*QJE*, 二二〇頁) それゆえ「この理論は、人々の心理状態を一定とすれば、経済全体の生産量および雇用水準は投資量に依存しているという具合に要約できるのである。」(*QJE*, 二二一頁) ケインズの理論は景気循環の投資理論であり、その理論では消費は受動的な増幅要因として扱われており、マクロ経済変数の変動は結局投資の変動によって決定されるのである。

投資の規模は

(a)個人が与えられた所得からどの程度貯蓄するかという性向を決める理由、そして(b)これまで資本の限界効率を規定する主要な影響力と通常考えられてきたような生産可能性にかかわる技術的可能性にかんする物理的条件、などと全く異なる理由によって、(*QJE*, 二一八頁)

変動するであろう。

投資率の変化は景気変動の主因であるが、これは資本の技術的な生産性の変化や家計の限界貯蓄性向の変化によるのではない。技術的生産性や貯蓄性向が確固とした安定性をもっているとしても、投資は依然として変動しやすいであろう。

その「全く異なる理由」は資産選択、金融の条件、そして不確実にかかわっている。ケインズの経済学は、経済システムのモデルに分権化された資本主義経済——そこでは、個々の家計そして、もっと重要なことだが、(銀行および他の金融機関を含む)個々の企業が各時点の所得支出の意思決定と同時に、異時点に亘る資産構成を決定している――に固有な不確実性を組み込んだという点で、新古典派経済学と異なっている。ケインズの経済学においては、時間を明示的に考慮しているので、経済の生産、投資、そして所得分配についての性質を決定する上で生産関数がもつ重要性は、均衡概念が重視されていないために低減している。

ケインズの考えでは、将来にかんする主観的な見通しこそが投資決定や資産選択のもっとも重要な基礎であり、しかもこの主観的見通しは変りやすいのである。まず第一に、「経営者たちは手腕と運不運とが混ざりあったゲームをおこなっており、かかわっている経営者たちはそのゲームの平均的な結果を知ることができない。」(『一般理論』一五〇頁)それにもかかわらず、経営者も資産保有者も決定を下す必要があるために、彼らの行動は不確実性の影響をこうむり、その結果、企業の投資は生産の技術的条件が安定しているにもかかわらず乱高下する可能性があるのである。不確実性や資産市場の変化が人々の望む資産構成に大きな影響を及ぼすので、経済システムが向かう均衡は常に変化するばかりではなく、急激に変化するのである。したがって、経済の動きは実現された均衡状態としてではなく、均衡へ向かう移行状態として特徴づけられる。ケインズの経済学は、不均衡の経済学として恒常的な不均衡を分析する経済学なのである。

(1) Viner, "Mr. Keynes on the Causes of Unemployment," p. 152.
(2) Hicks, "Mr. Keynes and the 'Classics'," p. 153.

(3) Robinson, *Economic Heresies*, pp. 90–1.

(4) 既に述べたように、古典派理論の教育を受けた経済学者の中には、大不況期に、全くナンセンスとしか言えない提言を示した者もいたが、同時に今日では妥当とみなされるような政策的提言を示した者もいた。しかし、その妥当な提言は整合的な理論に立脚するのではなく、直観と観察(あるいは良識)に立脚していた。適切な提言を示した経済学者が当時の主流をなしていた古典派経済学者の少数派であったのか、多数派であったのかは重要な問題ではない。彼らの適切な提言は彼らの信奉する理論と矛盾していたし、彼らは自分たちの提言の妥当性を立証するような説得的な議論を展開することもできなかったのである。

(5) Hicks, "Mr. Keynes and the 'Classics'," p. 155.

(6) Keynes, *Essays in Persuasion*, pp. 202–30.

(7) アーヴィング・フィッシャーは「大不況債務デフレ理論」で、経済的危機の後遺症に関する叙述を展開した。ケインズはアーヴィング・フィッシャーの叙述の主旨を、危機後の経済システムの動きの手取り早い説明として受入れたものと思われる。また、ケインズはブーム期には不況期とちょうど対照的な事態の推移が生じるであろうと暗黙裡に仮定していたようである。フィッシャーもまた、経済的危機を説明したり、それに関する理論を構築し得なかったのである。

(8) Keynes, *A Treatise on Probability*, p. 3.

(9) Ibid.

(10) Ibid., p. 77.

# 第四章　企業金融と資産価格の決定



## 序　論

不確実性は、たとえば様々な経済主体の資産選択の相互連関に現れるであろう。そして不確実性はそのような金融構造を変化させることによって、資本主義経済の動きにきわめて直接的な影響を及ぼす。意思決定主体の存在は、彼らが保有ないし支配している資産と、その保有・支配を可能とするために発行される債務とによる資産・債務構成(ポートフォリオ)を通じて、経済全体はもちろん、特定の主体の収益性にかんする現在と過去の判断を反映した現在の状況に、本来的にかかわっている。ケインズは『一般理論』の第四篇「投資誘因」において、金融の諸条件がどのように需要を左右するかを議論している。しかし残念ながら、金融と資産構成との関係および、それらが資本の価格や投資のペースとどのように関連しているか、という点についてのケインズの議論は混乱している。この理由の一端は、彼が流動性選好関数の説明で資本の価格を省略する方針に従ったことにある。ケインズは、資産選択の議論において資産価格と貸付資金の条件を明示的に取り扱う代りに、利子率を用いて議論を展開したのである。さらに、様々な資本、金融資産の相対価格の決定についての鍵となる説明において、ケインズは著書の他の部分を支配している景気循環の視点から離れて、均衡成長の視点へ後退してしまった。これらの欠陥の結果、彼の論理的展開力は半減し『一般理論』後に出た解説書においてその影響力が失われてしまったのである。

本章では、キャッシュ・フローと関連させて企業金融をまず展望し、資産価格を排除せずに流動性選好関数を検討しよう。そして、資産価格の決定と資産ポジションの融資とがどのように関連しているかを調べることにしよう。

## キャッシュ・フローと貨幣需要

資本主義経済において、各経済主体を特徴づけるひとつの方法は、その資産・債務構成、即ちそれが保有する実物資産と金融資産、およびその主体が負っている金融債務の組合せによるものである。(リースやレンタルは金融債務であり、かつ金融資産である。と言うのも、債券と全く同様にキャッシュ・フローを生み出すからである。) 原理的には、保有される資産は市場性をもっており(市場を通じて売買可能であり)、経済主体は追加的に金融債務を負うことが可能である。

各々の経済主体は資産構成について決定を下す。その決定は相互に関連し合う二つの側面をもっている。第一は、どのような資産を保有、支配、あるいは購入するべきかにかかわる側面であり、第二はそれらの資産ポジション――つまり所有権、ないし支配権――をどのように融資するべきかという側面である。ケインズが使う用語法では、資産も債務も持ち分(annuities)であり、あらかじめ将来の固定された、または可変的な期間に亘って現金受取り、あるいは支払いをもたらす。今日の用語で言えば、資産と債務はともに日程の定められたキャッシュ・フロー、つまり現金受取り、あるいは支払系列をもたらすと予想されるのである。

各種の資産、債務はそれらがもたらすキャッシュ・フローの点で、異なる性質をもっている。ある種の資産ないし債務のキャッシュ・フローは、その日程が定められているか、あるいは要求に応じて支払い・受取りがおこなわれたり、将来の状況のいかんによって受け取ることができるものであろう。それらは無条件に支払い・受取りがなされるものかもしれないし、あるいは経済の条件に依存するものかもしれない。また、キャッシュ・フローは資産の保有や使用と関連しているかもしれないし、資産の購入や売却に伴って生じるものかもしれない。現代の資本主義経済においては、現金支払いの多様性は非常に大きい。生産要素に対する支払いのすべて、つまり賃金、地代、利子そして利潤は、すべてキャッシュ・フローである。納税や移転支払い、最終財と中間財に対する支払い、金融資産への支払いもまたキャッシュ・フローである。

キャッシュ・フローの確実性は、また様々である。特定の生産に特化している化学工場が、生産活動を通じてその工場を保有している企業に対してもたらすキャッシュ・フローは、市場で決定される収入、および費用に依存している。これら収入と費用は、企業が産業内において私的企業としていかにうまく管理されているか、またその産業自体がいかに繁栄しているか、さらに経済全体の景気がどうなっているかなどに依存している。さらに原理的には、化学工場などの資産からは、それを売却することによってキャッシュ・フローを獲得できる。特定の製品を生産するために操業中の化学工場を売却することはおそらく稀であろう。しかし、操業中の付属施設の譲渡などの取引を考慮すれば、現金を獲得するためにそのような実物資産を利用することはそれほど稀ではなく、資産価格の評価においてそのような状況を無視することは許されないかもしれない。アメリカにおいて一九六〇年代のコングロマリット化ブームが崩壊した後には、多くのコングロマリットが子会社を処分することによって、現金を入手したり、現金支払いの債務契約を履行したりした。さらに、資産の売却に替るもっと極端でない選択肢が存在する。つまり、生産にあまり役立っていない資本を入質したり抵当に入れたりして現金を調達できる。また、コングロマリットや持株会社などを包摂していた複雑な金融構造をもつ経済においては、子会社の普通株を抵当に入れたり売却することによって現金を獲得できる。

実物資本の所有者が化学工場のプラントなど操業中の資本を売却するなり、抵当に入れるなりして獲得できるキャッシュ・フローはきわめて変動しやすい。そのような操作によって調達される貨幣額は、いつの場合にも、化学工場の他の経営者や経営者となり得る人々、そして商業銀行などの銀行家が、予想される経済的環境と様々の経営方法の下で、そのプラントからどのくらいのキャッシュ・フローが生み出されると判断するかに依存している。通常の企業の経営実績は、その生産物市場の動向や、その企業が雇用できる投入物の条件に依存するのみならず、金融市場の動向、つまり企業が借入れたり、資産を売却したり、さらに株式を発行する際の諸条件にも依存する。化学工場プラントを売却したり、それを稼働したりすることから生み出されるキャッシュ・フローが不確実な性格をもっているのと対照的に、国債——たとえば短期財務省証券——のもたらすキャッシュ・フローは、その契約が確実に履行されるから、名目タームでは保証されている。つまり、債務に記載されている政府の約束は、ほとんど疑う余地なく履行されるであろうことが知られているのである。さらに、先進資本主義経済においては、すべての国債、とりわけ短期政府証券については、きわめて幅の広い、底の深い安定した市場が存在している。つまり、それら証券の保有者の数は多く、取引量も大きい。そして証券価格は、市場の一時的な超過供給あるいは超過需要による価格変化から元の水準へ速やかに戻る。短期政府証券の保有者は、それを素早く売却することによって証券の額面にほぼ等しい現金を入手できる。より長期の国債については、契約条項の履行は確実だとしても、それらの債券を保有するか否かの意思決定には投機的要素、あるいは憶測の要素が入り込む。なぜならば、物価水準の変化がキャッシュ・フローの購買力に影響を及ぼすし、特定時点における長期資産の市場価格の変動は、それと対応する満期の利子率のその時点での変動を反映するだろうからである。

現金(キャッシュ)——つまり貨幣そのもの——は、キャッシュ・フローおよび複雑な金融契約の存在する世界にあっては、特異かつ独特な資産である。貯蓄性預金や国債と違って、今日のところ貨幣は、その保有から全く純キャッシュ・フローを生み出さない。貨幣、および貨幣タームで条件が決められている他の金融資産の実質価値が、生産物価格の低下によって増加するだろうということは、ここで行っている議論の文脈においては重要ではない。貨幣の唯一の特別な価値は、それがそのままの姿で現金支払いに利用できるという点にある。もし、支払いが必要であり、支払主体が短期政府証券を保有しているならば、ほとんど常にその証券は売却され、その売却代金が必要な支払いに充てられねばならない。貨幣が保有されていれば、このような取引は不必要である。「資産を、将来債務の返済のときの価値基準と同じ基準で」(『一般理論』二三七頁)保有することは便利である。

民間の債務が貨幣によって表示されている経済では、貨幣はそのような債務契約を満たすのに安全な資産である。貨幣はいつでも取引可能である。なぜなら、貨幣支払いを約束している経済主体は、貨幣を入手するための活動に従事しなければならないからである。貨幣は、所得という点では不変の価値をもっている資産ではない。経常的生産物の価格水準が変化するからである。さらに、実物資本や金融資産の貨幣価格も変化するからである。貨幣は、貨幣取引の契約や支払いの契約――その契約が負債であれ、租税支払いであれ、経常的取引によるものであれ――が貨幣によって表示されているものについてのみ、不変の価値をもつものである。

経済の機能を規定する要因としての金融的連関が、絶対的な重要性をもっていることを認めると、当然のことながら貨幣および貨幣制度は経済理論の出発点とならねばならない。資本主義経済における貨幣の特別の重要性は、貨幣が支払手段であるために生じているのではない。貨幣は社会主義経済においても支払手段である。しかし、社会主義経済では貨幣は、生産量、雇用、投資、そして価格を決定する枢要な変数ではない。なぜなら、社会主義経済には資本主義経済がもっている金融的連関が欠落しているからである。実物的資産の価格上昇を目指す投機は、社会主義経済ではなく資本主義経済の特徴のひとつである。資本主義の経済分析に適したパラダイムは物々交換経済ではない。その分析に適切なパラダイムは、経常取引と並んで資産保有も債務によってファイナンスされるようなシティー、あるいはウォール街を包摂するような体制である。

次の主張は、留保条件をつけてのみ正しい。つまり、

貨幣経済の顕著な特徴は、いくつかの商品(この文脈では貨幣を除くすべての商品)にとって、支払手段の役割を潜在的あるいは実際的に演じることが不可能だということである。この考えをひとつの格言で表現するならば次のようになろう。貨幣は財を購入できるし、財は貨幣を購入できる。しかし財は財を購入できない。(1)

クラウアーのこの格言は、資本主義経済における貨幣の役割についての特筆すべき特徴を見過ごしている。資産の支配権、あるいは所有権を獲得するために利用される私的な金融債務が存在する経済においては、それらの金融債務が実物資本を「購入」できるのである。銀行預金の保有者は、間接的な形で他の人々の資本保有に資金を融資していることになる。

これらの民間金融債務はキャッシュ・フローの支払契約を形成する。家計および企業の債務を履行するための現金は、通常それらの経済主体がおこなう所得稼得行動、つまり賃金、売上代金、あるいは粗利潤によってまかなわれる。貨幣の保有——そして貯蓄性預金、定期預金など貨幣類似資産(ニア・マネー)とよばれる金融資産の保有——は、経済全体や特定の市場が予想外の不振に陥って、生産活動から期待されたキャッシュ・フローあるいは金融取引から調達できる現金額が、その必要額に満たなくなる場合に対する「保険」の役割を果たす。

さらに、経済には銀行や保険会社など金融部門が存在しているが、これらの部門が通常の機能を果たしうるためには、それらが保有する金融資産の契約条項が満たされるか、あるいは良く発達した金融市場において、それらの保有する金融資産の売却か、新しい金融債務の発行によって現金を獲得できなければならない。家計や企業と全く同様にそれらの金融機関にとっても、現金保有は、保有資産の債務不履行や彼らが資産を売却したり借入れをおこなう金融市場の機能不全のために、現金受取りが不足する場合に備える保険の役割を果たすものである。

## 貨幣需要または流動性選好関数

複雑で洗練された金融市場が存在する経済においては、貨幣需要を決定するのにかかわる取引の範囲は、標準的な貨幣数量説が強調している最終所得に関連する財の取引よりもはるかに広い。関連する取引の中には、証券類に明記されている現金支払契約や資産保有にかかわる購入、売却、融資が含まれる。不確実性の世界におけるこれらの追加的な貨幣の使用が、ケインズの流動性選好理論の基盤である。

数量説の基本方程式に関するフィッシャー流の表現方法、つまり $MV=PT$（$M$＝貨幣、$V$＝流通速度、$P$＝価格水準、$T$＝取引高）——ここで $T$ は貨幣を使用するか、あるいはそれを利用した支払いが必要となるすべての取引を包摂している——は「ケンブリッジ型」の数量方程式 $M_D=kPO$（$M_D$＝貨幣需要、$k$＝貨幣で需要される所得の比率、$P$＝最終生産物の価格水準、$O$＝実質生産量）よりも、貨幣がいかに使われるかについての金融的側面をよりよく捉えることができる。フィッシャー方程式を最大限拡張した方程式 $\sum M_iV_i=\sum P_jT_j$（$i$ は様々の貨幣とその流通速度、$j$ は様々な財の価格水準と取引を示している）は商品以外の取引にも注意を向けている。フィッシャー方程式を所得タームで表現した $MV=PO$ という式や、通常 $M=kPO$ と表現されるケンブリッジ方程式は貨幣需要と最終生産物に対する需要との結びつきだけを強調する嫌いがある。生産物と関連づけられているこれらの方程式は、貨幣需要に対する金融取引の影響を看過している。

『一般理論』において、ケインズは貨幣保有の取引動機、予備的動機、そして投機的動機を区別している。ケンブリッジで育った彼の知的な素養のゆえに、彼はケンブリッジ方程式を貨幣保有の動機を強調しているものと解釈し、その解釈から出発する。取引動機は「所得の受取りとその支出との間のギャップをうめるため」（『一般理論』一九五頁）のものである。予備的動機を説明する際に、ケインズは「貨幣タームで定められた債務返済を履行するために、貨幣タームでその価値が固定されている資産」(『一般理論』一九六頁)を保有することの重要性を指摘する。貨幣保有の投機的動機を最初に説明する際に、ケインズはその動機を「将来がどうなるかについて市場よりもよく知っていることから利潤を得ようとする目的」(『一般理論』一七〇頁)に由来するものと叙述している。投機によって利潤を獲得することとは、資産価格の増価(あるいは減価)とかかわっていることを強調すれば、この投機的動機の定義の意義を完全に追求できたはずであるが、『一般理論』ではそうした追求はおこなわれていない。貨幣の投機的需要は、その価格が変化する可能性をもっている資産ポジションを融資するために、どの程度の借入れがおこなわれるかということと深く結びついているのである。結局、そのような資産価格の予想される変化と資金貸付の条件とが貨幣の投機的需要を決定するのである。

ケインズは貨幣に対する需要を次のように表現する。(『一般理論』一九九頁)

$$M=M_1+M_2=L_1(Y)+L_2(r) \tag{1}$$

ここで $L_1$ は所得 $Y$ に対応する流動性関数であり、「$L_2$ は利子率 $r$ の流動性関数である。」(『一般理論』一九九—二〇〇頁) この式において、$L_1$ は取引動機を反映しており、$L_2$ は投機的動機にもとづく貨幣需要である。ここでは、ケインズは貨幣の投機的需要を決定する要因としての資産の予想価格を省略している。われわれは、貨幣需要の決定要因として実物資本の価格水準 $P_K$ を明示的に導入することによって、一定の流動性選好関数にそった動きを示す貨幣量の変化や、流動性選好関数自体のシフトを示す不確実性の変化、投機的期待の変化などが、資産価格を変化させることを明らかにする必要があると主張したい。したがって、われわれは貨幣需要関数を次のように表現すべきなのである。

$$M = M_1 + M_2 = L_1(Y) + L_2(r, P_K) \tag{1'}$$

ここで利子率 $r$ の意味は、資金貸付の金利に限定されるべきものである。この定式化においては、もし $M$ を所与とすれば、投機的貨幣需要は実物資本の価格水準を決定する要因として働くのである。

ケインズの予備的動機による貨幣需要の定義を考えると、既存の民間債務残高が所得と様々な関係をもちうる経済においては、貨幣需要は次のように表現されるべきであろう。

$$M = M_1 + M_2 + M_3 = L_1(Y) + L_2(r, P_K) + L_3(F) \tag{2}$$

ここで $L_3$ は民間部門が抱える既存の金融的契約(コミットメント) $F$ にもとづく予備的動機を示している。この式に、ケインズがオーリンとのやりとりの中で重要だと認めた融資需要を統合することもできよう。その場合、計画された、あるいは事前的な投資が増加すると、投資活動の増加による将来の支払契約が増加するがゆえに、現金残高の予備的需要を反映して $F$ も増加するであろう[2]。

さらに、貨幣類似資産とよぶことができるいくつかの金融資産 $NM$ は貨幣に代って保険需要、あるいは予備的需要を満たす。したがって、貨幣の純(ネット)需要額は次のようになろう。

$$M = M_1 + M_2 + M_3 - M_4 = L_1(Y) + L_2(r, P_K) + L_3(F) - L_4(NM) \tag{3}$$

ただし、$L_4$ は貨幣類似資産 NW の流動性効果を示す項である。

方程式(1)によれば、一定の貨幣量の下で、所得が高いほど利子率も高くなる。(1′)式では所与の貨幣量について、所得が高いほど利子率は高く、資産価格は低くなる——これは所与の流動性選好曲線にそった動きを示している。しかし、もしより高水準の所得が実物資本保有からの所得の確実性の上昇を意味すると解釈されるならば、流動性選好関数はシフトして、一定の貨幣供給量の下で、所得が高いほど利子率が高くなり、実物資本価格も高くなる。

方程式(2)では、貨幣供給量と所得水準を所与とすると、民間部門の金融的契約残高 $F$ が大きいほど、利子率水準は高くなり、実物資本の価格は低くなる。方程式(3)では、貨幣供給量、所得、そして投資計画額を含む金融的契約額を所与とすると、貨幣類似資産の額が大きいほど——つまり貯蓄性預金と貯蓄債券の額が大きいほど——利子率は低く、実物資本の価格は高くなる。

貨幣類似資産を導入すると、その債務が貨幣類似資産となるような金融機関の行動を通じて、貨幣の実質的な(effective)供給量が内生的に決定されることになる。そのような貨幣類似資産の創造が、資金調達需要を反映しているかぎり、金融革新の時期には、実物資本価格の上昇が資金貸付金利の上昇と並行して生じるのである。したがって、銀行と銀行類似の金融機関が実質的(effective)な貨幣供給量を決定するようなシステムにおいては、利子率は

人々が流動性をどの程度高めたいと望むか〔どの程度借入れたいか〕という条件と、銀行部門が

どの程度自らの流動性を低める〔貸出の〕用意があるかという条件の相互作用の結果として決定される(3)ものと考えられる。

『一般理論』の議論は、貨幣需要の多面性をほのめかしてはいるが、その点を十分に展開しなかった。多面的であるがゆえに、ケインズの議論と貨幣需要を取引需要として分析するというフィッシャーの考え方と関連づけることはできたはずである。しかし、ケインズの定式化には、フィッシャー流の貨幣取引の類型を列記するという方法よりもはるかに強力な、真に独創的な側面がみられる。それは、貨幣の投機的需要を利子率、および資産価格と結びつけるという側面である。不幸なことであるが、流動性選好を説明する際に、ケインズは利子率(the interest rate)という言葉を資金貸付の金利として使うと同時に、暗黙的に扱われていた実物資本価格の代理変数としても使うことによって、説明を曖昧にしてしまったのである。

## 資産価格と資金調達

ヴァイナーに対する反論において、ケインズは次のように主張することによって貨幣の機能にかんする議論を始めている。

よく知られているように、貨幣は二つの主要な目的に役立つ。貨幣は計算単位として、それ自体が実態をもった対象物として経済に必ずしも登場することなしに、交換取引を媒介する。この点で、貨幣は実体を欠いており、実質的影響をもたない。第二に、貨幣は富の貯蔵手段である。全く当然のことのように、そう言われる。しかし、古典派の経済において、貨幣はいかに気違いじみた扱いを受けていることか！　なぜなら、利子を生まないことが富の貯蔵手段としての貨幣の特徴として認められているからである。他方、実際上他のあらゆる形の富の貯蔵手段は何らかの利子あるいは利潤をもたらす。精神病院の外に棲む誰れが富の貯蔵手段として貨幣を使おうとするであろうか？(*QJE*, 二一五―六頁)

ケインズのこの誘導尋問に対する答えは、われわれが生きている世界は「古典派経済学」の世界ではないというものである。つまり、世界は昨日、今日、明日がある不確実な世界である。さらに、それは資本主義の世界であり、各主体はポートフォリオ――昨日の判断を体化し、かつ今日および明日の収益を稼得し、さらにその収益を注ぎ込む資産および債務――を保有する。不確実性を伴う世界では、ポートフォリオは必然的に投機的である。投機が避けられない世界――そこでは、どこへ賭けるかが意思決定である――では貨幣は不毛でないがゆえに、富の貯蔵手段としての貨幣に対する需要が存在するのである。前に指摘したように、われわれの世界では貨幣は保険証書の性質を具えている。というのは、われわれは貨幣保有によって、望ましからざる特定の事態の影響から身を守ることができるからである。かくして貨幣が保有される理由は「実際の貨幣保有がわれわれの不安感をなだめてくれるからである。そして貨幣を手放す際にはわれわれが要求するプレミアムはこのわれわれの不安感の程度を示す尺度である。」(*QJE*, 二一六頁) ちょうど保険料率が上昇する場合、保険に対抗する代替品が選択されるのとちょうど同じように、貨幣保有の費用である利子率が上昇すると、貨幣に対抗する代替が生じるであろう。

ケインズはさらに次のように述べている。

> 貨幣がもつ特徴の重要性は、通常看過されてきた。また、それが注目される場合でも、貨幣保有という現象の本質的性質は誤って叙述されている。なぜなら、注意を引いたのは貨幣の保有量であった。この貨幣量が重視されたのは、それが流通速度に影響を与えることによって価格水準に比例的な効果を直接及ぼすものと考えられてきたからである。しかし、貨幣保有量は貨幣の総供給量が変化する場合か、あるいは経常的な貨幣所得(私はこの用語を広義で用いている)額が変化する場合にのみ変化する。ところが、信認の程度の変動はそれと異なる効果をもちうるのである。つまり、それは実際に保有される量を変化させるのではなく、貨幣を保有しないように人々を誘引するために提示されるべきプレミアムの額を変化させるのである。そして貨幣保有性向の変化、あるいは私が言うところの流動性選好の状態の変化は、価格ではなく、

主として利子率に影響を及ぼす。価格への効果は利子率の変化の最終的な帰結として反作用によって生み出されるのである。(*QJE*, 二一六頁)

しかし、もちろん、「貨幣保有性向の上昇は利子率を引上げ、それを通じて、現金通貨以外の実物資本の価格を低下させる。」[4]

ヴァイナーに対する反論の中でケインズは、貨幣保有の投機的動機が、まず利子率を変化させることによって、実物資本の価格へ影響を及ぼすことを説明している。

これは、貨幣供給量とその保有性向によって決定される利子率が、実物資本価格に対して及ぼす最初の反作用である。もちろん、利子率がこれら資本価格を変化させる唯一の要因というわけではない。それら資産の見込収益にかんする判断はそれ自体激しく変動する。それは正に既に述べた理由、つまりそれらの見通しの基礎となっている知識の根拠が脆いためなのである。実物資本の価格を決定するのは、利子率とこれらの判断との組合せである。(*QJE*, 二一七頁)

利子率と実物資本の価格との関係を論じる際、ケインズは二つの市場によって説明している。ひとつの市場では利子率と資金貸付量が決定され、もうひとつの市場では実物資本価格が決定される。これまで述べたように、その関係は、一方の市場における不均衡、または変化がもうひとつの市場に影響し、各市場においてそれ自体の調整の時間がかかるという意味で継続的である。

したがって、キャッシュ・フローを生み出す資産の価値は、不確実性に備えるために貨幣という形の保険証書を保有することに資産保有者がどの程度のプレミアムを支払おうとするかに依存するのである。おそらく、貨幣がもっているそのような保険の程度は他の資産よりも大きいと考えられるのだが、その理由はまだ十分に明らかにされていない。

貨幣が保険の側面をもっていること、そして貨幣を用いた様々な取引の中に、生産過程を反映した支払いと並んで金融的支払いが含まれていることを認めると、一体この保険の対象となるのは何なのかという疑問が浮かび上がる。どのような事態に対処するために貨幣は保有されるのであろうか。

貨幣保有のひとつの理由は、所得稼得者にとって、所得の受取りによるキャッシュ・フローが予想外に減少するという「困窮の時」が生じる可能性があることである。しかし、この目的にとって貯蓄性預金および債券などの流動的資産は、それが「安全」であると信じられるならば、貨幣よりも便利である。貨幣保有のもうひとつの理由は、貨幣保有が「まさかの時」(rainy day)に資産を現金通貨にかえるために売却しなければならないという事態、つまり債務に対処する支払額が生産活動や債券から手に入る現金額を超えるという事態を回避するのに役立つということである。債務に対する支払いのために資産が売却されねばならない場合を考えてみよう。ある主体の債務に伴う現金支払契約が、生産活動からもたらされる現金、および保有される金融資産の契約条項の履行から受け取られる現金によって満たされない時、その主体は資産の売却を余儀なくされる。それは一体なぜ生じるのであろうか。

『一般理論』の第一七章「利子および貨幣の本質」において、ケインズはこれらの問題により深く――しかし、それほど明快にではなく――立ち入って考察した。この章において、彼は資産の価格決定を論じている。彼の議論は鋭いものではあるが、欠陥をもっている。なぜなら、ケインズはその章の説明において、債務の構成とそれがもたらす支払契約を明示的に導入していないからである。もっとも、このことは貨幣に対する予備的需要を定義する際に触れられてはいる。さらに言えば、第一七章は曖昧である。なぜなら、ケインズはあたかもそれが彼の第二の天性でもあるかのように、古典派経済学の世界へ後もどりしてしまっているからである。第一七章では、そこで扱われている資本蓄積過程は――たぶん生産要素の構成比の変化とともに生じる生産性の低減のゆえに――再生産可能な資産の収益を減少させる。その結果時間が経つにつれて、貨幣に対する暗黙的な収益が、その流動性という特性のゆえに、新しく生産される資産から得られる明示的な収益を上回るであろう。ケインズ自身がその緒言において警告している旧弊な考え方が、第一七章を少なくとも部分的には乗っ取っているのである。議論を左右する継ぎ目において、停滞論と投資機会涸渇論の考え方が、投資、資産保有、および債務構成が投機的な判断に導かれているという景気循環論的視点に取ってかわっている。

第一七章に含まれている考え方の潜在的な力を明らかにするために、債務構成を明示的に考慮し、議論を景気循環理論と投機の枠組にもとづいて据え直すことによって、この章の議論に手を入れることが必要である。これらの点に修正をほどこせば、第一七章の議論は投機的な投資ブームの説明と、そのような投資ブームが危機に陥りやすい拡大の段階において、なぜ自らを破壊する種子を内包しているのかを説明する糸口をわれわれに与えてくれるのである。

経済の循環的な時間径路を生み出す経済の一時的状態の継続は、資産価格決定の過程に依存しているが、この点は第一七章においてほのめかされているだけで、十分には説明されていない。

この章において、ケインズは経済過程にかんする古典派的な均衡成長と均衡資本蓄積の理論に立ち戻っている。ブームと危機とを同時に内包する景気循環は、『一般理論』の他の部分や、ケインズのヴァイナーに対する反論の中心部分においてはあれほどはっきりと考察されているのに、この第一七章のほとんどの部分において姿を消しているのである。

第一七章に示されているヴィジョンは、資本蓄積が進むにつれて実物資本の限界効率、あるいは収益が低下するので、終局的には、あらゆるタイプの生産手段の限界効率が、貨幣が流動性という形で生み出す暗黙的な収益——限界効率——以下に下がってしまうということである。資本蓄積が生じると、各々の形の生産可能な実物資本に対する期待収益は次々と、貨幣が生み出す非金銭的な経常収益を下回ってしまう。特定の資産に対する準地代(quasi-rent)という形の収益が、貨幣に対する暗黙的な収益によって設定される閾値以下に低下すると、その資産の生産、即ち投資は停止する。ケインズの説明では、実物資本の期待収益が低減するにつれて、貨幣が経済を牛耳ることになる。なぜなら、生産可能な資産の貨幣収益率が貨幣の暗黙的な利子率に等しくなければならないのだとすれば、実物資本の準地代は資産価格の上昇期待によって補われなければならないからである。つまり、再生産可能資産の現在価格は十分に低下して（価格の期待上昇率が十分に高くなって）、それが資産の予想される生産費用以下にならねばならないのである。

景気循環の視点をマネー・フローの明示的考察と結びつければ、ケインズが第一七章で説明したのよりもはるかに自然な形で、再生産可能資産の現在の市場価格が硬直的な生産費用よりも低くなることを説明できる。さらに、この結果を説明するこうした代替的方法は、『一般理論』およびヴァイナーへの反論に横溢している資本主義経済についてのケインズの考え方と、うまく合致するのである。

第一七章の主題は資産、なかんずく実物資本の相対価格である。ケインズは「様々の資産が様々な程度で保有している三つの属性」を区別する。つまり、「資産のあるものは収益、あるいは生産物 $q$ をもたらす。」「貨幣以外のほとんどの資産はいくばくかの無駄にさらされるか、あるいは単に時間が経過するだけで何がしかの費用を伴う——〔つまり〕それらの資産には持越し費用 $c$ がかかる。」そして「最後に、ある期間で資産を処分できるということが、安全を保証するという潜在的な便宜を提供するであろう——人々がこの処分権によって与えられる潜在的な便宜、あるいは安全の保証のために〔キャッシュ・フローの放棄という形で〕支払ってもよいと考える——額（その資産に付随する収益ないし持越し費用を除いた額）を資産の流動性プレミアム $l$ と呼ぶことにしよう。」

(『一般理論』二二五―六頁)

したがって、

> 特定の資産を一定期間保有することから期待される総収益は、その資産の収益マイナス持越し費用プラス流動性プレミアム、つまり $q-c+l$ に等しい――各種の資産に対する総収益は、これらの特定の収益が様々な程度において組合わさって形成されている。「機械設備資本」と「消費的資本」(consumption capital)にかんしては、――その収益は通常持越し費用を上回っているものと考えられよう。しかしそれらの資本の流動性プレミアムは、無視できる程度のものでしかないであろう。(『一般理論』二二六頁)

他方、貨幣にかんしては、「その収益はゼロであり、持越し費用は無視できるが、流動性プレミアムは大きい。」(『一般理論』二二六頁)かくして、

> 貨幣が他のすべての(あるいはほとんどの)資産と本質的に異なる点は、貨幣の場合には流動性プレミアムが持越し費用を大きく上回っているのに対し、他の資産の場合には持越し費用がそれら資産の流動性プレミアムを大幅に超えているということである。(『一般理論』二二七頁)

明示的および暗黙的なキャッシュ・フロー($q-c+l$)を資本化した額(割引いた現在価値額)が、資産の需要価格に相当する。ケインズは「均衡においては――貨幣を単位とした需要価格は、様々の資産の間で利益をもとめて選択を変更しても何ら得るものがないような水準にちょうど等しくなる」(『一般理論』二二七―八頁)と主張している。$l$が非金銭的な所得であり、$q-c$が貨幣のフローであるかぎり、これら明示的なキャッシュ・フローと暗黙的なキャッシュ・フローとを組合わせたものを共通の割引率で資本化したものが、$q$という収益をもたらす実物資本の需要価格となる。しかし、$q$とその需要価格との比率は当該資産の暗黙的な収益$l$と反対方向に変化するであろう。もし資産が流動的であれば、資産の市場価格当たりの利子および利潤という形でもたらされるキャッシュ・フローの額はその資産が非流動的である場合よりも小さくなる。つまり、資産の目に見える明示的な収益率は、その資産の市場の質と負の相関を示すであろう。この場合の質とは、満期までの残存期間、市場で売却する際の容易さの程度、そしてその時の売却価格の確実性などである。

非流動的資産――その$l$はゼロである――について$q$を資本化してもとめられる価値額は、市場でそれが売れる価格ではないことに注意しよう。その価値額は生産活動から期待されるキャッシュ・フローの純粋な価値であるにすぎない。なぜなら、それが潜在的に市場価格を示しているのだとすれば、その資産は少なくともある程度は流動的資産であり、それゆえにその市場価格を決定する要因のひとつとして、$l$を考慮に入れなければならないからである。

われわれはこれらのキャッシュ・フロー、つまり資産がその保有者にもたらすキャッシュ・フローとケインズが重視した「資産の処分権」(『一般理論』二二六頁)からもたらされるキャッシュ・フローについて、さらに突っ込んだ考察を加えなければならない。とりわけ、資産の相対的な市場価格が流動性 $l$ に付与される価値の変化とともに、どのように変るかを検討する必要がある。

資産の売却はそれを売却する主体にキャッシュ・フローをもたらす。つまり、経済主体は資産の処分によって自由にできるキャッシュ・フローを獲得できる。このキャッシュ・フローは資産がもたらすものと期待されている $q$ よりもかなり大きく、何倍かになるであろう。それが何倍になるかは、資本化するときの割引率と予想されるキャッシュ・フローの見込まれる期間の長さに依存する。資産を売買する活発な市場が存在するならば、資産の処分権は資産保有主体が資産売却によって自由にキャッシュ・フローを創り出せることを意味している。このことが

各種の資産に対して、それらが等しい当初価格をもっているとしても、相異なる潜在的な便宜あるいは安全の保証を与える。……人々がこの処分権によって与えられる便宜ないし安全の保証に(資産に付随する収益ないし持越し費用を除く)対して支払ってもよいと考える……額(資産自体で測られる額)……を流動性プレミアム $l$ と呼ぼう。(『一般理論』二二六頁)

注意すべき点は、上記の引用文における流動性プレミアムは資産価格の較差ではないことである。むしろ、それは同じ市場価格をもつ相異なる資産の予想されるキャッシュ・フロー、または契約さ

れたキャッシュ・フローの差異となるのである。

ケインズは三種類の資産、即ち資本設備、流動的な財の在庫ストック、そして貨幣を区別している。資本設備は収益 $q$ をもたらし、在庫品には多少の無駄と持越しの費用 $c$ がかかる。そして貨幣は収益をもたらさないし、持越し費用がかからないが、流動性 $l$ をもたらす……つまり貨幣は容易に処分し得るのである。ある資産からの収益 $q$ は、資産の稼動、あるいはその賃貸契約がもたらすであろうキャッシュ・フローである。企業によって生産単位として結合された実物資本にかんしては $q$ はマーシャル流の準地代である——それは総収入から総支払費用を差し引いた額である。減価償却は準地代のうち会計上控除を認められた一部分である。しかし減価償却が処分可能なキャッシュ・フローの重要な一部分であることに変りない。ケインズにとって、生産物の供給価格は、たとえ競争的な産業に属している企業にかんしても、限界経常費用よりも大きい。というのは、その経常的費用に使用者費用を加えなければならないからである。(ここで使用者費用とは、今日資本設備を使うことによって、将来の時点で利用不能となるために放棄されるものと予想される準地代の最大値を割り引いた現在価値と定義される。)

準地代の性質は標準的な価格理論の費用曲線を用いて例示することができる。図4-1はお馴染みの短期費用曲線のモデルであり、競争的産業における企業の経常費用を描いている。直線 $CC'C''$ は、企業が直面する無限に弾力的な需要曲線である。つまり企業は価格 $OC$ で望むだけの産出物を販売することができると仮定されている。平均可変費用曲線($AVC$)は、各生産水準における総経

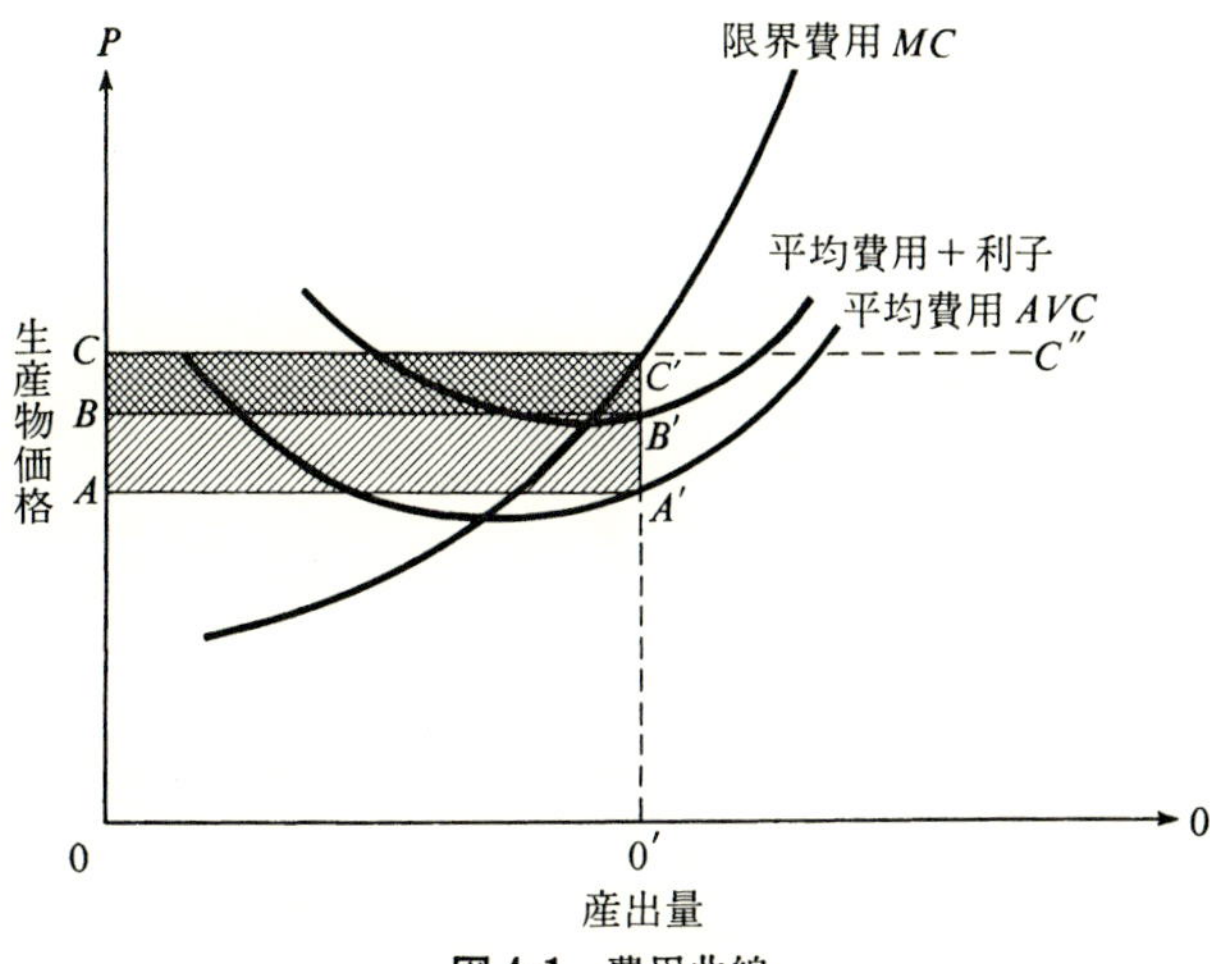


**図 4-1　費用曲線**

常費用（労働費用と原材料費用）を産出量で除したものである。この図では、固定的あるいは生産過程に共通な労働ないしサーヴィスという要素は無視されている。曲線 AVC は資本減耗、あるいはケインズが使用者費用と呼んだものを含んでいない。正確に言うと、使用者費用は費用ではない。実際には、それは各生産物について企業が資本設備を遊ばせておくよりもむしろ使用した方がよいと判断するに足る準地代の最低値である。

　企業にとって最大の利潤をもたらす生産量は $OO'$ である。総収入と総可変費用との差額が準地代である。図 4-1 では $OC \times OO'$ が総収入であり、$OA \times OO'$ が総可変費用である。影をつけた $ACC'A'$ の部分が準地代、つまりケインズの $q$ である。当該企業がある債務構造をもっているならば、図が念頭においている期間に亘って、利子を現金で支払う必要がある。その利子支払いは産出量から独立していると考えてよいであろう。そうすると、利子支払総額を総可変費用へ加算することによって、平均可変費用プラス利子が導き出される。図の $ABB'A'$ という部分が利子支払額――われわれの解釈ではケインズの $c$ ――をあらわしている。準地代総額と利子支払額との差額が税引前の総利潤である。

債務契約の中に負債償却引当金ないし負債元本の償還が含まれているとすると、現金支払額は純粋の利子費用 $ABB'A'$ よりも大きくなるであろう。そのような金融条件があるので、企業は金融契約の履行のために税引前総利潤の一部を用いざるを得ない。実際、負債契約の満期がかなり短期的であるときには、金融債務の返済に向けなければならない現金額が準地代の総額を上回る可能性がある。この可能性が企業や金融市場にとっていかなる意味をもっているかは以下で考察しよう。

準地代 $q$ は、上に述べたように、生産主体の債務構造から独立である。この準地代が、それをもたらす物的資産の市場価格を決定するときに用いられる所得の概念である。不確実性や流動性が資産価格に影響しないような完全な資本市場においては、$q-c$ の資本価値は株式の市場価格に等しく、$c$ の資本価値は負債の市場価値に等しくなるであろう。したがって、株式市場価格と負債の市場価格の和は一定であり、$q$ の資本価値に等しくなる。つまり、債務構造は企業の価値に影響しないのである。しかし、景気循環の文脈において流動性を位置づけるためには、企業にとってのキャッシュ・フロー概念に金融費用と租税負担とを含めなければならない。

ケインズは、流動的な在庫品が減耗と持越し費用を伴うことを認めた。彼は例として小麦を挙げている——小麦を保有することが利益となるために必要な小麦価格の予想上昇率は、小麦が保管される期間に亘る減耗、保管費用、小麦の購入費用にかかる利子を十分にまかなえるだけの大きさでなければならない。確かに小麦のような在庫品を持越すことを考えるとき、金融費用も考慮するべきである。しかし、『一般理論』の第一七章ではこのことには明示的には言及されていない。もっとも、小麦単位の利子率決定の例を説明する際（『一般理論』二二三頁）、ケインズは貨幣利子率という概念を用いてはいるのだが。

準地代 $q$ をもたらす純粋な機械設備と、持越し費用のかかる流動的な在庫品を考えてみよう。流動的な在庫品にかんしては、その現在の需要価格は保有期間の期末に予想される市場価格を十分に下回っており、期待値上り率が金融費用と減耗を相殺してあまりあるものとならねばならない。注意すべき重要な点は、減耗する資産の今期の供給量がすべて使用されるか、あるいは在庫に加えられるような調整をおこなうのは、その資産の現在価格だということである。当初の市場価格の下で超過供給があれば、今期の使用や在庫の追加によってその超過供給が吸収されるまで価格は低下するであろう。同時に、生産の指標として機能するのは、今期の価格と予想される価格なのである。流動性の要因に由来した利子率の下限のゆえに、持越し費用が高い場合には、そのような財の経常的生産は、今期の、低下した在庫品価格によって左右されるであろう。

同様に、機械設備については、資本蓄積が進むにつれて $q$ が低下すると、そのような設備の価格が低下して、その収益率が貨幣に対する暗黙的な流動性収益率に等しくならなければならないのである。

ケインズは第一七章において、流動的在庫品と機械設備の双方について、次第に活力が弱まり、最終的には停止してしまう資本蓄積過程を素描している。しかし、ケインズが第一七章とヴァイナーへの反論において叙述しているブームは、比較的おだやかな停滞で締めくくられるのではなく、経済危機の衝撃とともに終息するのである。ケインズは $c$ を持越し費用と呼び、「以下では専ら $q-c$ に関心を向けることにしよう」(『一般理論』二二六頁)と述べている。ケインズの説明を敷衍すると、$q-c$ は準地代から持越し費用を差し引いた値である。企業によって蓄積された資産については、$c$ は主として企業の債務構造によって決定されるキャッシュ・フローである。

大恐慌後の余波の中で、経済の制度的構造を批判する人々の鋒先は短期債務とそれら短期債務、および株式資産が保有者に提供するものと想定される流動性に向けられた。シカゴ大学のサイモンズ教授の目には、資本主義制度の欠陥は、銀行や他の金融機関が提供する要求払い預金という形の短期債務に集中的に現れている。実際、それらの預金が引出されると、主体(たとえば銀行)が支払いを約束している現金の額は、その主体が当初保有していた現金とそれ以降の現金受取額の合計を上回ってしまう。大量の短期債務を負っている組織(金融機関)は暗黙的に、あるいは陽表的に、短期債務の満期が到来するごとに——債務返済のための現金を獲得するために負債を発行することで——そのポジションを借り換えなければならない。

商業銀行は、保有している資産に比較して負債の満期が短い組織の典型である。要求払い預金は要求に応じて返済しなければならない債務である。銀行に対して小切手が振出されるたびに、現金流出が生じる。そして手形の満期が到来する度に、それを保有する銀行に対して現金が流入して来る。

しかし、いかなる時点においても、銀行の預金引出しによる現金流出額が貸付返済の履行によって銀行へ入ってくる現金の額を大きく上回ることがありうるのである。銀行制度が通常の機能を果たしている場合には、各種の銀行に新たに預入される現金流入額がその預金引出しを十分に相殺するはずである。ある銀行が純額(ネット)でみて預金不足に陥るときには、その銀行は現金を入手するために、いわゆる第二線準備資産のいくばくかをマネーマーケットで売るか、あるいはそれ自身の債務を供給することによって現金を借入れる。原理的には、これらの資産、あるいは債務を獲得するだけの資金が銀行部門に存在する。なぜなら、特定の銀行の純不足額は、代数的に、銀行部門の他の主体の純余剰額によって相殺されるはずだからである。(実際には、様々な銀行と各種の預金についての預金準備率は異なっているから、資金不足額と余剰額とは完全には相殺されないのかもしれない。)

銀行や他の金融機関に対する取付け(a run)が生じる場合には、いくつかの銀行、金融機関、あるいは非金融組織が現金引出しに応じるために必要な現金額は、他の銀行や金融機関に、現金またはそれに類似の形で流入する現金増加額を上回るのが常である。しかも、取付けは純粋に過去のできごとではない。(一九六六年の金融引締期にアメリカで生じた銀行の譲渡可能定期預金の解約続出や、一九七〇年のコマーシャル・ペーパーの解約騒ぎは最近の取付けの例である。）このような状況の下では、債務の解約を迫られる経済主体は資産の売却を余儀なくされるか、他の主体から罰則的な金利で資金を借入れるか、あるいはその債務返済の履行が不可能となって倒産するかである。法人企業や家計も、このような銀行と似たりよったりであろう。なぜなら、それらの主体も満たされるべき現金流出と、生産活動(所得創出への参加)からの現金流入の源泉をもっており、金融資産の保有、借入れ、資産の売却をおこなっているからである。

資本主義経済における根本的な投機的意思決定は何かと言えば、それは企業、家計、あるいは金融機関が通常の生産活動から期待されるキャッシュ・フローのうち、どれだけを債務の利子支払いおよび元本の返済のためにとっておくかにかかわる意思決定である。債務(負債)は資産保有のポジションを融資するために――その購入代金を支払うために――発行される。たとえば生産企業にとって、工場や設備は保有資産である。債務契約によって、日付の定められた現金支払い、要求に応じて支払わなければならない現金支払い、そしてある定められた条件が満たされた場合になされねばならない現金支払いが設定される。各企業はそのような契約をいつ取り結ぶべきかについてタイミングを見計らう。企業は、これらの契約を締結するにあたって、どのような場合に返済ができるか、また、どのような場合に返済ができなかったり、高い費用を負担してのみ返済できるかを念頭に置いている。資産を保有するために、ある債務構造を選択する企業は、将来における経済状況が現金支払いの契約の履行を許すようなものであろうと読んでいるのである。つまり、企業は不確実な将来の賭の目は、自分たちに都合のよいものであろうと推測しているわけである。債務契約は契約条項の他の部分で貸手の利益を保証しているかもしれない。しかし、たとえそのような場合でも、債務を購入する貸手もまた、借手企業とならんで、現金支払いの契約が守られるだろうという賭を行っているのである。幾重にも重なった金融構造においては、債務を購入している貸手自身が債務をかかえているであろう。そしてその債務を返済できる能力は、それが保有する資産、つまり他者の債務から受け取るキャッシュ・フローに依存している。

しかし、企業がある期間にわたって生産活動からの予想される現金受取額を上回る現金支払額の契約をかかえていることがありうるであろう。企業が、工場、設備へ投資を行う一方で、そのような立場に立つことは十分考えられる。現金を支払わねばならないとすれば、その企業は金融資産を売却するか、手持ち現金を取り崩すか、あるいは債務を新たに発行するかで対応できる。

加うるに、企業には満期の到来しつつある債務の元本があり、しかもその元本の償還にあてるための現金や流動的資産を保有していないことがありうる。この場合、企業は新しい債務を発行することによって償還に対応できるであろう。つまり、その負債をロール・オーヴァーするか、あるいは借り換えるわけである。これは、未償還の短期政府証券をかかえている政府によって用いられる普通の方法である。またそれはポジションの一部を短期のコマーシャル・ペーパーや銀行貸付によって融資している消費者金融会社にとっても普通の方法である。さらに、非金融企業は銀行借入れを返済するために、きわめて頻繁に新規の借入れをおこなっているし、あるいは多数の銀行から借入れを行っている場合、A銀行への債務返済のために、B銀行から資金を借入れる等のことを行う。このようなことはアメリカではごく普通のことである。

経済主体は、なぜ債務契約による現金支払額が生産活動による現金流入額を上回る状況におかれるのであろうか。借手が意図的にそれを選ぶ場合もある。つまり、経済主体が外部資金調達を必要とするような投資計画に着手する場合にそのようなことが生じる。もうひとつは、過誤である。借手がネット・キャッシュ・フローを過大に予測したり、売上や費用について不当に楽観的になってしまう場合に、その様な状況が生まれる。さらに考えられるのは、彼ら自身の貸出先が債務不履行になってしまう場合である――この場合には、緊密に重なりあった金融構造の下では、債務不履行の連鎖反応が発生するかもしれない。企業は、借換えがほどほどの金利で可能となるチャンスを慎重に探し出して、積極的な投機を行うかもしれない。短期借入れの条件が長期借入れの条件よりも都合がよい場合や、長期借入れの条件が非常に悪いが程なくもっと改善するであろうと予想される場合に、そうした投機がおこなわれるであろう。

ある経済主体がその正味資産を超えた市場価格をもつ資産を獲得するためには、債務を発行しなければならない。そのようなポジションを融資するひとつの方法は、予想される現金受取り、または準地代の流列とちょうどタイミングが合致する現金支払契約の債務を発行することである。危険を回避したいと強く望む借手は、この種の繋ぎ(ヘッジ)融資を行う。しかし、流動性を非常に高く評価する資金供給機関が存在する。これらの機関は、借手が保有する資産からの期待キャッシュ・

フローを上回る元利のフローを早目に返済するような金融債務に有利な貸出条件を提示する。そのような貸手は元本返済のキャッシュ・フローを高く評価するであろう。彼は「市場」リスクを負うことなく資金を再投資できる能力とならんで、短期資産の保有から得られる流動性を獲得したいと思っている。借手の側は、したがって、こうした貸手向けに発行する短期債務の低い利子率による調達費用の節約分と、再度資金調達が必要となる場合に、所要の資金が罰則的な利率、または劣悪な条件でしか借入れられないかもしれない危険を比較秤量しなければならない。

このように、各企業はバランス・シート、つまり資産と債務の集合を保有しており、生産活動と取引の実行からキャッシュ・フロー $q$ そして債務残高から現金支払いのフロー $c$ がもたらされる。バランス・シートには良く発達した流通市場に支えられているような資産のグループが含まれている。そこで、企業はそれらの資産については、比較的確実な価格で売却できる見込を立てられる。さらに、それらの資産は、工場・機械設備から獲得される $q$ に重大な影響を及ぼすことなく処分できる。したがって、営業活動を続ける企業は $q-c$ の見込を立てなければならないし、市場性(処分可能性)が高いことで評価を得ている資産、つまり $l$ の形で暗黙的な収益をもたらす資産の保有を慎重に考慮しなければならない。企業は負債を増やし、$c$ を上昇させることによって、あるいはまた流動的資産の保有高を減少させ、$l$ を低下させることによって、実物資本を追加的に獲得して $q$ を増加させることができる。企業はまた、$c$ を上昇させることによって、$l$ を高めることも可能である。企業のみならず家計も、負債を負って流動的資産を保有することがしばしばある。

ケインズはヴァイナーに対する反論の中で、不確実性の下での意思決定の一種として、この資産選択を非常に巧みに論じている。収益 $q$ は企業活動に対する報酬である。その収益に対してどの程度の割合の債務返済 $c$ をえらぶか、またどの程度の流動性 $l$ を確保するかは投機的な意思決定である。投資によって、経済における資源は、収益 $q$ を生み出す資本の増加を目指して配分される。投資を実行する企業は、負債を発行することによってそれらの実物資本を獲得するが、その負債発行によって支払いの約束された $c$ が増加する。企業はまた、流動性 $l$ を生む資産の保有高を減らすことによって実物資本を獲得することもできる。結局、投資の決定は債務を増やすか、あるいは流動性を減らすことを決めることである。投資支出に用いられる資金は、将来の支払契約 $c$ と引き換えに受け取られる資金なのである。

同様に、中古の資本財の獲得を決めるのは——そして他の企業の支配権を獲得しようと決定することは——支払契約 $c$ を伴う負債を増すか、あるいは流動性を減少させることを決めることである。経営組織の手直し、乗取り、合弁、コングロマリット的経営拡大等はブーム期を特徴づける動きであるが、これらは返済契約 $c$ のフローを、期待される収益フロー $q$ の受取額との比較で相対的に増加させる。さらに、ブーム期の浮かれた雰囲気の中では、将来について楽観的な見通しが支配的となり、流動性プレミアム $l$ をもたらす資産の市場価格が、$c$ を生み出す他の金融資産の市場価格に比較して低下する。つまり、流動的資産の利子率は他の利子率に比べて相対的に上昇する。

かくして資本主義経済の根本的な投機は二つの側面をもつ。つまり、実物資本の獲得という側面と、その実物資本獲得のための資金調達に用いられる債務に表示されている現金返済契約を発行する側面である。投機が成功する場合、資本の獲得から生じるキャッシュ・フロー——そこには実物資本の価格上昇が含まれる——は、債務の返済契約を履行するのに必要な額を上回る。この場合、資本を保有する企業の資本価値は上昇するであろう。即ち、$q-c+l$ の市場評価額は投資費用以上に増加するのである。

株式市場が存在する経済では、企業のそのような投機の成功は企業の株式価値の増加を結果としてもたらす。現代の資本主義経済においては、企業の意思決定者の利益は株式所有、新株式引受権(stock warrants)、またはボーナスを通じて企業の株式の値動きと結びついている。したがって、実物資本の獲得にかんしてうまく投機を行うこと——そのことが $q$ を上昇させ、$q$ をさらに確実にする——が企業経営のひとつの目的となる。企業経営者は、経営技術と僥倖とが結びついたゲームをおこなっているわけであるから、必然的に投機家とならざるを得ない。しかし、ケインズが述べるように、

> 投機家は企業活動の着実な流れにおける泡(bubbles)としては無害な存在かもしれない。しかし、企業活動が投機の渦巻の中の泡となったときには、事態は重大である。一国経済の資本主義的発展が賭博場の活動の副産物となる場合、仕事はうまくいきそうにない。(『一般理論』一五九頁)

投資ブームに伴う株式市場ブームにおいては、株式取引の投機と企業の投機との間に双方向的な促進作用――正のフィード・バック――が生じる。ある企業の株価が取引所において上昇するということは、その企業の市場評価が上昇したこと――資金返済契約 $c$ の企業の市場価値に対する比率が低下したこと――を意味する。銀行家や他の貸手の目からみると、市場評価のそのような上昇によって、企業家はさらに負債を発行し、$c$ を支払う債務契約にさらにコミットできることになる。さらに、普通株式の発行は、それが新規公募によるにせよ、あるいは直接払込みによるにせよ、しばしば、実物資本を獲得するか、他の企業をテイク・オーヴァーするために用いられる手段となる。このことは、株式市場ブーム期には、実物資本や投資財の価格は、貨幣で測ると上昇するかもしれないが、それらを購入するのに用いられる資金で相対的に評価すると値下がりしているかもしれないということである。

貨幣供給量が他の資産や現金支払契約 $c$ との相対的関係において増加すると、貨幣に対する流動的プレミアムは低下し、それとともに、他の資産、債務が様々な程度で内包している流動性の価格も低下する。これによって、$c$ をもたらす債務および $q$ を生む実物資本の貨幣価格は上昇する傾向をもち、さらに比較的わずかな $l$ をもたらす実物資本と債務の価格は、その市場価格が多分にその流動性から派生しているような資産および債務の価格に比べて上昇する。ある資産がもたらすものと予想される $q$ の割引現在価値を $P_K$ とすると、

$$P_K = K(q, M)$$

と書くことができよう。ただし、$P_K$ は現存の資本資産の価値であり、$M$ は貨幣供給量である。さらに、次のような関係を想定することができよう。

$$\frac{dP_K}{dq} > 0 \text{ かつ } \frac{dP_K}{dM} > 0$$

実物資本の価格を上昇させる貨幣の影響力には限界があると考えられるから、次のように上限が存在するであろう。

$$\hat{P}_K = \lim_{M \to \infty} K(M, q)$$

確実な資産 $M$ の供給が資本資産の価格に及ぼす影響は、$K$ の投機的な価格付けと結びつけられる。この投機的な価格付けは、どのような債務構造が望ましいと考えられているか、あるいは受入れ可能と考えられるかを、言い換えれば将来の返済 $c$ を約束する債務を発行して実物資本を購入しようとする意欲がどの程度強いかを反映している。そして、その場合の債務は実物資本の購入に特化した「資金」である。返済契約 $c$ を体化した現存の債務構造と、期待されるキャッシュ・フロー $q$ を所与とすると、期待キャッシュ・フロー $q$ との相対関係において受入れ可能な現金返済契約 $c$ が大きいほど、貨幣で測られた実物資本の価格は高くなる。かくして、次の関係が得られる。

$$P_K = K(M, q, \hat{c}-c) \qquad \text{ここで} \quad \frac{dP_K}{d\hat{c}} > 0$$

$q$を一定とすると、受入れ可能な$c$は資産価格決定式のシフト・パラメターである。$c$は、「営業活動」が債務返済に十分な現金をもたらし、金融市場が円滑に機能するであろう蓋然性にかんする予測を表している。その意味で、$c$は実物資本ストックのポジションを融資する際の投機的な要素を反映しているのである。$P_K$(実物資本の単位価格)が新たに生産される資本財の単位価格、つまり投資の需要価格を決定する要因である限り、$P_K$の変動が投資の変動の主要な原因となる。そして、$P_K$は、上記の関数が安定している場合に$M$が変化するとき、また関数自体がシフトするときに変化する。さらにその関数は、見込収益$q$の系列についての主観的な判断、および流動性の価値$l$が変化するときにシフトする。見込収益および流動性プレミアムの双方は将来にかんする予想を反映しており、それらの予想と、その予想にかんする確信の程はケインズが描いたような「突如とした極端な変化」にさらされるのである。かくして上記の$P_K$関数は、説明の道具としては便利であるが、大幅にシフトしやすいものである。たとえばブーム期には上昇し、金融危機後には崩壊するであろう。

以下の議論では、標準的な流動性選好関数の代りに$P_K$関数を用いることにする。この関数は流動性選好関数よりも好ましいものである。というのも$P_K$関数は、きわめて明確に実物資本および金融資産の資産価格を示すからである。この関数が好ましいのは、また、これを導出する過程で明らかにされたように、資産の売却によってどの程度の現金を生み出すことができるかという能力――つまり流動性――の評価を含んでいるからでもある。経済主体がこの現金を生み出す能力に対して支払おうとするプレミアムが変化するかぎりにおいて、貨幣的変化が経済にどの程度の影響を及ぼし得るかは、流動性プレミアムがどうなるかに依存することになる。

上述の分析に基づいて、われわれは各種の資産の相対価格と実物資本の一般的な価格水準の双方を検討することができる。様々の割合で $q$ と $l$ を生み出す資本資産、そして様々な割合で $c$ と $l$ を生み出す債務の価格は貨幣供給量と関連している。貨幣は非金銭的収益 $l$ のみをもたらし、かつ定義によってその価格は1である。決定される価格は実物資本ストックおよび金融資産ストック一単位の価格である。しかしながら、実物資本は再生産可能であり、新規の債務契約を締結することもできる。そこで、われわれは実物資本の価格とそれら資産の生産、つまり投資との関係を考慮しなければならない。

本章の議論の背景においては、賃金率および生産物の価格水準が暗黙のうちに、一定にとどまっているものと仮定されていることに注意しておこう。モデルは二つの価格水準をもつモデルであり、短期的には、今期の生産物価格と実物資本の価格とはそれぞれ異なる市場過程に依拠して決定されると考えられている。賃金および生産物の経常的費用、そしてさらに今期の生産物供給価格は硬直的であるのに対して、実物資本ストックの価格、そしてもっと直接的には証券取引所で取引される株式価格は急速に変化する。それゆえに、それら二つの価格水準の関係は非常に迅速に変化するのである。つまり、原理的に硬直的な今期の生産物価格の水準と、原理的には乱高下しやすい実物資本の価格水準とが存在しているのである。

（1） Clower, "Foundations of Monetary Theory," pp. 207–8.
（2） Keynes, "Alternative Theories of the Rate of Interest," pp. 241–52. および Keynes, "The 'Ex-Ante' Theory of the Rate of Interest," pp. 663–9.
（3） Keynes, "The 'Ex-Ante' Theory of the Rate of Interest," p. 666.
（4） Keynes, "Alternative Theories of the Rate of Interest," p. 251.

# 第五章　投資理論

## 序論

ケインズは、自分自身の学問的業績を「生産量と雇用とが、なぜかくまで変動しやすいかを解明する理論」(*QJE*, 二二一頁)と性格づけている。政府部門と海外からの需要を無視した「単純」モデルにおいては、雇用は消費需要と投資需要とに依存する。消費需要は受動的であり、「主として所得の水準に依存している。」(*QJE*, 二一九頁)つまり、それは消費需要と投資需要の和に依存しているのである。ケインズの理論では、能動的役割を演じるのは投資であり、それが説明されるべき経済的変動の原動力なのである。

われわれの理論は次のように要約できるであろう。即ち、人々の心理的状態を所与とすると、生産と雇用の水準は全体としての投資の量によって規定されるということである。私がこのように主張するのは、投資が総産出量を規定する唯一の要素であるからというわけではない。投資は複雑な経済体系における変動の諸原因のうちで、急激、かつ大幅な変動をもっとも起こしやすい要素なのである。もっと具体的に言うと、総生産は、保蔵性向、貨幣供給量に影響を及ぼすような金融当局の政策、実物資本の見込収益に対して人々が抱いている確信の程度、支出性向、そして貨幣賃金率を規定している社会的要因に依存している。しかし、これらいくつかの要因の中で、もっとも予測し難いのが投資率を決める要因である。というのも、それらの要因は、われわれがほんのわずかしか知らない将来についてのわれわれの予想の影響を受けるからである。（*QJE*, 二二一頁。強調点は筆者による。）

ここからも分かるように、『一般理論』の核心は投資の理論であり、投資が変動しやすいのはなぜかを解明する試みである。ヒックス教授は、ケインズの業績を説明する過程で、投資の生産性と資本ストックとを結びつける、単純な右下がりの関数が存在するという巧妙な仮定を導入しているが、この仮定はケインズの投資理論のカリカチュアにすぎない。本章の課題は、投資率を将来の見込収益とばかりではなく、金融市場の取引過程とも関連づけるケインズの投資理論を正確に定式化することである。

## 投資と利子

ケインズの投資理論は（実物部門の）生産物の一構成要素である投資の変動を、金融市場において決定される諸変数と結びつける。金融市場において焦点となるのは利子率である。「貨幣に対する利子は、代数の教科書が説明していることをまさに意味している。つまり利子は将来の現金に対して現在の現金に付与されるプレミアムなのである……。[1]」すなわち、利子率は常に債券、抵当貸付、金融債、預金等々の金融債務契約とかかわっている。現在の現金は貸付の額であり、将来の現金は契約に記載された利子と元本返済額の組合せである。$P_L$ を貸付額(現在の現金)とし、金融債務が $C_i$ という将来の現金支払流列を必要としているとすると、利子率はこれら二つの額を等しくするような代数的な割引率である。

財の生産活動――実物部門の活動――は、投資の決定にかんする二種類の基本的な情報をもたらす。ひとつは将来の見込収益である。

> ある人が投資財、あるいは実物資本を購入する場合、彼は一連の見込収益の流れに対する請求権を購入しているのである。そして、その収益は投資財の耐用年数中に産出物を売却して得られると予想される売上高から、その産出物を得るための営業費用を控除した額である。その所得流列 $Q_1, Q_2, \ldots\ldots, Q_n$ を便宜的に投資の**見込収益**と呼ぶことにしよう。(『一般理論』一三四頁。強調点はケインズ自身のもの。)

ケインズが、生産において用いられる投資財ないし実物資本について叙述する場合には見込収益

を大文字の $Q$ で表現し、ポートフォリオにおいて保有される実物資産について述べるときには、前章においてそうしたように、その収益を小文字の $q$ で表現していることに注意しよう。$Q$ も $q$ も、どちらも明らかにキャッシュ・フローである。

実物資本の保有からの見込収益は、次の二つの項目によって合成されている。つまり、既知の生産関数を反映する費用条件と、経済および当該生産主体が将来どのように発展するかにかんする予測である。かくして、$Q$ の流列は将来にかんする現在時点の予想を内包しており、それゆえに将来にかんする予想の変化とともに変化する傾向をもつのである。

> 投資の見込収益に対応するものは、実物資本の供給価格である。この供給価格は、ここで問題にしているタイプの資産を市場で実際に購入できる市場価格ではなく、製造業者がそのような資産を新たに追加的に生産する誘因をちょうど与えるような価格、つまりしばしば再生産費用と呼ばれるものを意味している。(『一般理論』一三五頁。強調点はケインズ自身による。)

実物資本の供給価格は、実物資本に対する需要価格が高くなるほどより多くの投資財が生産されるような、ひとつの表(スケジュール)として解釈するのがもっとも適切である。この表は、ここで問題とする期間において安定していると仮定される。短期においては、この表は賃金率が変化するときにのみ大幅にシフトする。したがって、賃金単位を用いて分析を進めれば、この表は大きくはシフトしないであろう。（使用者費用の変化が原因となって供給価格が変化するかもしれない。しかしここでは，差し当たりこの複雑な状況を無視している。）より長期的には，この供給曲線は生産性の変化によってシフトするであろう。しかし景気循環を問題にするという視点からみれば，このような長期を考える必要はない。

賃金単位を用いて分析を進める場合，実物資本の供給表と消費関数がケインズ理論における二つの安定的な関数となる。名目タームでみると，賃金率が変化する場合は必ずこれらの関数がシフトする。これ以外の他の関数は，将来にかんする現時点の予想を内包しているので，安定的ではなく，シフトし易い。

投資は変動するが，しかし投資分析の基本的な構成要素のひとつ——すなわち投資財の供給表——が安定的な関数であるから，観察される投資の変動は次のいずれかの変化によるものでなければならない。すなわち，(1)現時点の生産関数と将来の予想とによって規定される見込収益流列の何らかの変化，(2)金融市場で決定される利子率の変化，あるいは(3)実物資本の見込収益に適用される割引率と資金貸付との相対的関係の変化，である。最後の相対的関係は，企業家，家計，そして銀行家によって認識されている不確実性の反映である。事実，ケインズはこれらの三つの要因をすべて用いて投資の変動を説明しているのである。

見込収益——$Q$の流列——は準地代であり，資本の限界生産力を示す尺度ではない。景気循環の枠組で議論を進めているケインズの目から見ると，資本の限界生産力という概念は曖昧である。むしろ、ρを資本の稀少性の結果とみるべきである。

> 資本を叙述するとき、それを生産的であると表現するよりも、耐用期間にわたって元の費用を越えた収益をもたらすと表現する方がはるかに適当である〔強調点はケインズによる〕。ある資産が耐用年数を通じて、当初の供給価格を上回る総価値をもたらす見込収益があるのは、それが稀少だからである〔強調点はケインズによる〕。……資本の稀少性が低くなれば、——少なくとも物理的な意味では——資本の生産力は減少しないにもかかわらず、資本の見込収益の超過額は低減するであろう。（『一般理論』二一三頁）

さらに、ρの流列は所得分配理論で登場する限界生産力ではない。

> 通常の分配理論では、資本は現時点において(何らかの意味での)限界生産物を獲得しているものと仮定される。しかし、この分配理論は定常状態においてのみ妥当する。資本に対する経常収益の総額は、資本の限界生産力と直接的な関係をもたない……。（『一般理論』一三九頁）

伝統的な理論においては、実物資本の生産性は技術的条件によって決定されるが、実物資本の収益を決定する現在時点の稀少性は、産業の盛衰、立地条件、経済状態に依存しているのである。実際、景気循環の過程を通じて、資本の「稀少性」は変化する。不況は人員の余剰と遊休の機械設備によって特徴づけられるし、好況は労働と資本の双方が不足している状態と説明できる。

生産過程において実物資本が生み出すものと期待されるキャッシュ・フローと、新規に生産される実物資本(つまり投資財)の供給表は、投資に及ぼす実物部門の影響力をケインズが考察する際の礎石である。キャッシュ・フローは言うまでもなく、異時点間の流列であるのに対し、供給価格は現時点の価格である。したがって、ここで問題となるのはこれら二つの概念を結びつける脈絡を作り出すことである。

このことは、『一般理論』において二つの接近方法でなされている。そのうち標準的なモデルに受け継がれてきた方法は、投資と割引率との右下がりの関係――資本の限界効率表とよばれる関係――を作り出すことである。もうひとつの接近方法は、$Q_i$ 流列を資本化して投資財についての需要価格を決定することである。ケインズは、明らかに、これら二つの方法を同等と考えており、表現方法の違いをとくに重視したとは思えない。彼は『一般理論』の中では右下がりの資本の限界効率表を強調しており、ヴァイナーに対する反論においてはこれと代替的な、投資財の需要価格を強調している。

しかしながら、選択をしたときには何等差異がないように見える選択が、具合の悪い結果をもたらす場合があるのと同様、モデルのこの選択も振りかえってみれば不幸な結果をもたらしてしまった。この点を論じる前に、資本の限界効率表についてのケインズの説明と、ケインズがいささか場当たり的な説明をした代替的な資本化の接近方法について考察しておこう。

資本の限界効率表による接近法も、$Q_i$ の資本化の接近法も、わずかばかり算術を必要とする。資本の限界効率を導出するためには、投資財の供給価格 $P_I$ が投資 $I$ の右上がりの関数に等しくなるという次のような投資供給表が必要である。

$$P_I = P_I(I) \tag{1}$$

ここに加えて、次の関係式が成立する。

$$P_I(I) = \frac{Q_1(K_1, Y_1)}{1+r_1} + \frac{Q_2(K_2, Y_2)}{(1+r_2)^2} + \cdots\cdots + \frac{Q_n(K_n, Y_n)}{(1+r_n)^n} \tag{2}$$

この(2)式は、見込収益と投資の供給価格とを結びつける数式である。$Q$ の流列を一定として、$P_I$ が上昇すると、この等式を維持するために $r$ の系列が低下しなければならない。$r=r_1=r_2=r_3=\cdots\cdots=r_n$ を仮定すると、$r$ にかんする $n$ 次の方程式が得られ、そこから原理的には、$r$ のひとつないしそれ以上の適当な値を解くことができる。$r$ が一定であると仮定しなければ、利子率の期間構造を決定するという面倒な問題にわれわれは当面する。このためには、さらに方程式を追加しなければならないであろう。もし $Q$ がすべて一定で、永久に続くものとすれば、資本化の単純な公式が適用できる。つまり、

$$P_I = \frac{Q}{r} \qquad \text{または} \qquad r = \frac{Q}{P_I} \tag{3}$$

この場合、$r$ は貸付契約に明示的に、あるいは暗黙的に表される利子率と次元の上では等しくなる。

上の(1)式、(2)式では、新しく生産される実物資本の供給価格が投資額の関数として明示的に表現されている。この関数は次のような条件を満たしている。

$$\frac{dP_I(I)}{dI} > 0 \tag{4}$$

さらに、準地代 $Q$ は資本の稀少性に依存しているので、景気循環局面のいかんにかかわりなく

$$\frac{\partial Q_i(K_i, Y_i)}{\partial (K_i)} < 0 \tag{5}$$

となる。将来の第 $i$ 期$(i>1)$の資本量 $K_i$ が第一期における投資率と正の関係をもっているものと仮定すると、方程式(2)において $I$ が大きいほど $P_I$ も大きくなり、第一期以降の $Q$ は小さくなる。したがって、資本の現在の供給価格と将来の見込収益流列とを等しくする $r$ 流列は、現時点の投資額が増加するにつれて低下する。この $r$ は割引率とよばれる。ケインズの定義では「資本の限界効率は、実物資本がその耐用期間中にもたらすものと期待される収益で与えられる所得流列の現在価値を、ちょうどその実物資本の供給価格に等しくする割引率に等しい。」(『一般理論』一三五頁)

ケインズは投資と利子率との右下がりの関係を、以下に引用する基本的な文章の中で導出している。

ある期間に、特定のタイプの資本に対する投資が増加すると、その投資の増加とともに、当該タイプの資本の限界効率は低減するであろう。その理由の一端は、その型の資本を生産するのに用いられる設備への需要圧力によって、原理的に、資本の供給価格が上昇するためである……かくして、各々のタイプの資本について、その限界効率が特定の値に低下するためには、当該期間中にどの程度その資本への投資が増加すればよいかを示すひとつの表を描くことができる。そうだとすれば、様々な資本についてのこれらの表を集計することができる……この表をわれわれは投資需要表、あるいは資本の限界効率表と呼ぶことにしよう。(『一般理論』一三六頁)

さらに、「投資率は、投資需要表の上で資本の限界効率が一般に市場利子に等しくなるところまで押し進められるであろう。」(『一般理論』一三六―七頁)

このように、ケインズは資本蓄積に伴う見込収益の低減と資本財の供給価格の上昇とを結合することによって、金融市場で決定される利子率と投資率とを関連づけるのに利用できる右下がりの曲線を導出したのである。しかし、彼は実物資本ストックの変化の影響と実物資本の生産量の変化の影響を混同していたと言えよう。この右下がりの曲線のおかげで、ケインズは次のような間違った考え方に陥ってしまった。「私の資本の限界効率表ないし投資需要表と、一部の古典派経済学者が考えていた資本に対する需要曲線との間には……なんら本質的な差異はない。」(『一般理論』一七八頁) さらに、(1)式と(2)式から導き出される利子率を金融資産の利子率と同一視することによって、ケインズが次のような誤解されやすい主張を述べてしまったが、それもこのミスリーディングなモデルのせいである。「新しい富の創出は、その新しい富からの見込収益が現在の利子率によって設定される基準に達するかどうかに、全面的に依存している。」(『一般理論』二一二頁)

ケインズがこのようなモデルを選んだために、彼にとっては常に資金貸付の一属性にすぎない利子率が、モデルの中枢として不当に強調されることになってしまったし、資本の限界効率表は古典派経済学者たちが用いた右下がりの投資曲線と本質的に異ならないのだという主張が安易に受入れられることになってしまったのである。

資本の限界効率表の導出を説明した上の引用文(『一般理論』一三六頁)のすぐ後にケインズは次のように書いている。

同じことは次のようにも表現できる。時点 $r$ に資産から期待される収益を $Q_r$ とし、$r$ 年後に持ち越された一ポンドを現在の利子率で割引いた現在価値を $d_r$ とすると、$\sum Q_r d_r$ が投資の需要価格となり、投資はこの $\sum Q_r d_r$ が上に定義した投資の供給価格に等しくなるところまで進められるということである。他方、$\sum Q_r d_r$ が供給価格以下になると、当該の資産に対する現在の投資はおこなわれない。(『一般理論』一三七頁)

この説明は筋道は正しいとしても、曖昧な点を含んでいる。なぜなら、$d_r$ はすべての資産にあてはめられる割引要因なのか、それとも期待収益 $Q$ を生み出す特定の資産に対する割引要因なのかが不明だからである。しかし、それでも、それは新規に生産される実物資本に対する需要を決定するための選択可能なモデルである。そして、そこでは見込収益の資本化に焦点が合わせられている。正しく解釈すると、このモデルは生産性と投資との間の関係を弱める、次のような二つの要因を明示的に考慮していることが分かる。ひとつは見込収益の変化であり、もうひとつは、上式の現在価値、または割引率 $d_r$ と貸付資金に対する市場利子率との間の関係の変化である。限界効率表による接近方法に比べて、資本化モデルは、投資決定に不確実性と資産保有者の危険に対する選好を導入するためには、無理のない方法である。これに対し、限界効率表は、ケインズおよび彼の解釈者たちによって、旧弊な、生産性に立脚した標準的投資理論と余りにも不用意に結びつけられてしまったのである。

『一般理論』の出版後、ケインズにはその内容を手短かに要約する機会があったが、その際には、彼は実物資本の価格に力点を置いた。

> 均衡においては、実物資本は、ある共通の単位で測られた限界効率に比例する価値で取引される傾向がある。つまり、貨幣利子率を $r$ とし（$r$ は貨幣自身で評価された貨幣の限界効率であ

る)、貨幣で測られた実物資本$A$の限界効率を$\nu$とすると、この$A$は$\nu=r$となるような貨幣単位の価格で取引されるであろう。[2]

さらに、彼は次のように続けている。

このようにして決められた実物資本$A$の需要価格が、その再生産費用以上であれば、$A$に対する新規投資が生じるであろう……かくして、ある共通の単位で測られた、貨幣を含む各種の実物資本の限界効率性の関係から生じる価格体系が総投資率を決定するのである。[3]

この文章において、ケインズは特定の実物資本の需要価格が、その収益――既に述べた$Q$の系列――の割引現在価値に依存しているとはっきり述べている。しかし、彼は依然として伝統的な利子理論の用語法に拘泥している。彼は最初に実物資本に何らかの価格を与えることによって、収益を内部収益率へ翻訳している。しかし、彼が決定すべきなのはその需要価格であり、実物資本の貨幣単位で測られた収益を決めるために最初に実物資本の価格を所与とするのは紛らわしい。

　投資支出の変動を説明するという問題に接近する上で資本の限界効率表によるよりも、見込収益を資本化して実物資本の需要価格を決める方が、自然な方法である。つまり、収益$Q$と特定の割引要因とによって直接接近する方法の方が、相対的な限界効率による接近方法よりも正確なのである。

まず、第一に、この方法では、代替的な方法のように$Q$の系列を陰にかくしてしまうことがない。第二に、割引率を明示的に考察できる。流動性に対する評価が違っているので、その割引率と確実な貸付の市場利子率との比率は様々な値をとるのである。さらに、二つの市場価格、つまり実物資本ストックの市場価格と株式の市場価格が、次元としては$Q$系列の割引現在価値と同値である。

株式価格は資本の限界効率を反映している。というのは、「現存の株式が高い値をつけているのは、その株式に対応している資本の限界効率の上昇を反映している」(『一般理論』一五一頁)からである。もっと直接的に表現すれば、株式価格と負債の市場価値との和が、企業組織として統合されている実物資本の集合体に対する市場の評価額を示しているのである。もしその市場評価額が、それらの実物資本を新規に生産するときの供給価格に比較して高ければ、その実物資本に対する投資率は恐らく引上げられるであろう。このように、資本化による接近法においては、株式の市場価格をきわめて容易に分析へ組み込むことができる。一定の利子率と収益の流列に対する株式の市場価格が高いほど、見込収益の割引現在価値は大きくなる。

投資理論における基本的な関係は、見込収益の割引現在価値によって決定される実物資本の需要価格である。ある実物資本の見込収益$Q$の流列が、以下で検討される図5-1で考察の対象となる期間に亘って不変であると仮定しよう。(この図では、説明の便宜上見込収益を変化させる要因を無視する。)

所与の見込収益$Q_i$の流列の下で、代表的な投資財の需要価格は、その実物資本ストックの価格

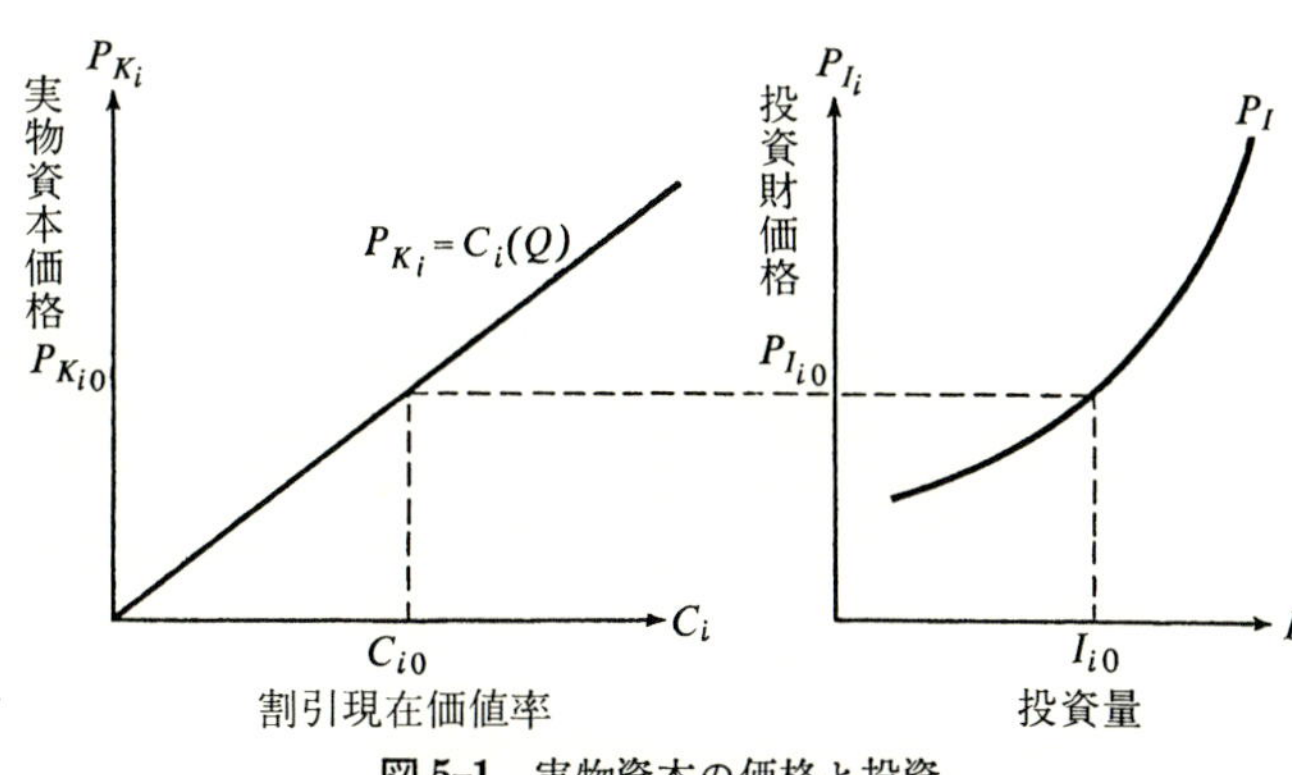


**図 5-1　実物資本の価格と投資**

$P_{K_i}$で与えられる。この関係は$P_{K_i}=C_i(Q_i)$という形で表現できる。ただし$C_i$は割引要因であり、ケインズが「将来に持ち越される1ドルの現在価値」(『一般理論』一三七頁)と呼んだものである。図5-1では、$P_{K_i}$関数は$C_i$にかんして直線となっている。つまり、もし$C_i=C_{i0}$であれば、この実物資本の価格は$P_{K_{i0}}$となる。この場合、割引要因は特定の$Q_i$に固有のものである。資本市場が完全で、投資額のいかんにかかわらず、必要な資金が一定の条件で無制限に調達可能であり、かつこれらの条件が割引現在価値率$C_{i0}$に整合的であるとすると、投資財の生産は、投資財の供給価格$P_{I_{i0}}$がその需要価格$P_{K_{i0}}$に等しくなるところまで進められるであろう。つまり、図5-1で言えば$I_{i0}$の投資財が生産されるであろう。

ここで問題なのは、何がその割引現在価値率を決めるかということである。この問題を論じるに当たって、資金貸付の利子率——将来の持ち越された貨幣で測られた今日の貨幣の価格——が所与であると仮定しよう。したがって、

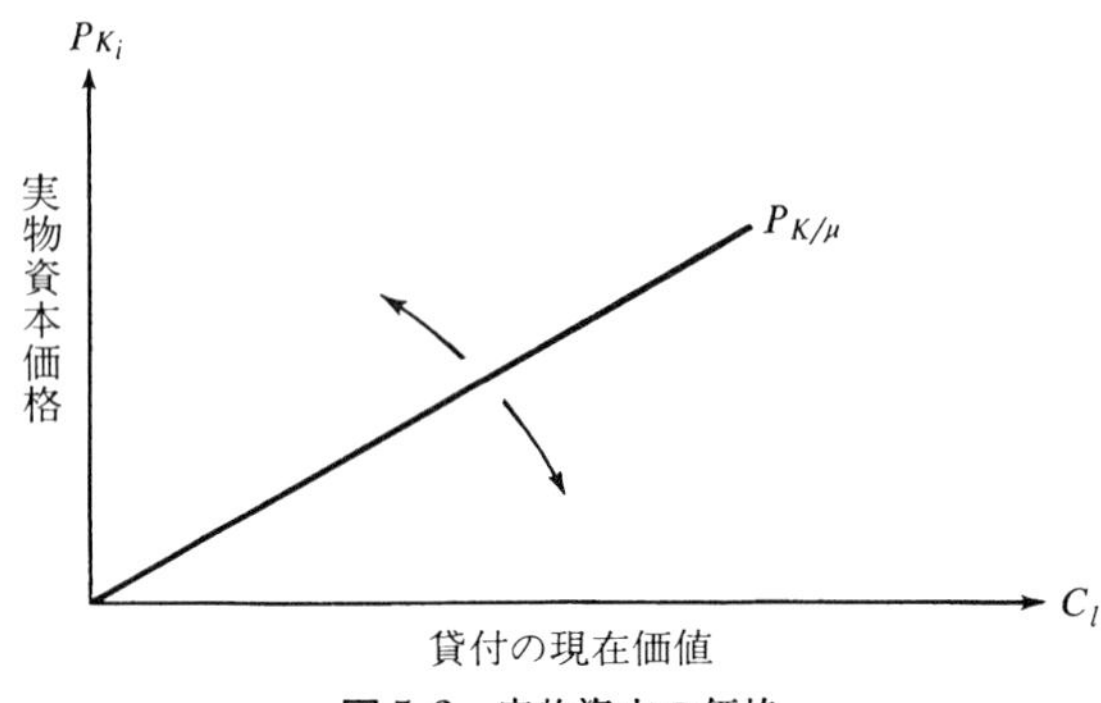


**図 5-2　実物資本の価格**

見込収益の流列が資金貸付に対する現金返済の契約額であるとすれば、その契約の価格は $P_l=C_l(CC)$ となる。ここで、$C_l$ は資金貸付に適用される割引現在価値率であり、CC は約定された現金返済額である。[4]

$C_i$ と $C_l$ との関係は、確実な現金支払契約、あるいは何らかの形で保証された現金支払契約に対する所有権が、可変的で不確実な市場収益 $Q$ に対する所有権に比較して、市場でどう評価されるかに依存している。現金支払契約を伴う金融資産の価格は、予め定められている債務返済のキャッシュ・フローがどの程度確実なものか、そして実物資本に比べた場合、債務の市場性、つまり流動性がどの程度かを反映している。

不確実性の状態を、何らかの偶発的事象が生じうるという懸念が存在していることと定義すると、代替的な結果の評価と併せて、一定の不確実性の状態について、$C_i=\mu C_l$ と表現できる。つまり実物資本の割引現在価値率は資金貸付に適用される割引現在価値率の一定割合 $\mu(0<\mu<1)$ である。

そこで、図5-2において横軸に沿って $C_i$ に代えて、貸幣利子率と実物資本の価格の比率 $C_i$ をとると、金融債務の価格に対する実物資本の価格は $p$ で示される不確実性の状態に依拠している。$p$ が変化すると $P_K$ 直線は回転する。$p$ の上昇、つまり不確実性の減少は、$P_K$ 直線を時計と反対回りの方向へ回転させ、金融債務の価格に対する実物資本の価格を上昇させる。この点を別の形で表現すれば、金融債務も実物資本も、その価値は先に論じた資本の流動性、つまり暗黙的なキャッシュ・フローに付与される評価に依存していると言うことができよう。実物資本が金融債務よりもわずかしか流動性を備えておらず、しかも流動性の価値が低下するならば、実物資本の価格は貨幣および金融債務と比較して上昇するであろうというわけである。

貸付資金に対する利子率の決定を調べてみると、ここでのケインズの立場は明確である。

> 経常的な利子率は……富保有意欲の強さに依存しているのではない。富を流動的な形態で保有するか、それとも非流動的な形態で保有するかということが、**流動的資産の供給と非流動的資産の供給との相対的関係と**相俟って利子率を規定する……(『一般理論』二一三頁。強調点は筆者による。)

したがって、貸付資金の固定された供給額(負債残高)の利子率は、貨幣供給量と反対に変化し、割引現在価値率は貨幣供給量と同一方向に変化するのである。

さらにケインズは、貸付資金の利子率に与える貨幣供給の影響力が、貸付資金の貨幣に対する比率が低下するにつれて弱まると主張する。貨幣供給額が大きいと、貸付資金の利子率は非常に低くなってしまい、それ以上貨幣が増加しても、貸付資金の利子率をさらに低下させることに無力であるという状態が、原理的には生じうるのである。

利子率がある水準まで低下してしまうと、ほとんどすべての人々が非常に低水準の利子率しかもたらさない金融資産よりも現金保有を選ぶという意味で、流動性選好は事実上絶対的になるかもしれない。(『一般理論』二〇七頁)

つまり、ある限度を超えて貸付資金に対する貨幣供給の比率を増加させても、それは貸付資金の利子率を目立って低下させないであろう。これに加えて、実際の企業向け貸付については、

典型的な借手が支払わねばならない利子率は純粋利子率よりもゆっくりと低下するかもしれない。そして、現存の銀行・金融制度の条件の下では、ある最低限以下にそれが低下することは不可能かもしれないのである。(『一般理論』二〇八頁)

したがって、貸付資金に対する割引現在価格率 $C_l$ は貨幣供給の関数 $C_l=Q(M)$ となり、次の条

件が成立する。

$$\frac{\partial C_i}{\partial M} > 0 \text{ かつ } \lim_{M\to\infty} C_i \text{ はある有限の値をとる。}$$

それゆえに、$C_i$ を決定する流動性選好の状態と、実物資本に適用される割引率と貸付資金に適用される割引率との較差――この較差も流動性選好の状態を反映している――とを所与とするとき、実物資本の見込収益は、この実物資本の需要価格と貨幣供給量とを結びつける関数に変形される。この関数は次のような性質をもつであろう。

$$\frac{\partial P_{K_i}}{\partial M} > 0, \quad \frac{\partial^2 P_K}{\partial M^2} < 0 \text{ かつ } \lim_{M\to\infty} P_{K_i} = \hat{P}_{K_i}$$

つまり、実物資本の需要価格は貨幣供給量が増加するとともに上昇する。しかし、その増加率は貨幣供給量が増加するにつれて逓減する。そして、任意の見込収益の流列について、貨幣供給量の増加によって実現できる実物資本の価格には上限が存在する。

したがって、特定の実物資本について、

$$P_{K_i} = P_{K_i}(M, Q_i)$$

という式が成立する。この関数関係には、純粋利子率と貨幣供給量との関係、および純粋利子率が示す割引現在価値率と特定の実物資本 $K_i$ に適用される割引現在価値率との較差が内包されているのである。この較差は、実物資本に付与される流動性の価値のみならず、期待される $Q$ の系列にか

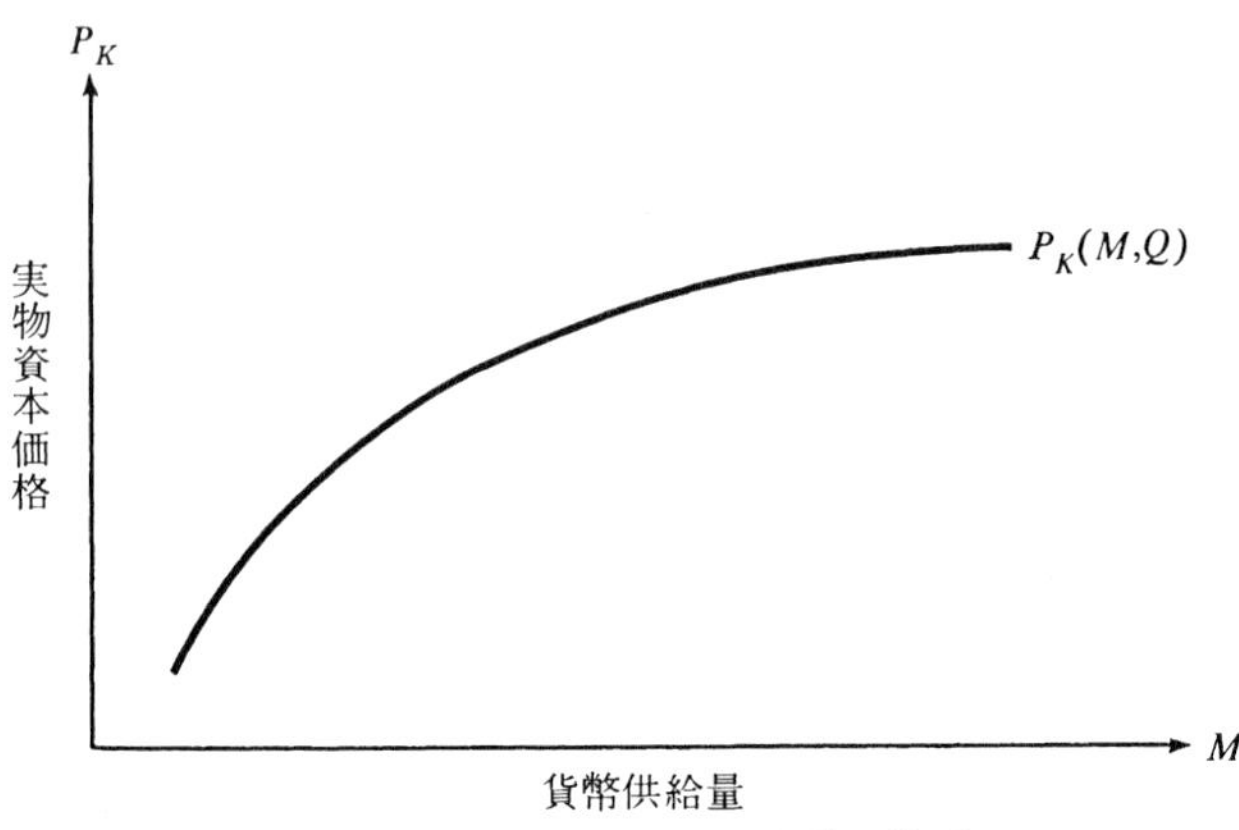


**図 5-3**　実物資本の価格と貨幣供給量

んする不確実性の状態をも反映している。これらの不確実性と実物資本がもつ流動性の性質は、様々の実物資本の間で大なり小なり固定された関係を維持すると仮定するか、あるいは、その関係が景気循環の過程で変化する場合、その変化のありさまは予想可能であると仮定してもそれほど非現実的ではない。このように仮定すれば、特定の実物資本の価格がその稼得する準地代と貨幣供給量とによって規定されるという議論から、実物資本ストックの価格水準は集計化された予想準地代と貨幣供給量とに依存するという主張へ進むことができるのである。図 5-3 には、集計化された実物資本の価格水準と貨幣供給量との関係が、ある特定の実物資本の価格と貨幣との関係と全く同じ形で描かれている。

この集計化された $P_K(M,Q)$ 関数についての根本的な事実は、それが不安定的であるということである。「貨幣が経済を活気づける飲み物だと言えるとすると……われわれは、この飲み物のカップを口へ運ぶまでの間でいくつかのしくじりがありうることを心しなければならない。」(『一般理論』一七二頁) われわれの議論によれば、そのしくじりは、(1)貨幣数量と貸付資金利子率との関係、(2)貸付資金の利子率と、特定の見込収益の流列に対する割引率との関係、そして(3)長期的期待の変化による見込収益の変動、のいずれかを原因として生じるであろう。

このしくじりの結果、貨幣供給の何がしかの変化が、投資とさらには総需要の何らかの変化をもたらすという意味で、貨幣が経済システムの動きを基本的に規定する場合もあるし、他方、貨幣供給の影響力が大いに薄められてしまう場合も生じうる。上に挙げた関係の変化、ならびに見込収益の変動が貨幣の影響力を相殺することは十分ありうるのである。

このように、ケインズは投資が生産関数概念と密接に結びついていない理由、そして貨幣供給が投資を規定する要因としてあてにならない理由について説明を加えたのである。しかしながら、彼は不規則的な形で連続し、それによって景気循環を形づくる様々な経済状態に言及したものの、ブームと経済危機の理論を明示的に展開することはしなかった。結局ケインズは、脇道にそれた説明や暗示を別にすると、企業、銀行、その他の金融機関の債務構造がどのように変化するか、そして貨幣と貨幣の代替物が、どのように内生的に創り出されるかを説明するモデルを詳しく展開しなかったのである。

ケインズは金融が経済システムにどのように影響するかを、詳細には論じなかったが、資金の貸借がおこなわれる経済において、金融が特別な重要性をもつことを強調した。

投資額に対しては二つのタイプの危険が影響を及ぼす。これらのタイプは通常区別されてこなかったが、しかしそれらを区別することは重要である。第一の危険は企業家の危険、あるいは借手の危険であり、彼が実際に稼得するものと見込んでいる収益の確率(分布)にかんして彼自身の心の中に生じるものである。人が自分自身の資金だけを注ぎ込んでいるのであれば、この第一の危険だけが重要となる。

しかし、物的担保や第三者の保証付きで資金を貸付けるような資金の貸借がおこなわれる場合、貸手の危険とでも呼ぶことができる第二のタイプの危険が重要となる。このタイプの危険は、自発的な倒産や他のおそらくは合法的な債務不履行などのモラル・ハザードに由来するか、あるいは担保の不足、つまり予想の外れによる非自発的な倒産に由来するであろう。(『一般理論』一四四頁)

貸付、抵当貸付、債券、そして株式は、企業が直接に、あるいは最初にそれらを貨幣に変換した後で間接に利用する資金調達手段であり、それによって市場から実物資本を購入したり、新規の生産物の中から実物資本を購入したりする(投資をおこなう)。このように資金調達をおこなう企業は、この実物資本の追加に対する見込収益 $Q$ に対応して、その債務追加分の返済契約 $CC$ によって支払いを約束している。株式による資金調達の場合を別にすると、この約束は法律上の契約であり、不履行は罰則を伴う。株式にかんしては、配当が予測外れであれば株価に影響が及ぶ。

このような資金調達による実物資本の購入は、それが(中古)市場からであれ、新規に生産されたものであれ、必ずある程度の安全度を見込んでいる。つまり、追加的な実物資本の購入は、一部分は自己資金によって、残りの部分が借入資金、あるいは外部資金によって融資されるのが通常である。そして、新規の株式資本は外部資金の一種である。既に強調したように、企業によってなされる根本的な投機的意思決定は、必要とされる実物資本の支配権を入手するのに、どのように資金調達するか、つまり企業の自己資金をどのくらい投入するか、またどのくらいの借入資金を投入するかということである。企業のこの意思決定が、実物資本ないし売上高によって測られる企業の規模と、企業の実物資本および売上高の成長率とを決定する。

ここで、投資をおこなう代表的な企業の資金調達行動を検討してみよう。

企業は来るべき期間において、租税額、負債に対する所要の返済額、株主に対する配当額を控除した後の総利潤が $Q_i$ になると予想している。$Q_i$ は企業自身の投資水準から独立している。もっと

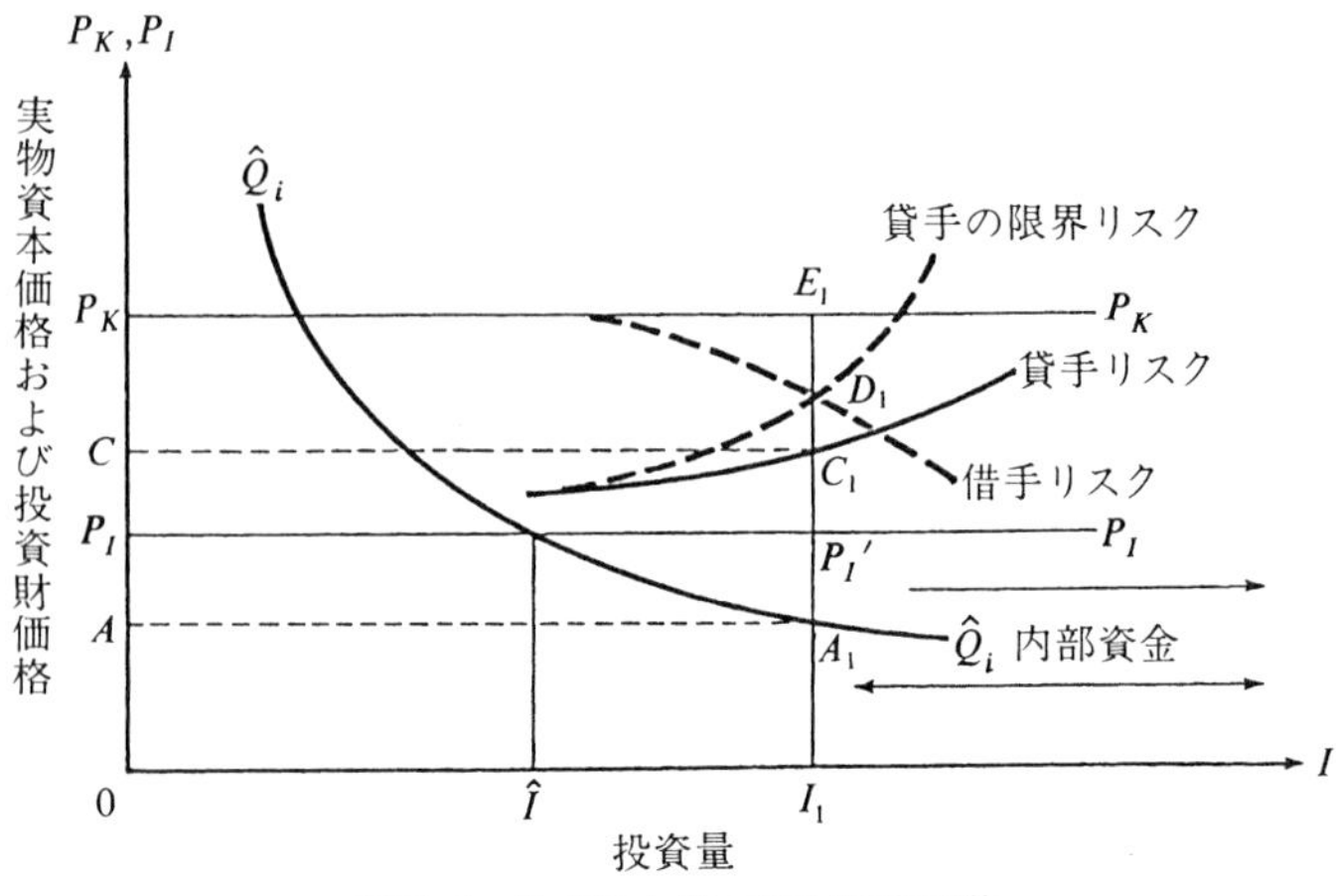

**図 5-4**　代表的企業の資金調達行動

も、総投資額は、所得に対する影響を通じて、集計された $\hat{Q}$ を左右する。結局 $\hat{Q}_i$ はこの将来の期間において利用可能であろうと企業が予想する内部資金である。

また、当該企業が購入を計画している実物資本の供給価格 $P_{I_i}$ は、実物資本の生産者によって決定され、その企業が購入する量に依存しないと仮定しよう。つまり、企業は実物資本の購入者としてそれほど大規模な買手ではないので、その需要が価格に影響をあたえることはないと仮定する。それゆえに、内部資金で融資できる投資額は $\hat{I}_i=\hat{Q}_i/P_{I_i}$ となる。つまり、$P_{I_i}\hat{I}_i=\hat{Q}_i$ であり、内部資金の制約は $(P_I, I)$ 平面における直角双曲線となる。(図 5-4 における $\hat{Q}_i\hat{Q}_i$ 曲線)

図 5-4 においては、企業が $P_I$ という価格で $\hat{I}$ という量の投資をおこなう場合、その投資の全額が内部資金によって融資できる。企業が価格 $P_I$

で$I_1>I$だけ投資財を購入すれば、$P_I I_1-\hat{Q}$は借入資金によってまかなわれるであろう。つまり、企業は現時点の現金$P_I I_1-\hat{Q}$と交換に、各種の流列の形での将来の現金返済$CC$を約束するであろう。ただし、これにはひとつ例外がある。企業は現時点で余分な現金ないし市場性のある債券を保有しているかもしれないのである。企業はそれらを利用して投資財の購入資金をまかなうことができよう。不確実性のある世界では、債務を負っている企業や家計が同時に、遊休貨幣や他の金融資産、つまり他の経済主体の債務を保有することには、合理的な理由がある。部分的にではあれ、これらの現金および金融資産ポジションが市場の撹乱から企業の通常の営業活動を守る役割を果たす。そのような現金資産が取り崩されると、上記のような防御装置機能は低められる。分析的には、現金という防御装置の減少は負債の上昇と同値である。どちらの変化も、その性質上企業の支払契約を履行したり、計画を実施する能力に重大な影響を与えるような事象の範囲を拡げてしまう――つまり安全度の範囲が低減するのである。

企業はその見込収益$Q_i$――そこには配当と利子およびその他の負債支払額が含まれるが、租税は控除される――を$\hat{K}$という率で資本化する。この結果、その企業の実物資本ストックに与えられる価値は$\hat{P}_{K_i}\cdot K_i=\hat{K}(Q_i)$となるが、この価値は当該企業の金融構造(資本構成)から独立である。企業はまた負債、配当等による現金返済契約額$CC$を資本化する。実際には、負債$CC$に対する割引率は、見込収益$Q$に対する割引現在価値率よりも高いものと予想されるが、ここでの議論では負債に対する割引現在価値率も$\hat{K}$であると仮定しよう。負債に対する割引率のほうが見込収益に対するものよりも高いと考えられる理由は、借手にとって負債にともなう現金支払額は確実とみられるのに対して、実物資本からのキャッシュ・フロー$Q$は不確実だからである。

投資がなされるためには、$P_{K_i} > K(Q_i)/K_i \geqq P_I$ という条件、つまり資本一単位の価格が投資一単位の価格に等しいか、それを上回っているという条件が必要である。負債による資金調達がおこなわれない場合には、$\hat{I}=\hat{Q}_{i0}/P_I$ となる。これは図5-4において$\hat{I}$という投資になっている。

実物資本の取得が留保利潤$\hat{Q}_i$、または負債によってまかなわれるためには $\hat{K}(Q_i - CC_i)>0$ でなければならない。企業に対する資金供給が無限に弾力的であり、すべての価格と見込収益が企業自身の生産規模から独立しており、さらに危険および不確実性という現実的側面が無視されるような抽象的な理論の世界では、一単位の資本の取得をまかなうのに必要とされる負債に対する現金返済額$CC$が見込収益よりも小さいとすると、そのような見込の下で企業が望む実物資本の購入量には限界がなくなる――と言うよりも無限大になる。しかし、企業が買い手独占者、ないし売り手独占者の立場に立つという場合を考えないとしても、現実には、借手リスク、貸手リスクという側面が存在する。したがって、たとえ $\hat{K}(Q_i - CC_i)>0$ であるとしても、企業は限られた量の実物資本しか取得しないであろう。

借手リスクは二つの側面をもっている。第一に、不確実性が存在し、様々の実物資本および企業の命運が一様でない世界においては、危険回避者は危険の分散を図るであろう。つまり、特定の営業活動に用いられる実物資本に適用される割引現在価値率は、その実物資本残高がある点を越えて増加すると、低下する。この点がどのような水準かは、個々の資産保有者または企業の資産の大きさに依存するであろう。第二に、借手は負債にともなう現金返済額(CC)を確実とみなし、見込収益($Q$)を不確実とみなすから、負債によってまかなわれる投資の比率が上昇するにつれて安全性の余裕が低減し、それとともに、借手が$Q$に適用する割引現在価値率も低下する。

したがって、借手リスクのゆえに、実物資本の需要価格は$P_K$から次第に「低下」する。そして、この低下は、特定のタイプの実物資本へのコミットメントが高まるにつれて、そして借入資金の比率が高まるにつれて、より急激になるものと考えられる。需要価格のこの低下は、通常、内部資金でまかなわれる投資額$\hat{I}$よりもどこか右側の点で生じるであろう。しかし、$\hat{I}$よりも左側で生じることもありうる。この後者のケースは、特定の実物資本へこれまでコミットし過ぎたという判断が拡がり、そのため危険の分散または資本の引上げを望ましいとする判断が支配的となる場合、そして既存のバランス・シートにおいて債務が過大であるという判断が強まる場合に生じるであろう。これらの「新しい」判断は偶発的に生じ得る。対照的に、もっと楽観的な判断が広まる場合には、専門化と債務増大はますます進められるであろう。

借手リスクは主観的なものであり、決して正式の契約の中にはあらわれてこない。それは不確実性の「微妙な変動」やアニマルスピリットの「急変」を反映するものである。

貸手リスクは正式の契約にあらわれる。任意の市場条件の下で、特定の企業の総資産に対する負債の比率が上昇するにつれて、その企業リスクに対する貸手リスクは上昇するので、債務契約に伴う所要現金返済額も増加しなければならない。金融取引契約において、貸手リスクは様々の形で考慮される。利子率の引上げ、貸付期間の短縮、特定の資産を担保として差入れさせること、配当支払いや借入れの増加に対する制限(財務制限条項)などはその例である。貸手リスクは負債ｰ自己資本比率の増加、あるいは見込収益総額に対する現金返済額の比率の増加とともに上昇する。

特定の潜在的な買い手にとって、実物資本の現在の供給価格は、その実物資本を購入する際の単位価格ではない。この点は重要である。つまり、供給価格は実物資本の生産者——または保有者——がその実物資本を売却するときの提示価格に、借入金の返済額が投資の機会費用を上回る分の割引現在価値を加えたものである。ここで投資の機会費用とは、投資が内部資金で調達された場合に放棄されたであろう現金収入額である。この「付加分」は安全度の逆数の割引現在価値額である。投資主体の用いるてこが大きいほど、つまり、内部資金調達額に対する負債額の比率が大きいほど、その借入金返済の超過分も大きくなる。かくして、実効的な $P_I$ 曲線は、内部資金でまかなえる投資額 $\hat{I}$ において不連続となる。借入金がある値を上回ると、$P_I$ 曲線は上昇を開始し、しかもその上昇率は逓増するものと考えられるのである。さらに、負債比率が上昇するにつれて、借手の発行するすべての債務は、借換えの際に、限界的な貸付条件を満たさねばならなくなる。つまり、ある遅れをもって、右上がりの供給曲線に対応する限界曲線——これは「売り手独占」の曲線と同じものである——が貸手リスクにかかわる意思決定関係を規定することになる。

借手リスクと貸手リスクの双方についての基本的な事実は、それらが主観的な価値評価を反映しているということである。同一の客観的な状況に直面しているが、しかし異なる気質をもつ二人の企業家は、借手リスクを全く別様にみるであろう。たとえば、一方の投資主体は $I_1$ という水準の投資をおこなうとしても、もう一人の投資主体はそれ以上の投資をおこなおうとするか、あるいはそれよりも低水準の投資で満足するであろう。貸手リスクは借入利子率のパターンから観察できる。たとえば、各種の格付け機関によって地方債(市債)や事業債につけられる「格付け」にみられるパターンや企業がプライム・レートを超えて銀行に支払わねばならないプレミアムのパターンなどがそれである。任意の時点において、「市場」は特定の格付けを受ける投資にとって、どの程度の債務調達が可能かに関して一致した意見をもって機能しているかにみえる。しかし、この意見の一致は拡がったり変化したりするのである。市場にとって受入れ可能な負債－株式比率と、現実のその比率は比較的長期の景気循環過程を通じて規則的な形で変化する。

借手リスクを考慮した需要曲線と貸手リスクを調整した供給曲線の交点が投資の大きさを決定する。図5-4において、$D_1$ における借手リスクと貸手リスクを組み込んだこれら供給曲線と需要曲線との交点の下で、投資は $I_1$ となり、実物資本の単位価格は $P_I$ となる。投資支出総額 $OP_IP_I'I_1$ のうち、$OAA_1I_1$ は内部資金でまかなわれ、$AP_IP_I'A_1$ は借入資金によってまかなわれる。

資本単位当たりの見込収益の中で、借入れは $A_1C_1/I_1E_1$ という率の現金返済額をもたらす。そして株式保有者は $(I_1A_1+C_1E_1)/I_1E_1$ という率の資金フローの受取りを期待できる。

実物資本が企業の生産過程へ組み込まれた後、これらの実物資本が期待されていた収益 $Q$ を生み出せば、割引現在価値率 $\hat{K}$ のもとで実物資本 $OI_1$ には $P_K$ という価格がつけられるであろう。それらの実物資本の総価値は $OP_KE_1I_1$ となり、投資者はキャピタル・ゲインを得る。見込通りの収益が得られているので負債は今や貸手にとって従来よりも確実であるが、$A_1C_1$ という率のキャッシュ・フローをもたらす。しかし、負債は最初よりも低い利子率で割引かれるであろう。なぜなら、貸手リスクのプレミアムが過大であったことが判明するであろうからである。その結果、債券保有者もキャピタル・ゲインを得るであろう。株式保有者にとって彼らの当初の投資 $\hat{Q}_i$(これは $OAA_1I_1$ に等しい)の価値は $OAA_1I_1$ と $CP_KE_1C_1$ の和に等しい。このことは、これら株式価格の取引価格に反映されるはずのものである。投資を規定する要因として、貸手リスクと借手リスクが存在するために、実物資本の操業が成功すれば、借手と貸手の双方に値上がり利得がもたらされるのである。「借手にも貸手にも利益になることはありえない」というシェイクスピアの格言は両者が享受できるキャピタル・ゲインを考慮し損なっている。

投資のペースはこれら借手リスク、貸手リスクにきわめて敏感である。それぞれの曲線が、見込収益 $Q$ の割引現在価値から急激に低下し、かつ投資財の価格から急激に上昇するならば、投資は主として内部資金によってまかなわれるであろう。もしこれらの曲線の傾きが緩やかであればあるほど、投資資金調達額は借入金の増加によって引上げられるであろう。

各期のはじめに、過去から受け継がれた債務の構成と実物資本の組合せの双方が存在している。実際の経験に照らして人々が選好や期待を借手リスク、貸手リスクを引下げる方向に変え、それゆ

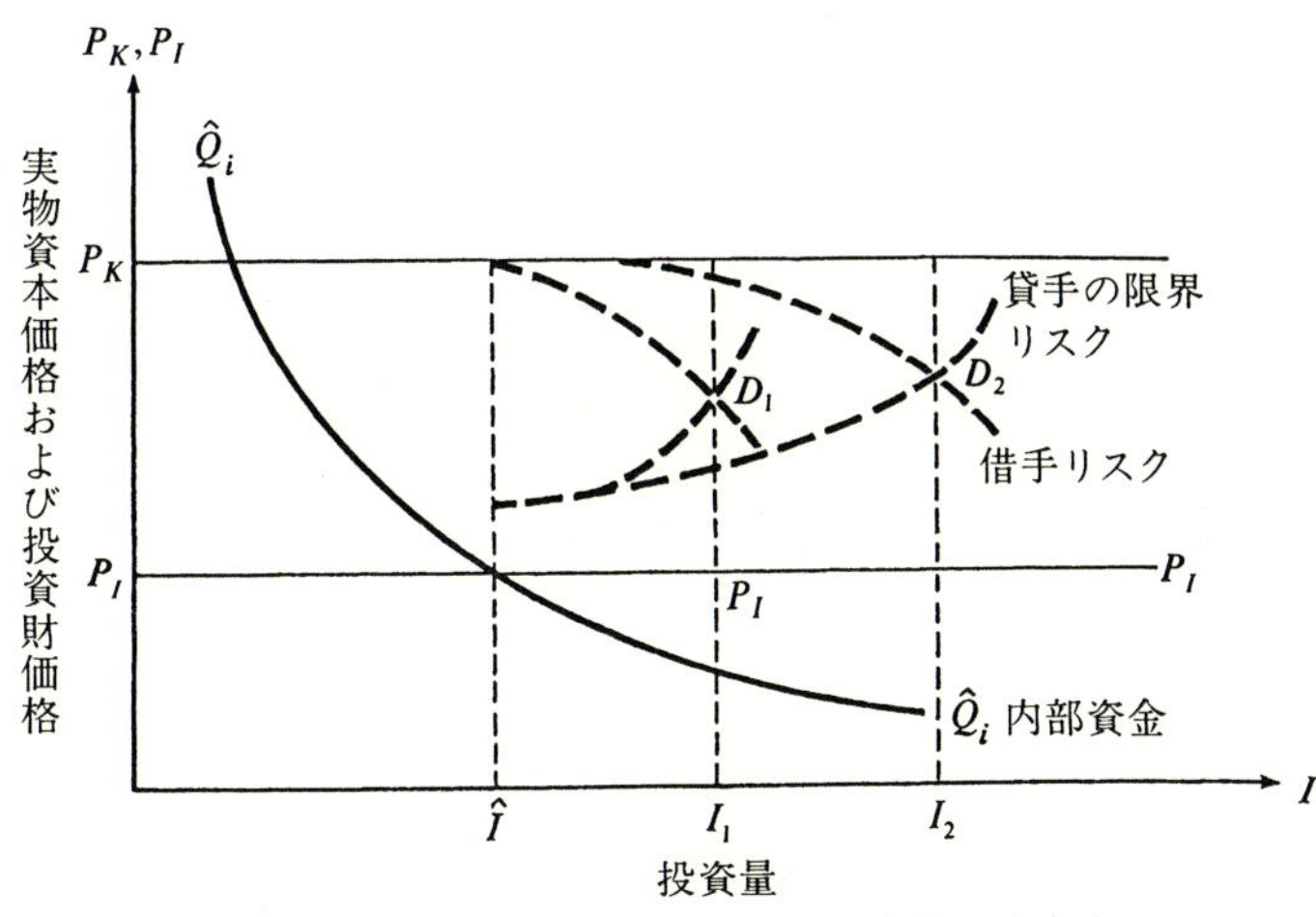


**図 5-5** リスク評価に対する投資の感応度

えに、所与の $\hat{Q}$ に対して(図5-5に描かれているように)$I_2 > I_1$ となるように投資がおこなわれるとしよう。この場合、主体によって保有される実物資本ストックに対して受入れ可能な負債-自己資本比率がそれに対応してシフトしなければならない。このシフトによって、過去から受け継がれた資本ストックの所有権に立脚した借入れによって、多額の投資資金を調達できる能力が生み出される。つまり、企業が所有する実物資本ストックについて、税引後の総キャッシュ・フロー $\hat{Q}$ に対する借入返済額 CC の比率は新しい基準の下で低くなるであろう。見込収益に対する借入資金調達の比率は、危険回避の程度が低下しつつある期間には非常に高くなりうる。なぜなら、資本価格の上昇が借入能力を高めるからである。

危険回避度の低下が、経営者や銀行家に影響を及ぼして投資と資本保有にかんして受入れ可能な負債比率を上昇させるのと同様な形で、株式を所有する家計にも影響を及ぼすものとすると、家計は株式を保有するために一層積極的に負債を利用する。また銀行はそのような「借入れによる(マージン)」株式購入をより積極的に融資しようとするであろう。これは株式価格の上昇をもたらす。株式市場価格のそのような上昇を、ケインズは「対応する実物資本のタイプの限界効率の上昇」(『一般理論』一五一頁、脚注1)を反映しているものと解釈している。ここで用いられている記号で言えば、これは所与の$Q$に対する$P_K$を上昇させるのである。

「景気加熱期には、これらリスク、即ち借手リスクと貸手リスクにかんする人々の推定は異常に、かつ不健全なほどに低くなり勝ちである」(『一般理論』一四五頁)とケインズは述べている。つまり、ブーム期には投資に対する負債調達比率は増加するのであり、このことは企業借入れにかんする利用可能な統計によって明らかにされている。

## 総投資

これまでの議論は仮想された個別企業、あるいは個別家計にかんするものであった。この議論を経済全体に拡げるためには集計が必要である。ここでは、所与の実物資本ストックの下で人々の資産選好によって実物資本の市場価格と貨幣供給とが、一般的に正の相関関係を示すという命題を引

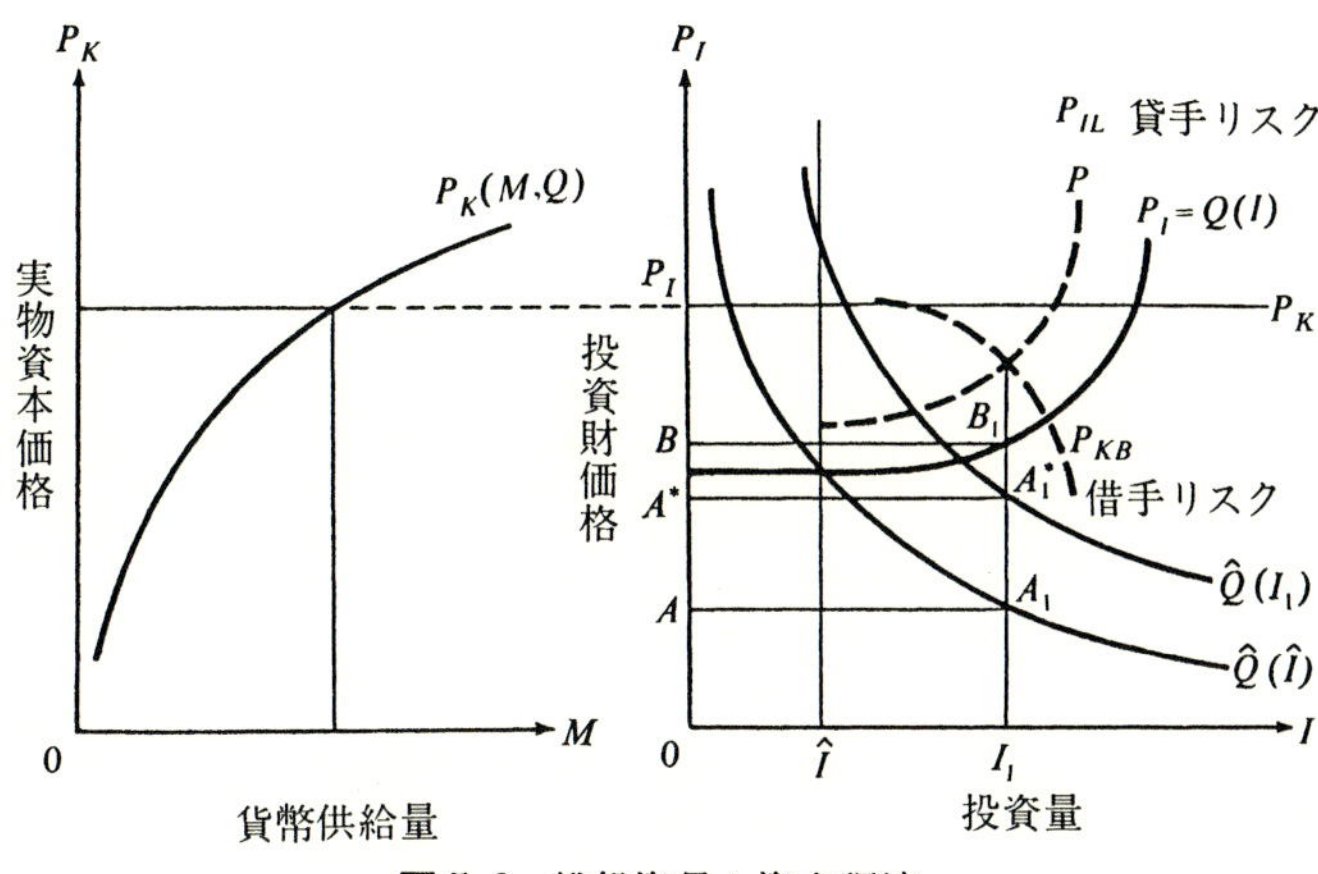


**図 5-6　総投資量と資金調達**

続き用いることにしよう。この $P_K=P_K(M,Q)$ という関数には、ケインズによって指摘された三つの「懸隔(slips)」が含まれている。つまり、貨幣と借入利子率との懸隔、借入利子率と資本の限界効率、すなわち実物資本にかんする割引現在価値率との間の懸隔、そして資本の限界効率と実物資本の見込収益との間の懸隔である。貨幣供給量を一定とすると、この関係式が投資財の需要価格を決定する。実物資本の需要曲線は貨幣供給量にかんして右上がりとなる。

図5-6には、総投資と金融との関係が描かれている。投資財の供給価格は投資量の増加関数である。予想される内部資金は $Q(I)$ で与えられる。$P_{IL}$ と $P_{KB}$ ——つまり銀行の貸手リスクを前提とした投資財の供給価格と企業の借手リスクを前提とした投資財の需要価格——の交点が現実の投資額を決定する。投資支出総額 $OBB_1I_1$ のうち、$OAA_1I_1$ は予想され

る内部資金調達額であり $ABB_1A_1$ は予想される借入資金額である。

投資 $I_1$ について、企業の計画は、もし総所得が総投資 $I'$ を融資するのに十分であるとすれば、投資資金のすべてを予想される利潤によってまかなうというものだったと仮定しよう。実際の総投資は $I_1$ であり、この超過投資が予想を上回る総所得をもたらすので、予想よりも高水準の内部資金のフロー $\hat{Q}(I_1)$ がもたらされる。その結果、内部資金フローの増加によって投資額のうち $OA^*A_1^*I_1$ が内部的に融資され、$A^*BB_1A_1^*$ が外部資金によって融資される。図示されている例では、実現される利潤の上昇によって企業が計画していた投資資金の借入調達計画は部分的に不必要となる。それと同時に、投資の一層の増加を借入れによって資金調達しようとする企業と、それに対して資金を供給しようとする銀行の意欲は強められる。借入能力のうち未使用の部分は次期に持ち越され、将来の投資を融資するのに利用できる。加えて、債務費用が予想よりも低くなると、株式の収益は大きくなる。株式価格は、内部資金のそのような増加に対して好意的に反応するであろう。

われわれは投資についてのひとつの見方を構築してきた。この見方においては、明らかに経済の過去のパフォーマンスによって影響される貸手リスク、借手リスクについての「人々の推定」が投資の増加率および経済の成長率を規定する直接的な要因として働くのである。借入資金調達の積極性が高まり、それが図5-5に図示されているように、実行される場合はいつでも、$CC$ の $Q$ に対する客観的な比率が増加する。$CC$ が相対的に $Q$ よりも上昇するにつれて、租税を控除し、借入金返済額を差し引いた後の総利潤の増加速度は投資および負債の増加する早さよりも低下しはじめる。

貸手と借手が投資資金調達の新しい方法を探し求めるにしたがい、借手は限界的に、流動性をより強く求める資金源泉に依存するようになる——つまり、借入条件がそれだけ厳しくなるであろう。このことは、借入返済のために短期的に必要となる現金額が収益 $Q$ によって生み出される現金額を上回りうるということである。このことはブーム期の借入金の多くが短期的であるということに主として由来する。つまりこの短期的債務は、目下の営業活動によってもたらされる現金が許容するよりも急速な元本の返済を必要とするものである。この型の負債を利用する借手にとって、借入契約の満期到来とともに彼らの負債を借り換える必要がある。

ブームはひとたび生まれるや不安定な動きを見せる。ブームの生命は収益についての楽観的な予想が実現されるかどうか、つまり実物資本に対する投資者ばかりではなく、金融資産や株式への投資者にもキャピタル・ゲインがもたらされるかどうかにかかっている。多種多様な理由から——たとえば、賃金や生産費用の上昇、利子率の上昇から既存の長期債務の価格へのフィードバック、借換費用の上昇など——多くの経済主体が、いくつかの保有資産がもっているものとあてにしてきた流動性を利用して、つまり「流動的」資産を売却することによって、いちどきに現金を調達することを余儀なくされる可能性がある。さらに、一部の経済主体にとって、現金返済契約という形の債務負担がきわめて大きくなり、その返済契約を履行するのに必要な現金を入手するために、実物資本を売却するか担保として差し入れることを強いられるであろう。

このことは、普通の企業と金融機関の双方に生じうる。

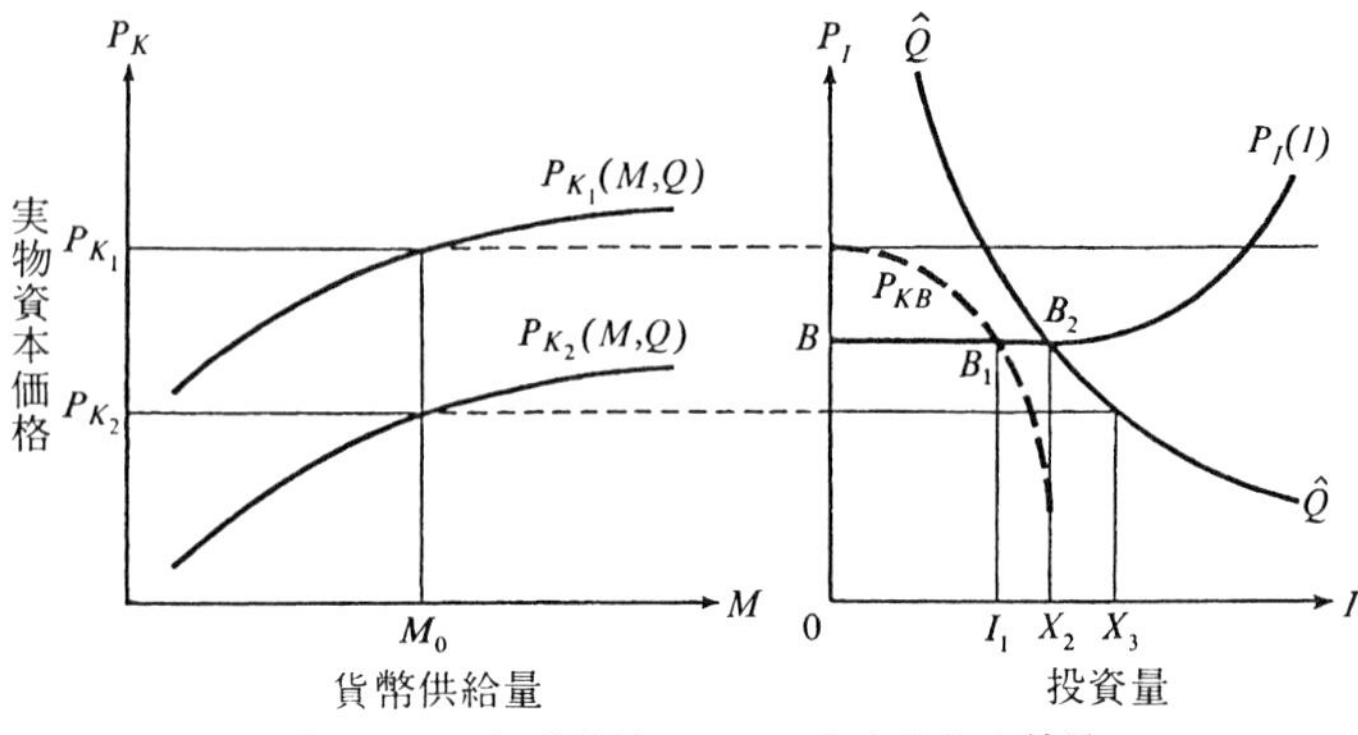


**図 5-7**　$P_K(M)$曲線のシフトがもたらす効果

売り手の数が買い手の数を圧倒しないかぎりにおいてのみ、資産は流動的である。したがって、資産を売却してポジションを建て直す必要がきわめて一般的となった場合、寛大な中央銀行のような強力な市場援護者が存在しなければ、資産価格は急激に低下することになろう。株式を含む資産価格が低下すると、それに対応する実物資本の限界効率、ないしはその需要価格もまた低下する。

図5-7には「危機」後の、あるいは望ましい債務構成について再評価がなされた後の状況が描かれている。$P_{K_1}(M,Q)$曲線と$M_0$という貨幣供給の下では、実物資本の市場価格は十分に高く、それゆえに正の借入金調達がなされる。しかし、潜在的な借手は、最近の経験から$OI_1$というわずかな投資が望ましいという具合に彼らのリスクを見直したとしよう。このことは、経営者がその債務構成を余りに大胆すぎると判断し始めたときに生じる。この場合には、バランス・シートをより慎重なものに再構成することが必要となる。たとえば、予想される内部資金$Q$のう

ち、およそ、$OBB_1I_1$ を投資へ支出し、$I_1B_1B_2X_2$ を負債の償還あるいは金融資産の取得に向けるといった具合にである。もしこの状況において、$I_1$ を超える総投資がなされないとその予想内部資金 $Q$ をもたらす所得が実現されないのだとすれば、実際の内部資金は予想された額よりも低くなってしまうであろう。したがって、バランス・シートの望ましいと考えられる改善は実現されない。そして、負債・所得のデフレ過程の繰り返しが始まるかもしれない。

もし、$P_{K_2}$ が実物資本価格曲線だとすると、予想される内部資金はすべて負債の償還か金融資産の購入に用いられる。これは、投資決定過程を示すのに用いられた図式の枠組で説明される流動性のわなの一例である。図に示されているように、$P_{K_2}(M, Q)$ の最大値は $P_I$ の最小値を下回っている。この例では、貨幣供給量が増加する場合に国債の利子率が一定にとどまっていなくとも、金融政策は無力である。図示されているように、貨幣供給量が増加するにつれて金融資産の利子率が低落し続けるとしても、投資財に適用される割引現在価値率が投資を誘引するに十分な高さに上昇しないかもしれないのである。

（1） Keynes, "The Theory of the Rate of Interest," p. 418.
（2） Ibid., p. 419.
（3） Ibid.
（4） 第四章でわれわれは資産の三つの属性を論じ、収益を $q$、持越し費用を $c$、暗黙的な流動性プレミア

ムを $l$ と記した。貸付資金の資本化率を $C_l$ と記して、そのような資産に対する収益率が、ある程度の暗黙的な流動性プレミアムを含んでいることを示す——もっとも、流動性が唯一の収益であるとすれば、契約された現金返済額は現在の価格1ドルにつき1ドルとなるであろう。

# 第六章　金融機関、金融不安、投資

商業銀行と投資銀行という二種類の銀行が、企業による実物資本の獲得、支配に対し、そして家計による企業の「所有」に対し、資金の融資と「仲介」をおこなう。

現実にはきわめて多種多様の実物資産が存在しており、それらがわれわれの言うところの実物資本を構成している——たとえば建築物、商品在庫、製造過程にある仕掛り品や、運送途中の商品等々である。しかし、これらの資産の名目上の所有者たちは、所有者となるために少なからず貨幣を借入れてきた〔強調点はケインズによる〕。その借入れの程度に対応して、実際上の富の所有者（即ち資産の買手）は実物資産に対してではなく、貨幣に対して請求権をもつことになる。この「融資」（ファイナンシング）のかなりの部分が銀行制度を通じてなされる。この銀行制度が貨幣を貸付ける預金者と実物資産の購入資金をまかなうために、銀行から借入れる顧客との資金移動を保証するのである。このような銀行制度のヴェールが実物資産と資産保有者との間に介在しているということが、現代社会のとりわけ顕著な特徴である。(1)

銀行は企業と取引することによって、実物資産の支配権に対して資金を供給する。また、銀行は家計との取引を通じて、金融資産の保有と支配とに対する融資をおこない、その市場を作り出す。とりわけ、投資銀行は株式持分権の販売を管理し、商業銀行はそのために必要な資金の供給を受け持つ。このように、現代の企業に対する株式持分の所有は銀行業務と結びついているのである。

銀行家たちも、実物資本を管理している経営者や株式やその他の金融資産を保有している家計と同じ期待の状況の下で活動している。投資資金の調達に際して、留保利潤にどの程度の借入資金を上のせするか、あるいはテコ入れをするか――つまり借入れによる資金調達の程度――は、投資を実行する企業の予想と並んで、資金借入れを伴う株価上昇を見越して積極的に株式を保有しようとする家計の意欲に依存する。さらに、そのような資金借入れをたきつけるとまでは言わないまでも、それとつき合おうとする銀行家たちの意欲にも依存している。企業や家計がそのように借入依存度を高める場合、銀行は借入資金が投入される投資収益のマージンから期待できる安全度を低めているのである。

資本主義経済の現実は、究極のところ、様々の経済主体間のバランス・シートが相互に連関しているということである。バランス・シート上の諸項目はキャッシュ・フローを生み出す。キャッシュ・フローは(1)賃金、租税、非金融企業の税引き後の総利潤など所得-生産の機構の結果、(2)利子、配当、賃貸料、借入返済額など金融構造の結果、そして(3)実物資本や金融資産の売買取引の結果である。金融構造によって規定されるキャッシュ・フローは配当を除いてすべて債務返済契約によっている。

バランス・シートの諸項目の取引はキャッシュ・フローをもたらし、同時にその過程でそれら資産の市場価格を変化させる。大幅な価格の低下をもたらすことなく、資産を売却してキャッシュ・フローを生み出す能力がその資産の流動性の尺度となる。ケインズは実物資本の直接ないし間接の保有権に対し、貨幣に比較しうる流動性を付与するためには、組織化された証券市場の発達が必要だと論じた。

個人にとって自分の富を貨幣の保存や貸付に向けることが可能であるかぎり、実際に実物資本を購入するという選択肢は、それらの実物資本が容易に変換できるような市場を組織しなければ、十分に魅力的なものとはなり得ないであろう。（ことに、その実物資本を管理せず、その資本にかんする知識をほとんどもたない個人にとってはそうである。）（『一般理論』一六〇―一頁。強調はケインズによる。）

つまり、富がその富の実際の利用者以外の者によって保有される場合、利用しない保有者はそれを処分できる可能性――彼の富を売却したり転用したりする可能性――にプレミアムをつけるであろう。

保有者の意志によって貨幣と交換できるというこの能力は、金融投資の特別な性質であるが、これが投資の速度に影響を及ぼす。

資産市場の流動性は新規投資の過程をしばしば媒介するが、また時にはその過程を妨げる。というのは、各個人投資家が彼の投資コミットメントは「流動的」であると信じているという事実が――彼を度胸づけ、危険に対してはるかに積極的にするからである。(『一般理論』一六〇頁)

これまで、われわれが主として心に描いてきたのは、投機家あるいは投機的な投資者自身が抱いている自信の状態であった。彼自身が収益見込に満足しているならば、市場利子率で無制限に貨幣を調達できると暗黙裡に仮定してきたかに思われるかもしれない。もちろん、実際にはそのような仮定は現実的ではない。そこで、われわれは自信の状態についての別の側面、つまり借入資金をもとめている人々に対して資金を供給する金融機関がもつ自信、これは時々信用の状態と呼ばれる、をも考慮しなければならない。株価の暴落は資本の限界効率に破壊的な反作用を及ぼしてきたが、これは投機者たちの自信の動揺によるものであったかもしれないし、あるいは信用の状態の動揺のためであったかもしれない。しかし、それらのいずれか一方の動揺だけで十分に暴落をもたらすにもかかわらず、市況の回復はそれら双方の回復が必要である〔強調点はケインズによる〕。信用の動揺は暴落を生み出すのに十分であるが、信用状態の強化は回復の必要条件ではあっても十分条件ではないということである。(『一般理論』一五八頁)

信用の状態は借手に対する銀行の評価を反映しており、銀行は実物資産の保有者、および株式保有者のポジションを融資する。実物資本のポジションに資金を供給する際にどの程度の資金の上乗せが適当であるかについて、銀行が判断を変えても、これらの資金の市場価格を直ちに変えるとは限らない――とくに、実物資本からの見込収益と資本化率が不変であればそうである。しかし、銀行の判断のそのような変更は株式価格に強い衝撃を与える可能性がある。なぜならば、取引所の組織は、そのような間接的投資の巨額の売買と、それらの市場価格を絶えず評価し直すことを可能とする株式売買のために形成されているからである。

株式取引とその取引がシステムの動きに与える衝撃についてのケインズの次の言葉は、われわれの議論にとって特に意味深い。

古いタイプの個人企業に対する投資の決定の多くは、しかしながら、社会全体にとってのみならず、個人にとっても非可逆的である。今日一般的となっている所有と経営の分離、そして組織化された証券市場の発展とともに、時には投資を促進するが、また時にはシステムの不安定性を増幅する非常に重要な新しい要因が生み出された。証券市場が存在しない場合、われわれがすでにコミットしている投資をひんぱんに再評価しようとしても無意味である。しかし株式取引所は日々多くの投資を再評価しており、この再評価は彼のコミットメントを変更するひんぱんな機会を(社会全体に対してではないが)個人に与える。……しかし、株式取引所における日々の再評価は、主として古い投資をある個人と別の個人との間で移転させることを可能にするためのものではあるが、現在の投資率に決定的な影響を及ぼさざるを得ない。なぜなら、既存の同種企業を買収できるのに、その費用よりも多額の資金を投入して新企業を設立するのは利巧なことではないからである。もっとも、株式が株式取引所において手っ取り早く利潤が得られるような価格で発行できるのであれば、新しいもくろみに対して莫大とも思われる額を支出する誘因が存在するかもしれない。このように、ある種の投資は専門的な企業家のまともな予想よりも、株式取引所で株式価格にあきらかに示される取引参加者たちの平均的な予想によって支配されるのである。(『一般理論』一五〇―一頁)

ケインズは企業活動と投機とを区別するために、次のような用語法に従っている。

市場の心理状態を予測する行動に対して投機という言葉を、そして〔実物?〕資産の耐用年限に亘る見込収益を予測する行動に対して企業活動という言葉〔をあてている〕……投資〔株式〕市場の組織が整備されるにつれて、投機が支配的となる危険は、事実増大する。(『一般理論』一五八頁)

投機家は市況の変り目にうまく賭けることによって自分の財産を作り出す――資産価格の上昇を予想するときには，それを買い持ちし，資産価格の低下を予想する場合には売り持ちするのである。ここから，ケインズは先に引用した有名な結論に到達する。

投機家たちは企業の規則正しい流れの中の泡としては害をなさないかもしれない。しかし，投機家たちの立場は企業が投機の渦の中の泡となってしまうときには重大である。一国の資本蓄積がカジノの営業活動の副産物となってしまう場合，資本蓄積の仕事はうまくなされない嫌いがあるのである。（『一般理論』一五九頁）

自信と信用が回復する結果，投資資金の借入調達の比率が上昇するときには，過去に蓄積された実物資本ストックの保有者は，実物資本を支える債務の構成が以前の自信の落ち込んだ状態に適合しているので，自分たちが「借入能力」に余裕があることを見い出すであろう。この余裕は，実物資本の所有権を拡大するための基盤を提供する上で，留保利潤と同じ程度に好都合である。したがって，自信の向上と信用状態の改善は，投資を借入金によって融資する可能性に及ぼす影響という点で経常収益の上昇と同値である。また以下に説明するように，たとえ操業中の企業が，適切な債務構成にかんする判断の変化に対して反応しないとしても，負債調達比率の上昇は生じうるのである。

株式の現実の所有者と潜在的な所有者にとって、株式所有を借入金でまかなうことは実物資本のポジションを借入金でまかなうことに代る方法である。確かに、企業の資金調達に影響を与える自信の変化は、株式保有の資金調達にも同じ影響を及ぼす。(事実、企業家、経営者、そして銀行家は、資本主義を特徴づける所得と富との分配状態の下で、家計とならぶ主要な株式保有主体である。)実物資本の獲得を債務で資金調達する意欲が高まるとともに、株式を保有するための借入金も増加するものと予想される。かくして、株式の供給を所与とすれば、株式の市場価格は上昇する。追加的な実物資本の生産と実物資本ポジションの借入金調達増加のために、どこかから資金が供給されねばならない。そのような資金の源泉として二つのものがありうる。つまり貨幣の創造と、資産保有者たちの資産多様化、とくに貨幣保有と、株式と実物資本にかんする多様化である。ケインズは「一般に、経済活動の低い水準からより高い水準への移行過程において、銀行は重要な地位を占める」と述べている。[2]

銀行家も投機家になる場合がある。この点で彼らは他の企業家と何ら変るところはない。実際、銀行の負債は要求払い預金、あるいは短期の預金であり、その資産は主として満期日の特定化された長期貸付、あるいは短期貸付であるから、銀行家は常に投機家なのである。彼らは、預金の引出しが生じる場合に、資産のポジションを再融資する自分たちの能力に常に賭けている。銀行業は、銀行間の良く発達した貸付市場および証券市場がないとしたら存在しえないであろう。現にそれらの銀行間市場が銀行業を支えているのである。

銀行家は保有資産の構成にかんしても投機をおこなう。ブーム期には、銀行は保有証券を売却して、追加貸付に必要な資金を調達しようとする可能性が十分ある。しかし、銀行が証券を売却しても、その証券は経済システムの内部にとどまらねばならない。そのため、証券は現金の代替物として、何らかの非銀行部門のポートフォリオに吸収される。この代替が生じるためには、証券利子等が高くなることによって誘因が与えられねばならない。ブーム期には、銀行は自分たちが保有する証券を、現金を保有する家計、企業、そして非銀行金融仲介機関へ売却することによって、貸出能力を買い戻すのである。

アメリカの銀行制度においては、銀行は、要求払い預金を定期預金へ変更したり、実際の貸付の代りに支払承諾(クレジット・ライン)を供給したり、銀行間の準備取引によって、つまり、フェデラル・ファンドの取引によって準備利用の効率を高めたりして、準備額に対する債務の比率を引上げられる。したがって、貨幣量は実質的には内生的に決められるのである。さらに、企業はオープン市場において、コマーシャル・ペーパーと呼ばれる金融債務を売ることができる。これによって、他の主体の遊休貨幣残高を吸収し、活動残高へ変換するのである。コマーシャル・ペーパーは、購買力の確実な一時的貯蔵手段として、貨幣と非常によく似た役割をはたす。ことに、コマーシャル・ペーパーはその保有者の特定の事情に合わせた形にすることができるので便利なのである。

したがって、外部資金調達の増加は貨幣供給を増加させる効果と、遊休現実残高を減少させる効果をもっている。現実に生じている流通速度――これがオペレーショナルに意味のある概念だとして——の変化は、人々の資産構成の中で短期金融資産が貨幣に代って増加する結果なのである。

一九六〇年代にアメリカでみられたコングロマリット・ブームは、企業金融が負債構造に及ぼす影響のもうひとつの側面をあからさまにした。「買収」企業は、しばしば企業買収における支配株式の購入資金を負債・株式・貨幣を複雑に組合わせた債務を発行することによって賄った。そのような企業買収の後では、家計の株式保有者は、もとの企業の株式の代りに、新しい企業の株式と負債の組合せを保有することとなる。そのような取引に用いられた資金は、しばしば、借入れによって調達されるか、買収企業あるいは被買収企業の「余剰」資金によって調達される。被買収企業の貸借対照表における「現金」が買収者に利用されて、そのほとんどが買収資金に用いられる例もあったのである。

企業の合併は、金融債務の存在する世界において二つの相異なる目的の一方、ないし双方に役立つであろう。ひとつには——これは企業家的方法である——企業$A$が$Q_A$という見込収益の系列をもたらし、企業$B$が$Q_B$という見込収益の系列をもたらしているときに、企業家が彼の経営方針に従えば新しい$A+B$という企業が$Q_A+Q_B$よりも大きな$Q_{A+B}$という収益系列をもたらすと見込む場合である。その超過収益が十分に大きければ、非常に慎重で危険回避的な経営者も企業買収の資金を調達するために進んで債務を発行しようとするであろう。

投機的な企業買収は次のように特徴づけることができるかもしれない。企業$A$は負債発行企業であり、負債のために$C_A/Q_A=\alpha$となるような現金支払フロー$C_A$を抱えているとする。一方、企業

$B$は借入れによる資金調達を回避してきたとしよう。つまり$C_B=0$である。企業$A$は、企業$B$を支配下に入れ、かつ企業$A$の負債比率が企業$B$にも適用できるのならば、借入れによって$\alpha Q_B$という資金を調達できるものと見通しをたてる。この資金を用いて、企業$A+B$の一層の拡大を図ることができる。投機的な企業買収は、「より旧式」な資金調達方法を反映したバランス・シートをもつ保守的な企業の存在によって、借入資金調達の可能性が拡大されている点に立脚するのである。

負債発行者と資産保有者のそのようなポートフォリオの交換の結果、全体としては、短期的に弾力的な資金供給曲線が生み出される。しかし、ブームが進行するにつれて、ポートフォリオの交換がもたらす資金供給曲線は涸渇し、その弾力性は小さくなるであろう。このことは、ブームの初期の段階においては、借入資金調達が急激に拡大しても、借入条件は大きく変化しないが、ブームの後期には、借入条件がいっきょに厳しくなることを示唆している。初期の段階の取引が短期借入れによってまかなわれる程度が大きいほど、ブーム後期の借入条件の悪化は、初期段階の取引を再融資する時点で、その価値にはね返りそれを引下げるであろう。

このように、ブームの進展とともに金融債務の構造は三段階の変化を示すのである。すなわち、企業は借入資金調達の依存度を高め、家計および企業はそれらの負債に比較して現金、流動資産保有額の比率を低減させる。そして「銀行」は証券、とりわけ国債の保有額を削って、貸出を増加させるのである。さらに、銀行は借手の需要に応えるために自らの債務管理(ライアビリティー・マネジメント)に一層強く依存するようになる。また、借手企業も彼らの資産保有ポジションの資金調達のために、活発な債務管理を実行する。

事実、非銀行金融機関は債務管理の巧妙さをこのような段階からさらに進め、資金調達のために銀行債務、オープン・マーケット債務、さらに長期債を利用している。負債の多層化(a layering of debts)が生じているのである。この多層化された負債を基礎づけているものはたったひとつ、つまり所得を生み出す過程で企業が稼得する準地代 Q の系列である。加えて、家計が借入れをおこなう世界では、もうひとつの負債多層化が存在する。そして、その基礎は主として賃金からなる家計の所得である。

金融仲介機関と証券流通市場の発展によって、ポートフォリオにおける流動的資産、つまり貨幣の代替物として保有される資産の種類が増加する。そのような金融仲介は経常的産出物の価格に比較して実物資本の価格を上昇させる傾向をもつ。

かくして、投機には次の三つの側面があるわけである。つまり(1)実物資本の保有者が、投資および実物資本ストックの保有を借入資金でまかなうことによる投機、(2)銀行およびその他の金融機関が、保有資産の構成と負債の構成とにかんしておこなう投機、(3)企業と家計が金融資産の保有と、それに対する資金調達方法にかんしておこなう投機、である。

ブーム期には、貨幣の投機的需要は減少し、他の時期に比べてポートフォリオの中で借入資金によってまかなわれる部分の比重が高まる。実物資本の保有者は、生産活動から期待されるキャッシュ・フローの系列 Q のうち、より多くの部分を金融債務返済 CC に向けるという条件を選択する。

銀行は金融資産保有を削減し、貸付保有を増加させ、また積極的な債務管理によって、一定の準備保有額の下での業務活動を拡大させる。その他の金融機関もまた、積極的に資金を取入れることによって、業務規模を拡大する。家計と企業も流動的な準備として貨幣に代えて非貨幣資産を用いる。生産企業も金融機関も、手の込んだ負債構造を通じて、金融資産や生産活動から短期的に得られる現金受取額を上回る現金返済契約を拡げる。それらの経済主体は、その現金返済契約を履行するため、さらに金融資産を売却するか、または債務を発行することによって再融資しなければならない。ある種の金融資産、債務の市場は、多数の主体が参加するという意味で幅広く、かつわずかな価格を譲歩すれば多数の資金を動かせる、つまり資金供給の弾力性が大きいという意味で深い市場をもっている。他の金融市場は狭隘で、市場参加者の数が小さく、底が浅い。そして需要の急増は証券価格を大幅に低下させ、それに対応する資金の供給の増加はほとんどないであろう。

現金返済契約を履行するために金融資産ないし債務を売却する過程は「ポジション設定(position making)」と呼ばれる。ポジションとは所得を生むが、容易に売却し得る市場をもたないような資産保有高である。企業にとっては、融資されるべき「ポジション」は生産に要する実物資本の保有高である。金融機関にとって「ポジション」は十分な流通市場をもたない資産によって規定される。

ブームが拡がるにつれて、家計、企業、そして金融機関は従来に増して大胆なポジション設定を迫られる。ある主体から借入れて、他の主体へ返済するという彼らの能力に限界が来たとき、採るべき選択はポジションの一部を売却するか、資産蓄積を停止するかあるいは遅らせるかである。生産企業にとってこのことは、新規投資の融資に用いられる借入れのてこの減少を意味する。図6-1でみると、企業と銀行が楽観的になるに従って企業の投資需要は$I_1$から$I_2$へシフトする。また、企業と銀行が楽観的でなくなるに従って金融条件により厳しく制約されて、投資需要は$I_2$から$I_1$へシフトする。

貨幣の投機的需要が、債務構造から見通される危険の増大を反映して増加する場合、企業、家計、金融機関は負債を返済するために保有資産を売却ないし減少させようとする。このために、資産価格は低下する。つまり(図6-2において)$P_K(M, Q)$関数が$P_{K_1}$から$P_{K_2}$へ下落する。これこそが経済危機において生じるのである。株価の低下は危機的状況を示すひとつの特色である。

経済危機に続いて、フィッシャーによって描かれたような負債デフレ過程が生じるが[3]、それは二つの状況から生起する。図6-3は企業が直面する状況を図示している。この図では、準地代を市場で資本化することによって導き出される実物資本の需要価格が供給価格よりも低い。しかし、借手リスクは非常に大きく、投資は内部資金でまかなえる額よりも少額である。図6-4には、実物資本の需要価格が供給価格を下回る第二の状況を図示してある。この場合には、投資はゼロになる傾向がある。内部資金のすべては負債の返済に用いられる。この状況における企業、銀行・金融機関の主要な目的は、彼らのバランス・シートを建て直すことにある。図6-3、6-4に示されているような状況の下では、企業はしばしば短期負債を「借り換える」であろう。つまり、満期の到来

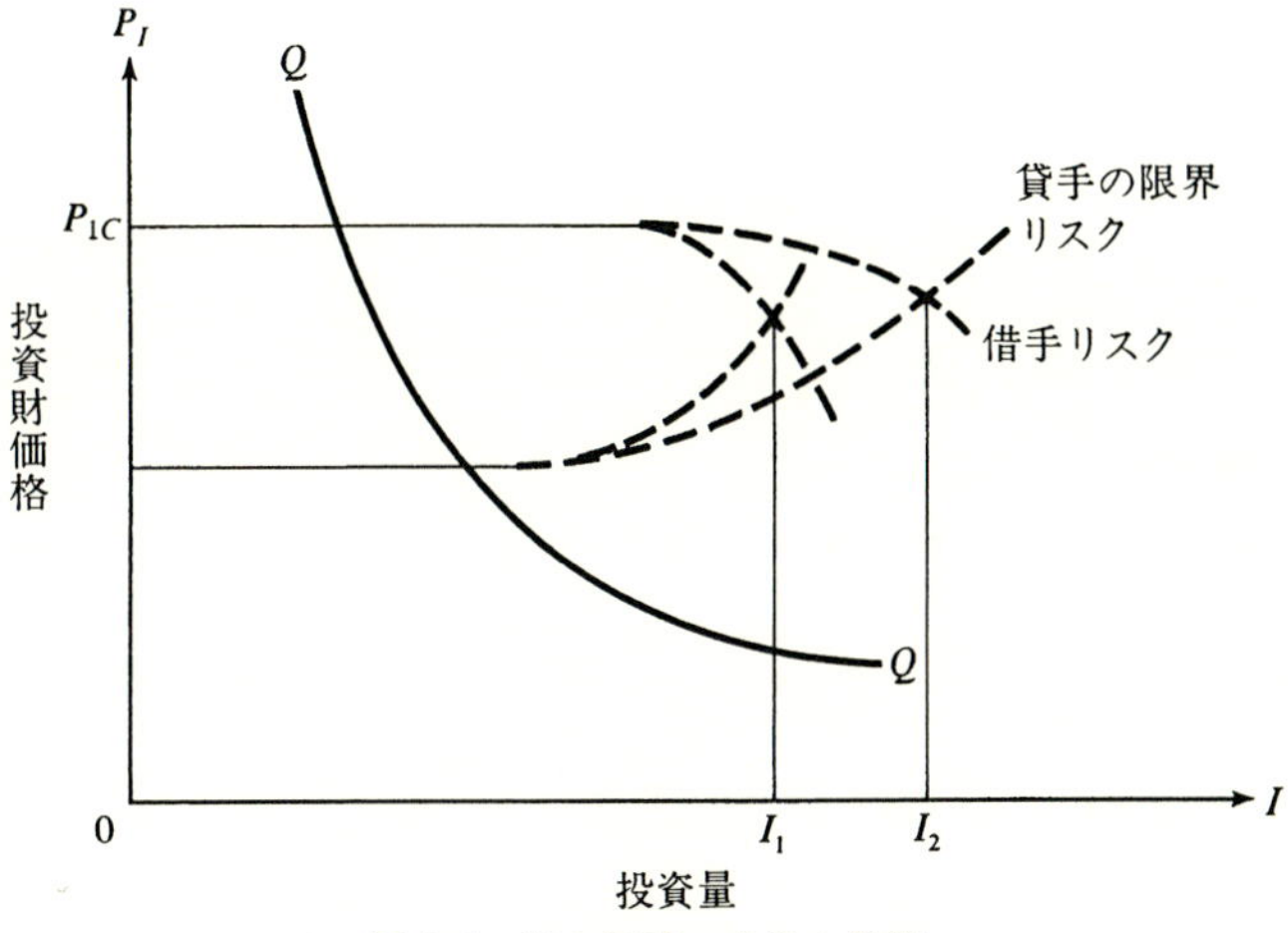

**図 6-1　資金調達の条件と投資**

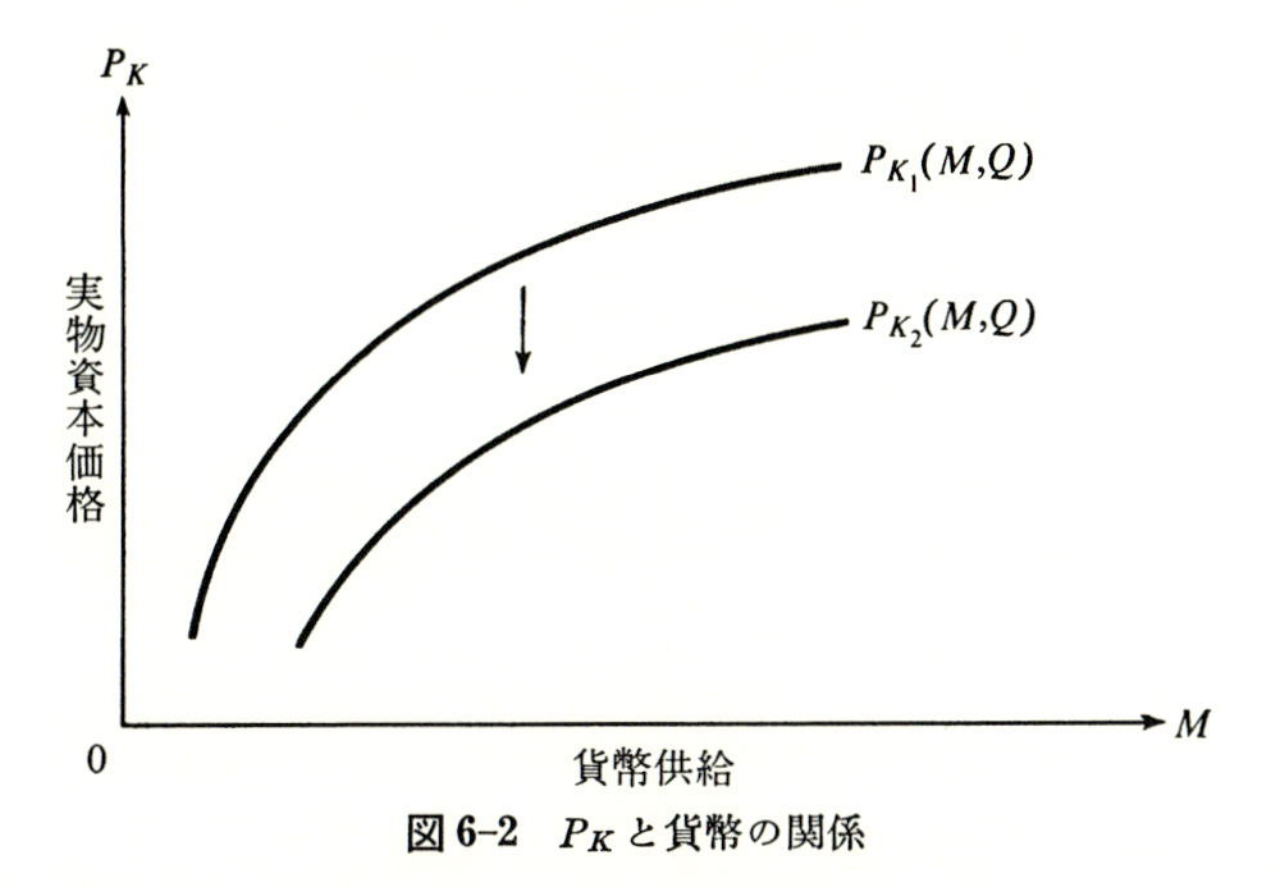

**図 6-2　$P_K$ と貨幣の関係**

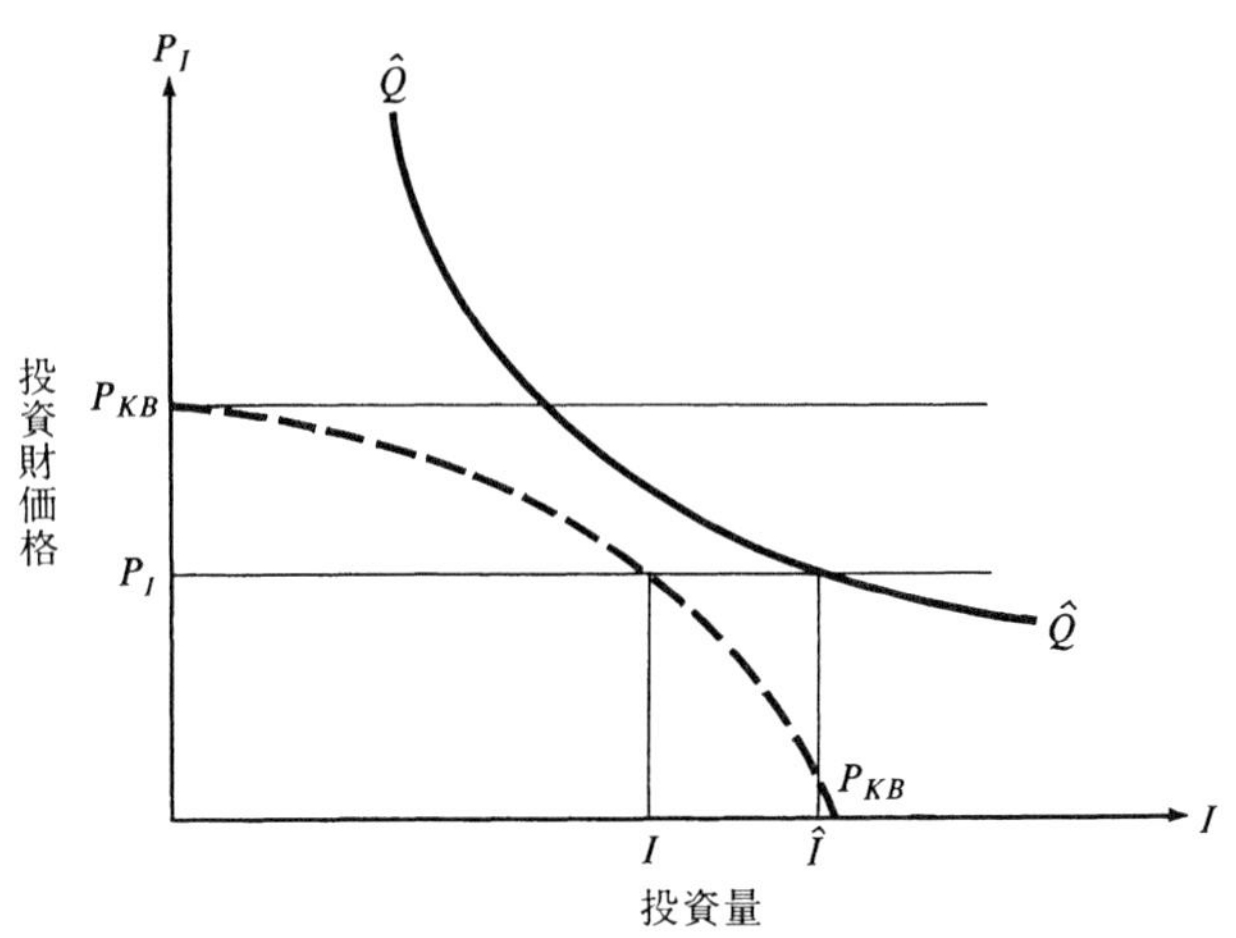

**図 6-3**　借手リスクと負債デフレ

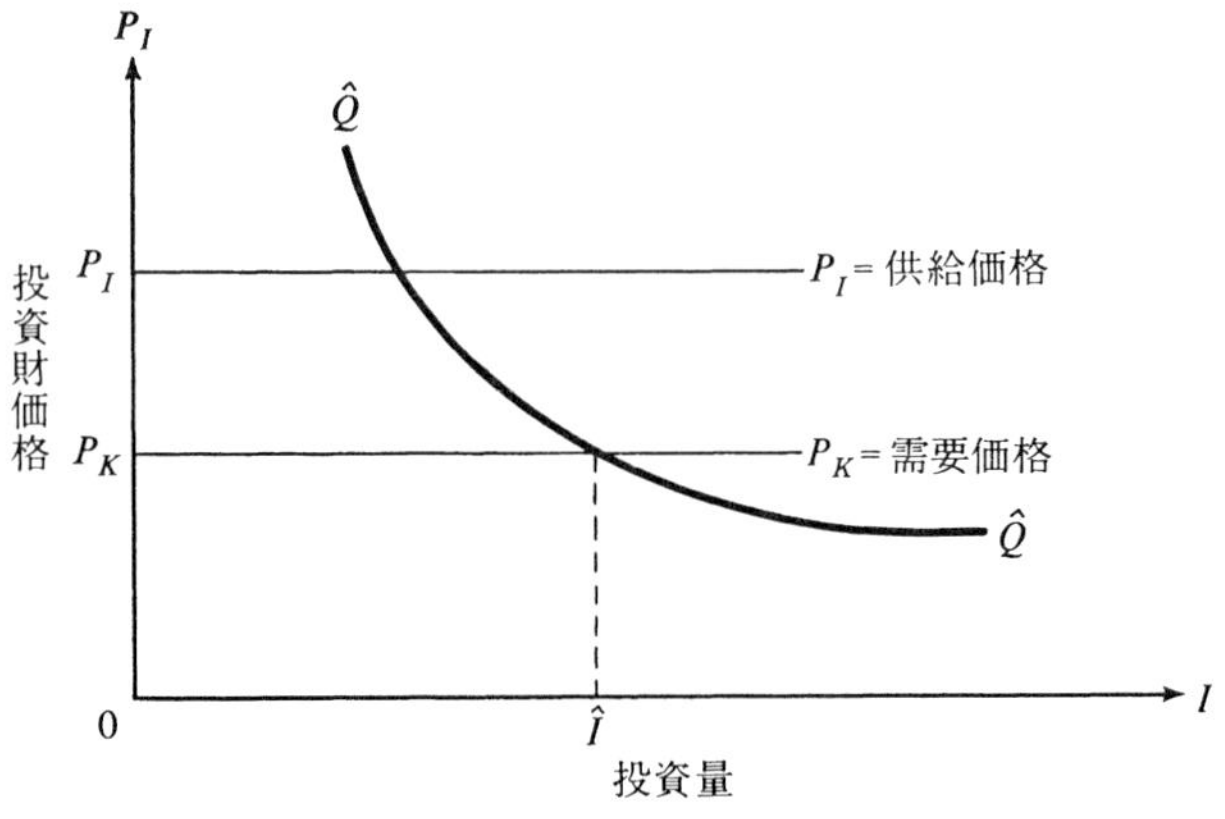

**図 6-4**　需要価格を上回る供給価格

した短期負債に代えて長期負債を発行するのである。この方法で、債務構造の中で満期の短い現金返済契約の比重を低下させることができる。このような借換えは、たとえ短期利子率が低下しつつある場合でも、長期金利の低下を止めるか、あるいは上昇させさえするかもしれない。この場合、銀行は貸出能力をもっているが、借手が、銀行と同様に、それを積極的に用いようとしないかもしれないのである。

図6-3と図6-4が描いている状況において、われわれは最早ブーム状態にない。われわれは、負債デフレ過程にある。純粋な金融的展開から投資需要への、そして乗数過程を通じて消費需要へのフィードバックが生じる。その結果、失業状態が生み出され、不況がもたらされる。

消費支出がもっている短期的な安定化作用、政府支出および租税体系がもっている安定化作用、いずれの経済主体にとっても債務でないような金融資産の影響力、そして、中央銀行の最後のより所としての機能などが結合して、負債デフレとそれに伴う所得の低下を押し止める効果を発揮できるかもしれない。しかし、負債デフレ過程は投資と望ましい負債ポジションに対して瞬時的な効果と、永続的な効果を与えるから、失業が一時期続くであろう。負債デフレ過程に続いて、相対的に低い所得、高い失業率、深さと長さが不確実な停滞状態が生じるのである。

不況局面において、負債デフレが人々の心理状態に与える影響力が弱まるとともに、また負の投資が生じ、金融ポジションが建て直されるとともに、景気回復と経済の拡大が始まる。そのような回復期は、負債デフレ期に負債ポジションを拡げ過ぎたために蒙った損失に対する強烈な記憶と、負債の軽減された債務構造とを伴って始まる。しかし、成功は向こう見ずな感情を生み出す。そして、時間の経過とともに過去の災厄の記憶は薄れる。安定性は——景気拡大の安定性さえも——投資のより冒険的な融資が先駆者たちに利益をもたらし、他の者がそれに追随するという意味で不安定的である。かくして、景気拡大は加速的なテンポでブームへと変貌していく。

このように、資本主義経済にあっては、「新規投資の速さを規定する重要な要因は「金融」組織である」[4]とケインズは述べている。そして、投資の速さが所得と雇用を決定するのである。

ケインズは「実際のところ、われわれは通常暗黙のうちに一致して、実は慣習と呼ぶべきものに依拠して」(『一般理論』一五二頁)不確実性に対処してきた、と述べている。しかし、資本主義経済において、技術的条件や基本的な心理的状態などに制約されることが少なく、楽観主義や悲観主義のムードに流され易く、あてにならない予測に反応するものが、まさに、生産企業と金融機関の債務構造なのである。この債務構造は明らかに慣習、あるいは流行と言ってもよいものの所産である。資金の貸借がおこなわれる経済においては、生産や市場開発へ工夫が注がれるのと全く同様に金融革新の開発、導入に心血が注がれる。金融は「現在の状況が無限に続く」(『一般理論』一五二頁)という仮定にしばしば立脚している。しかし、もちろんこの仮定は正しくないことが判明する。ブーム期はキャピタル・ゲインおよび資産価値の上昇を伴う好況の状態である。負債デフレと景気停滞期にも、現在の状況が常に続くという同じ常套的な仮定が置かれる。つまり、負債は災厄につながるから、借入れは避けなければならないというのが支配的な考え方となる。景気回復が完全雇用に近づくにつれて、その状況の下での人々のムードは、景気循環はこの地上から消滅し、恒久的な繁栄の新しい時代が始まったのだという具合になる。新しい政策手段――それが中央銀行による金融政策であろうと、財政政策であろうと――が経済学者によって提言される非常に洗練された政策と相俟って、経済危機および負債デフレが今や過去の遺物であると受け合うので、借入れが積極的におこなわれる。しかし、真実はどうかと言えば、ブームも、負債デフレも、景気停滞も、そして言うまでもなく景気回復や完全雇用成長も、無限には続かないということなのである。どの経済状態も、それ自身を破壊する力を育むのである。

経済におけるすべての市場の中で、株式と実物資本に対する支配力を獲得するのに用いられる投資および金融資産の市場が、大変頼りにならない慣習に立脚していることは非常に明白である。したがって、「非常に恣意的な物の見方という点で、慣習は弱点をもっているに違いない。今日（一九三五年）われわれが当面している十分な投資の確保という問題の少なからぬ部分が、この慣習の当てにならない点によってもたらされる。」（『一般理論』一五三頁）

われわれの議論の結論は、標準的ケインズ派理論に欠けているのは、資本主義経済における金融メカニズムを景気循環と投機という文脈において明示的に考慮することだったということである。資本家の金融行動が導入され、経済の様々な状態における（関連しあっているバランス・シートにおいて表示される）キャッシュ・フローの推移を明示的に検討すれば、ケインズが展開した革命的な洞察と、彼の新しい分析枠組のもっている大きな力がただちに明らかになるのである。

『一般理論』において、なぜ金融的側面が十分陽表的に論じられなかったのか。なぜそれらの側面が単なる暗示の域を超えて、詳細に論じられなかったのであろうか。私には分からない。ジョーン・ロビンソンが示唆したように、『一般理論』の執筆に際して、ケインズはあたかも蛇のように脱皮しつつあったのかもしれない。その著書は、古い皮——つまり古典派経済理論——が完全には抜け落ちていないときに書かれたのであろう。それゆえ、『一般理論』におけるケインズは、景気循環と金融についての本格的な分析を身につけていなかったし、資本主義に対する批判も中途半端だったのである。彼の思考の中には、物々交換経済のモデルがいまだに深く食込んでいたので、「シティー」や「ウォール・ストリート」に根深く存在している資本主義経済の運行過程の分析を最終的につめるに至らなかったのである。

ケインズが、なぜ金融についての言及をさらに理論的に膨らませなかったかは説明できないとしても、ケインズ以降の世代が彼の与えたきっかけに従わなかった理由は説明できる。第一に、既に述べたように、『一般理論』が出版されてからごく最近、たとえば一九六〇年代半ばまでの期間は、安定的な金融によって特徴づけられたということである。かつて、爆発的なブームを特徴づけていた投機熱は見られなかった。第二次大戦後の銀行部門は、ポートフォリオに大量の国債を抱えており、銀行が債務にかんして積極的な投機を始めたのは、ようやく一九六〇年代に入ってからである。この期間は金融がさしたる問題を引き起こさなかったという意味で、独特な時期である。少なくとも、金融が攪乱的な形で経済過程に立ちふさがることはなかったのである。

さらに、不幸にも継続的な巨額の軍事支出のせいで政府の規模は、大きいままであったし、所得税および雇用税に極端に偏向した租税は、税率が高く、所得の変化に対して感応的であった。したがって、政府支出による所得の高い水準での下支え、および税制による不適切な景気拡大に対する財政的制約がきいていたのである。一九六六年の金融引き締め、一九六九―七〇年の金融逼迫、一九七一年および一九七三年の平価切り下げ、そして根強いインフレーションの継続があったとはいえ、経済の構造変化、とりわけ政府の相対的規模の変化と、より巧妙になった政策運営の組合せが、資本主義経済の景気循環の形状を変えたことは事実である。もっとも、それらは循環過程の本質的特徴を変えるものではない。

第二次大戦後の経済学の発展において、『一般理論』におけるケインズの強調点が十分に考慮されなかった理由を、最後にもう一つ挙げることができよう。それは、専門の経済学者が、ケインズほどシティ――あるいはウォール・ストリート――の活動を体験することがなかったということである。第二次大戦後は、経済学者の経歴は純粋に学問的(アカデミック)な仕事と政府関係の仕事によって占められていた。ケインズが身につけていた金融関連の豊かな見識は、象牙の塔の学者にはそう簡単には手に入らない。また一方、金融にかんする知識を身につけている人々は、ケインズの著書に横溢している根本的に批判的な姿勢を理解し、それを高く評価するのに必要な、資本主義経済に対する懐疑的な、突き放した視点をもっていなかったのである。

このようにして、ある時には投資を抑圧し、あるときにはそれを増幅する要因として金融はきわめて重要な役割を果たす、というケインズの主張は無視されてしまった。しかし、実際には経済の歩調を規定するのは金融なのである。

(1) Keynes, "The Consequences to the Banks of the Collapse of Money Value," in *Essays in Persuasion*, Vol. 9, p. 151.
(2) Keynes, "The 'Ex-Ante' Theory of the Rate of Interest," p. 668.
(3) Fisher, "The Debt-Deflation Theory of Great Depressions" を参照。
(4) Keynes, "Alternative Theories of the Rate of Interest," p. 248.

# 第七章　新しい解釈の含意

## 序　論

第三章から第六章において説明した『一般理論』の解釈は、ケインズの投資と金融の理論に立脚している。今日の通説によれば、『一般理論』が持っていた価値のある洞察は新古典派総合の中に組み込まれている。しかし、本書が示した新しい解釈はこの通説にとって替るものである。新古典派総合が市場経済の通常の経路を完全雇用成長経路として特徴づけるのに対し、この代替的な解釈は資本主義経済の通常の経路は循環的であるとみなす。つまり、この解釈によれば、通常の経路を様々な景気局面の一連の継起としてみることができるのである。このように、これら二つのケインズ解釈は資本主義経済の通常の機能にかんして、本質的に相異なる観点を提供している。

新しい解釈においては、ケインズ体系の核心は、不確実性下の資本家の金融行動の分析と、資本家の金融行動が実物資本ストックの市場価格や投資の速さにいかなる影響を及ぼすかという分析なのである。ケインズ経済学のこの核心は、新古典派総合の基盤である静学的な生産関数や不変の選好体系というモデル構造と根本的に対立する。ケインズの理論と新古典派理論とを統合するとすれば、それはそれらのいずれか一方をゆがめざるをえない。新古典派総合にあっては、ケインズがゆがめられてきたのである。

ケインズ理論では、投資が総需要のもっとも重要な規定要因である。ケインズの資産価格決定モデルでは、生産的な実物資本を、投機的金融資産の特殊な一種類とみなすのが恐らくもっとも適切である。金融資産としての実物資本の特殊性は、それらの資本を再販売する流通市場の多くが厚みのない市場であること、また実物資本のもたらす収益が、特定の市場で営業活動する特定の企業の営業成績と経済全体の循環的変動に条件づけられていることに由来する。

資産選択の分析からみれば、資本ストックの追加分の生産は、金融資産残高の追加的生産と同義である。しかし、普通の金融資産残高の追加的生産は労働需要をほとんど生み出さないし、生産能力を増加させることがないのに反し、投資は労働の雇用を必要とし、生産能力を増加させる。さらに、投資はそれに対する資金の融資がなされねばならない。このことは、投資がそれに対応する金融手段を生み出すということである。

この章では、これまで説明してきた新しい解釈の含意のいくつかを考察してみよう。投資需要は、典型的なケースでは、全体として外部資金の調達を必要とするし、また消費需要は主として賃金と家計の配当・利子所得によってまかなわれるものと考えられるが、これらの需要を予算制約の枠内で検討する。生産者および消費者の選択行動にかんする標準的なミクロ経済分析においては、生産関数ないし選好関数が予算制約と結び合わされて、生産される財、あるいは消費される財の組合せを決定する。しかし、「予算制約を決定するのは何か」という問題は、めったに提起されないし、たとえそのような問が発せられたとしても、それに対してはまやかし的な答えが与えられるだけである。価格理論の段階では、銀行制度や金融メカニズムが支出される額に及ぼす影響のあり方は無視されてしまう。新しい解釈は、経常的な産出物に対するある部門の有効需要が、現在の所得や現在の外部資金調達額ばかりでなく、その部門が過去に取り結んだ現金返済契約によっても決定される点を強調しており、その点ではこの解釈を、実効的な予算制約を決定するひとつの理論であると要約できよう。論理的には、予算制約の決定にかんする理論がまず取り上げられ、その理論のお膳立ての下で特定の財の投資あるいは消費選択にかんする経済分析がなされるべきなのである。

投資行動についてのわれわれのモデルは、二つの市場に注目し、それらの市場が金融によって結びつけられるありさまを考察した。その二つの市場の中のひとつは実物資本の需要価格を決定し、他の市場は投資財の供給価格を決定する。そして、金融市場が実物資本の需要価格を示す表の位置と、投資財に対する資金調達の条件の双方を決定することによって、それら二つの市場を連結したのであった。これまでのわれわれの議論では、不確実性や金融市場の変動が資産選択の可能性や、人々の資産選択にかかわる選好を変化させるにつれて最初の表はシフトした。他方、投資財の生産曲線は一定であると仮定されている。この章では、貨幣賃金やケインズのいわゆる使用者費用の変化につれて、この投資財の生産曲線がどのようにシフトするかを検討し、その結果をデフレ過程とインフレ過程にあてはめて考察してみることにしよう。

政府の需要と海外の需要を無視した民間部門だけを含む閉鎖経済においては、最終総需要ないし所得は消費需要と投資需要の合計額に等しい。つまり $Y=C+I$ である。この総需要が供給関数の逆関数に代入されて雇用水準を決定するのである。供給関数の逆関数は雇用関数として、第二章において論じられた。

消費需要は受動的である。景気循環の議論の文脈においては、それは主として所得に依存する。つまり $C=C(Y)$ である。政府部門と海外部門を含んでいない閉鎖経済における所得は、賃金支払額と利潤の和に等しい。キャッシュ・フローに注目する分析では、利潤として粗利潤を、投資としては粗投資を、そして所得としては粗国民生産物をとるのがもっとも適切である。

割賦信用の制度が存在せず、かつ労働者の所得がわずかであって、労働者にとって金融資産の蓄積が不可能であると仮定してみよう。この場合、労働者の消費は労働賃金に等しくなるであろう。もっとも、この仮定は――専ら便宜上のものであり――以下の議論にとって必要ではない。

粗利潤所得(これはこれまでのわれわれの議論では準地代に相当する)は、一部分は留保され、一部分は債務の返済契約とその費用の支払いに用いられ、さらに一部分は配当および利子として支払われる。留保利潤は内部資金(これまでの議論では $Q$ に当たる)であり、負債による資金調達額とあわせて——既存の実物資本ストックからか、または新規の投資財生産のいずれかからの——追加的な実物資本の購入を賄うのに用いられる。企業によって支払われる配当と利子 $D$(これは $Q-\hat{Q}$ に等しい)は家計の所得となり、それによって消費需要が賄われる。ここでは、それら金融収益のある割合が消費支出にむけられるものと仮定する。家計の非賃金所得の残りが、金融資産の稼得に用いられるのである。

粗利潤から租税と金融債務の利子支払額を差引いたものが、これまでのわれわれの議論における留保利潤 $\hat{Q}$ である。この留保利潤は投資資金の借入資金調達の元手になるか、あるいは既存の債務額を減少させたり、金融資産を購入するのに利用できる。投資は、予想される留保利潤によって賄える金額のある倍数であり、この負債比率は時とともに変化するのである。このように、投資需要は二つの部分、つまり内部資金によって融資される額と借入れによって調達される額とから構成される。投資にかんする予算制約は

$I=(1+\lambda)\hat{Q}$; 通常の経済拡張期には　$\lambda>0$

ブーム期には　$\lambda\gg 0$

不況期には　$\lambda\geqq 0$

負債デフレ期には　$\lambda\ll 0$

となる。ここで $\hat{Q}$ は期中の留保利潤であり、$\lambda$ は留保利潤に付される可変的な負債比率である。(≫と≪という記号は「非常に大きい」あるいは「非常に小さい」という意味である。)さらに $\lambda\hat{Q}$

が外部資金調達である。

一方、家計の消費支出にかんする予算制約は

$$C = W + \alpha D$$

である。ここで $\alpha$ は家計の資本所得のうち支出にむけられる割合である。

全体の予算制約は消費の予算制約と投資の予算制約との和である。

$$Y = W + \alpha D + (1+\lambda)\hat{Q}$$

稼得された家計の所得のうち $(1-\alpha)D$ は消費には向けられない。金融仲介を通じて、家計の貯蓄のある部分は投資の資金貸付に利用されるのである。その部分を $u(1-\alpha)D$ と表現することにしよう。そうすると、$(1-u)(1-\alpha)D$ は家計による貨幣需要の増分である。資本所得を稼得する家計だけが金融資産のポートフォリオをもつ家計であるから、$u$ によって貨幣の増分需要が与えられるのである。貨幣の増分需要はポートフォリオにおける貨幣に対する平均的需要に等しいと仮定できる。さらに、より幅広い議論の中では、$u$ は不確実性の状態と貸付資金の利子率の双方に依存する変数である。

$\lambda\hat{Q} > u(1-\alpha)D$ だとすると、投資資金のいく分かは家計貯蓄の仲介以外の方法で供給されねばならない。貯蓄の仲介でまかなわれる資金供給額を上回る投資資金需要の超過分 $(\lambda\hat{Q} - u(1-\alpha)D)$ は、貨幣供給の増加分と、ポートフォリオにおける貨幣保有の増加つまり流通速度の上昇、との何らかの組合せによって充足される。資金需要に対する貨幣供給の反応のしかた、そして金融市場に対す

るポートフォリオの反応のしかたが(不確実性と金融市場の条件が変化する際に内部資金に、どのくらいの借入資金が上のせされるかということとならんで)ケインズの投資理論のエッセンスである。

上で調べた会計上の諸関係を、単純な集計モデルの説明で時として用いられる恣意的な事前－事後分析に置き換えると、投資や金融の変化が所得決定過程をいかに支配するかを、もう少し詳しく考察できる。任意の時点 $t$ において計画される消費を家計の前期賃金所得および資本所得に規定されるものとして、

$$C_{t\ \mathrm{ex\ ante}} = W_{t-1}+\alpha D_{t-1}$$

と表現し、計画される投資を留保利潤と借入調達部分によって規定されるものとして、

$$I_{t\ \mathrm{ex\ ante}} = (1+\lambda)\hat{Q}_{t-1}$$

と表現することにしよう。そうすると

$$Y_{t\ \mathrm{ex\ ante}} = W_{t-1}+\alpha D_{t-1}+\hat{Q}_{t-1}+\lambda\hat{Q}_{t-1}$$

となる。ところで、

$$Y_{t-1\ \mathrm{ex\ post}} = W_{t-1}+D_{t-1}+\hat{Q}_{t-1}$$

であるから、

$$\alpha D_{t-1}+\lambda\hat{Q}_{t-1} > D_{t-1}$$

あるいは

$$\lambda\hat{Q}_{t-1} > (1-\alpha)D_{t-1}$$

であれば、

$$Y_{t\ \mathrm{ex\ ante}} > Y_{t-1\ \mathrm{ex\ post}}$$

かくして、所得が上昇するためには、外部資金によって調達される投資が家計の貯蓄を上回らねばならない。家計貯蓄の $u$ パーセントが投資資金に利用されると仮定するので、

$$\lambda\hat{Q}_{t-1} = \Delta M_t + u(1-\alpha)D_{t-1}$$

である。それゆえ、

$$Y_{t\ \mathrm{ex\ ante}} > Y_{t-1\ \mathrm{ex\ post}}$$

であるためには、

$$\Delta M_t > (1-\alpha)D_{t-1} - u(1-\alpha)D_{t-1}$$

つまり

$$\Delta M_t > (1-u)(1-\alpha)D_{t-1}$$

でなければならない。ただし、$\Delta M_t$ は貨幣の追加供給か、流通速度の変化である。

ここで得られたものは、所得の時間的経路が、集計された予算制約を通じて、本質的に二つの要因、即ち総需要$(1+\lambda)\hat{Q}$ の決定要因と貨幣的変化 $\Delta M$ を通じる投資の外部資金調達とに依存するモデルの大まかな枠組である。かくして、総需要と雇用とを支配するものは、企業家と銀行家の金融市場の動向にかんする判断なのである。これらの判断は経済の過去に反応して、変動しやすいも

のであり、経済が資本主義を特徴づけている様々な局面(ブーム、危機、負債デフレ、停滞、そして比較的順調な拡大過程)を移り動くに従って、変化する。

## 企業金融とデフレーションおよびインフレーション

ケインズの投資理論は二つの基本的な構築物に依拠している。ひとつは実物資本の需要価格と企業、家計、銀行の資産構造とを関連づける資産選択の関係であり、もうひとつは投資財の供給価格とその生産量とを関連づける投資財の供給関数である。実物資本の保有と投資需要に対する金融の条件は、借手の不確実性と貸手の不確実性とにかんする企業家たちと銀行家の判断に依存しているが、それを通じて実物資本の需要価格と投資財の供給価格が関連し合っている。

ここまでの説明では、不確実性が、実物資本の需要価格を決定する関係式の位置と、内部資金と正味資産に借入資金がつけ加えられる程度とに影響する過程に関心を集中してきた。投資財の供給関数は一定であると仮定してきたのである。これから、貨幣賃金とケインズによって使用者費用と呼ばれたものが、どのように投資財の価格-数量の供給関数の位置を決定するかを考察しよう。ケインズの考えでは、貨幣賃金率と使用者費用は産出物の供給表の位置を決定する要因であり、したがってこれらの費用の変化が価格水準の究極的決定因である。さらに、過去と将来が、残存の金融債務、および現在時点で生み出される金融債務の形で常に姿をあらわすような世界においては、賃金デフレとインフレは不安定で永続的な過程である。したがって、たとえば、失業に対して賃金切り下げをあてるという方策はしばしば古典派経済学の理論によって主張され、また新古典派総合の実質残高効果の中に秘められているのであるが、それは失業を解消するよりも、悪化させる傾向をもつであろう。

ひとたび投資財と消費財の供給関数の中へ貨幣賃金率と使用者費用とを導入すれば、賃金デフレとインフレの性質および反作用を調べることができる。失業を解消するのに賃金デフレが不毛であること、そしてインフレーションを生み出す上で投資財生産における貨幣賃金率の枢要な役割が明白となる。とりわけ、もし経済政策が完全雇用を維持するために投資に依存し、かつ投資財生産において貨幣賃金率が上昇するとすれば、金融・財政政策は価格上昇の始発点となるというよりも、むしろ価格上昇に同調することになろう。価格上昇の始発点は賃金決定過程の中に存在するのである。

産出物の販売から得られる収入を三つの構成因に分割できる。つまり、労働費用、原材料の購入費用、そして実物資本によって稼得される地代である。企業家は、彼の生産物の供給価格、あるいはオファー価格を決定するに当たって、その価格が限界労働費用と限界原材料費用との合計をある程度上回ることを要求する。この上回る程度、あるいは最低限の受入れ可能な期待準地代はケインズが使用者費用と呼んだものである。つまり、使用者費用は「設備を使用しない場合に比べて、使用したときにその価値が減少する分……」と定義される。「したがって、使用者費用はそれ(設備)

が現在用いられなかったとすれば、将来得られたであろう追加的な見込収益の割引現在価値を算出することによって導き出される。」(『一般理論』七〇頁)

使用者費用は、それゆえ、減価償却と一種の正常利潤、または期待利潤を供給価格の決定過程に持ち込む。使用者費用の教義の基礎にある仮定は、もしある実物資本が今日の生産に用いられれば、それは将来の時点での生産に利用できないであろうということである。さらに、将来時点では、現在用いられている一般的なタイプの実物資本が生産されるであろうこと、そして、それは当該実物資本が生み出すものと期待される準地代を正の利子率で割り引いた値が、その実物資本の供給価格を上回る場合のみ生じるであろうこと、が仮定されている。その期待は、実物資本のサーヴィスが今日用いられなければ、将来その準地代を稼得するであろうということである。その将来の準地代の現在価値が現在時点で受入れ可能な最低限の準地代であり、生産物の供給価格の中にこの収益が含まれる。受入れ可能な最低の準地代は留保価格と同じものである。市場の準地代がこの水準よりも低下することはないであろう。受入れ可能な最低の準地代は投資財の生産を誘引するであろう準地代の水準、そのような準地代が稼得される将来の日付、そして、その期待準地代に適用される割引率によって決定される。もし企業が厳しい流動資金制約の下にあるとすれば、将来収益に適用される割引率が非常に高くなるであろうことに注意しなければならない。その結果、現在における何らかの正の準地代が実物資本の利用につながるであろう。生産物の供給表は経済の循環的な動きばかりではなく、現在時点における金融環境をも反映するのである。

実物資本が使用されても減耗しないならば(つまり、それが何らかの本源的で不滅の生産能力をもっているという点でリカードの「土地」の定義に合致するならば)、それは、期待所得や置き換え費用が供給される用役の量を決定しないという意味で純粋地代を生む資産である。純粋地代は実物資本が稀少である場合に生じる。景気循環を経験する経済では、任意の時点における実物資本の相対的な稀少性は、経済が循環過程のどこにあるかに依存している。しかし、減耗する資産の場合、留保準地代のいかんによって、様々の量の実物資本が使用を差し控えられるであろう。つまり、根本的な失業は実物資本の失業である。

もし、固定的な生産係数を仮定するならば、企業家が使用したいと望む実物資本の用役の量は、彼らが雇用したいと考える労働量をも決定する。今日利用されない資本用役はいつか後日利用できるのに反し、今日用いられない労働用役は永遠に失われてしまう。景気循環に伴う失業は、貨幣所得が何らかの基準を満たさないために生じるというよりも、総需要が十分な準地代を生むほどに大きくないために生じるのである。

労働については、仕事に就くための通勤費用を除いて留保価格は存在しないものとすると、資本用役が留保されている場合の労働の超過供給は、市場機構が働くならば、貨幣賃金の低下をもたらすはずである。貨幣賃金の低下は消費財に対する供給曲線を低下させる。しかし、それはまた任意の雇用量に対応する賃金所得を減少させる。貨幣賃金の低下は、さらに、実物資本の過剰が除去されるものと予想される時点における実物資本の予想置き換え費用を低下させる。したがって、割引率が変化しなければ、供給価格の中の使用者費用の要素もまた低下するであろう。貨幣的変化（$\varDelta M$）によって賄われる投資財購入金額が変化しなければ、実質投資も増加するであろう。実質投資のこの増加は、乗数によって、所得を、留保利潤からの貯蓄と配当・利子からの貯蓄の和がその新しい投資額にちょうど等しくするところまで上昇させる。

上の説明では、貨幣的変化によって賄われる投資財需要が貨幣賃金の低下とともに減少することはないという仮定が重要である。賃金率低下は、労働者が同一の実質産出物を購入しなければならないのだとすれば、準地代が賃金と歩調を合わせて低下しなければならないということを意味している。しかし、われわれは外部金融が可能であり、それゆえに負債が存在している経済を論じているのである。期待される準地代は、過去から引継がれている債務契約、および新規の負債の返済を可能にする資金源泉である。賃金所得と準地代が低落しても、過去から存続している債務返済額は減少しないので、賃金所得および準地代に対する債務返済額の割合が上昇する。つまり、デフレの過程で債務負担が増大するのである。これらの状況の下では、債務を負って投資資金を調達しようとする意欲は減退すると予想できる。結局、貨幣的変化によって賄われる投資財購入は減少するであろう。

さらに、価格と賃金が低落すると、貨幣保有によって投機的な資本利得を獲得できるのだという認識が広まり、その結果、貨幣の流通速度は低下する傾向を示すであろう。準地代の留保分に借入資金を加えて投資を賄う代りに、企業はその留保準地代を負債の削減に用いるであろう。（これは前節の$\lambda$が負となることである。）賃金デフレは、実質投資を、当初の労働の超過供給があったときの水準よりも、さらに引上げてしまうものと予想される。失業が存在するという状態の下で、賃金の下方伸縮性は事態を悪化させるであろう。

公共当局が完全雇用に近い状態を維持する必要を真剣に考えており、また完全雇用政策の基本的戦略が民間部門の投資を高い水準に保つことである経済においては、投資財産業における貨幣賃金率の上昇に由来する投資財の供給表の上方シフトの影響は、すべての価格と貨幣賃金率の比例的な上昇へと拡がるであろう。完全雇用指向と投資主導型の経済におけるインフレ過程は、投資財産業の貨幣賃金を決定する過程によって始められることが十分考えられる。そして、そのインフレ過程は完全雇用の維持を目指す金融・財政政策の反作用によって、他の市場へと拡散していくであろう。

投資財の供給表の上方シフトにもかかわらず、民間投資が維持されるためには、準地代の値が上昇するか、あるいはその準地代に適用される割引率が低下しなければならない。われわれの先の議論でみたように、経済が完全雇用状態に向かい、さらにしばらくの間完全雇用が維持されると、そのような反応が生じる。そうである理由は、景気循環はもはや過去のものであるから、将来の準地代はおしなべて従来よりも高く、かつ確実だろうという予想がひろく行きわたるためである。かくして投資の供給価格が上昇しても、実物資本の価格と投資の供給価格との関係が高水準の投資を維持したり、さらにはその増加に適合することがおこり得る。

しかし、準地代の予想と実効的な割引率に対する景気循環のインパクトが出つくしてしまうと、貨幣賃金の上昇による投資の供給価格のそれ以上の上昇は、準地代が完全雇用所得との比率でみて上昇するか、あるいは全生産物の賃金上昇に一定率のマーク・アップをかけた形で上昇するかして、相殺されなければならない。準地代の所得に占める比率に上限がある限り、完全雇用経済における投資財産業の賃金上昇は一般的なインフレーションとならざるを得ないのである。

完全雇用が民間投資によって維持されている経済では、広汎なインフレーションが不可避であることは、完全雇用経済においてその民間投資の資金調達される仕方をみれば明らかである。その経済過程においては、民間投資のうち借入れによって賄われる部分が次第に増加するばかりではなく、過去の民間投資から引継がれているストックの中で借入れで資金調達されている比率も増加しつつある。実際、投資の供給価格の上昇に歩調を合わせて準地代の割引現在価値を上昇させるひとつの方法は、実物資本ストックの借入調達ポジションの額を増加させることである。負債に組み込まれている現金返済契約は準地代によって満たされるので、銀行家と企業家は準地代が成長するであろうと十分自信をもって判断できるかぎり、つまりインフレーションが生じるだろうと信じるかぎりにおいて、投資の内部資金調達に対する借入比率の上昇も許容するであろう。

投資財産業における賃金上昇の意味は、既にわれわれが用いたタイプの図によって描写できる。(図7-1を見よ。) 当初の投資財の供給曲線を $S_1S_1$ とすると、$\bar{I}_1$ という投資が内部資金によって賄われ、$I_1-\bar{I}_1$ が外部資金によって賄われる結果、$I_1$ の投資が行われるであろう。投資財の賃金が上

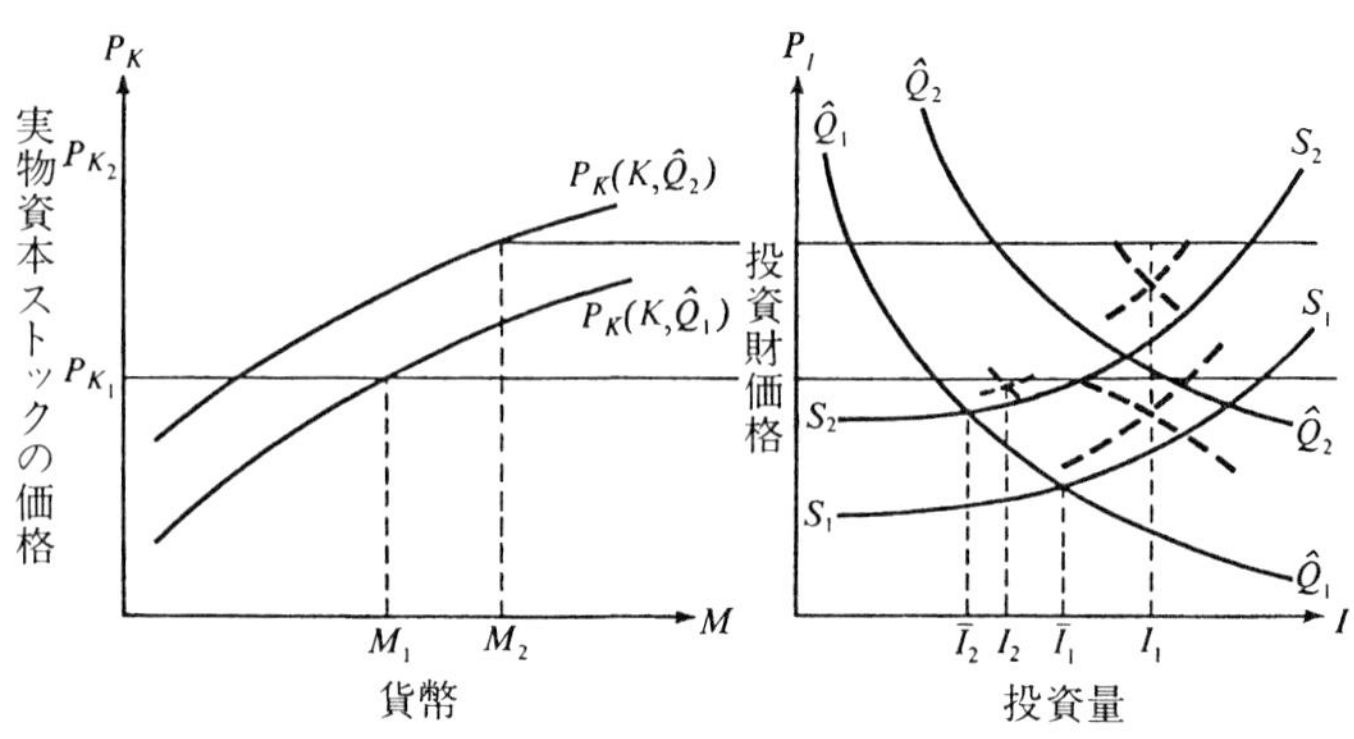


**図 7-1**　投資財と投資支出に関する貨幣賃金

昇し、その結果 $S_2S_2$ になると、$\hat{Q}_1$ という内部資金の下で、$\bar{I}_2$ が内部資金で賄われ、たとえば $I_2$ が総投資となるであろう。$I_1$ が完全雇用にとって必要な投資額であるとすると、完全雇用が持続するためには、実物資本ストックの価格が $P_{K_1}$ よりも高い水準へ上昇しなければならない。そして、このことは利子率が低下するか、あるいは準地代の期待値が上昇する場合にのみ生じるであろう。

これは、内部資金が $\hat{Q}_1$ に限られている下で、$I_1$ の投資がなされるためには、外部資金調達の額も比率も上昇しなければならないためである。つまり、当初の状態では $I_1-\bar{I}_1$ の投資が外部資金で調達されるのに対し、供給曲線が $S_2$ の場合には、完全雇用が続くためには、$I_1-\bar{I}_2$ という額の投資が外部資金で調達されなければならないというわけである。このより多額の外部資金調達を実現するためには、金融当局は銀行部門が貸付を増すことを許容しなければならないであろう。かくして、$M_1$ を上回る $M$ の増加が必要となる。借入資金によって賄われる投資金額と貨幣供給が実物資本の価値との相対的関係において増加することは、消費財需要と消費財産業における労働需要が増加することを意味する。これは、消費財産業における賃金上昇と準地代の上昇とをもたらす。つまり、広汎なインフレ過程は投資財産業における貨幣賃金の上昇と完全雇用を維持するために投資水準を維持するという政策(コミットメント)とが結びつくことによって始められるのである。これは $P_K$ 関数の $P_K(K, \hat{Q}_2)$ への上方シフトを結果する。おそらく、$M_2$ という貨幣供給と $P_K(K, \hat{Q}_2)$ という関数関係の下で、$I_1$ という投資の資金調達に適した条件が再び成立するのである。

必要な投資額をもたらすのに金融的なてこ入れが十分でないとすれば、政府支出と減税の適当な組合せによって完全雇用が維持されなければならない。負債投資主導の経済では、政府支出の重点は投資に向けられるであろう。そして、減税は投資刺激的な性質をもつと考えられる。(なぜなら、減税によって税引後の粗留保利潤が上昇するからである。)いずれにしても、借入資金調達と貨幣の創出が増加し、その産業における賃金を上昇させる傾向が生まれる。このように、完全雇用に適合するような金融政策、財政政策のどのような方針がとられようとも、投資財産業における当初のインフレ圧力は不可避的に広汎な経済全体のインフレーションへと拡大するであろう。

投資財産業において労働組合が強力であり、投資財の生産量を維持する政策がとられている経済においては、価格水準の実質的な決定要因は投資財産業における貨幣賃金の変化である。それゆえに、このような経済においては実効力をともなうインフレ対策のためには、この基軸セクターの貨幣賃金変化を制度的にコントロールすることが必要なのである。

# 新しい解釈の概略

本書が提示した新しい解釈の基本は、経済の各状態は一時的なものであり、金融市場の展開とともにいつでも確実に別の状態へ移行するものだという考え方である。この新しい解釈において、ブーム(景気過熱)は重要な鍵を握っている。つまりブームは、実物資本の見込収益が示すキャッシュ・フローを基盤として、際限なく増加する負債構造を構築する。技術的条件と労働者の実質賃金を圧縮するのに限界があるので、実物資本の実質的な見込収益は高々定常的な率でしか増加しない。しかし、ブーム期には加速度的に成長する負債の方には、そのような制約はない。かくして、負債が増加するに従って、金利は上昇しなければならないし、資金調達費用も上昇する。究極的には実質タームでみて、定常的な率でしか増加しない準地代の実現額は、これらの状況においては、負債の利子支払いに要する源泉としては不足するのである。

資金調達過程に重層化された金融仲介メカニズムが関与することによって、投機的要素が一層強まる。銀行業がもつ投機的な側面は、長期貸し、短期借入れというプロセス自体に内在している。しかし、ブーム期には、銀行家たちの独創性は、一時的に遊んでいる資金の源泉となりそうなものはどのようなものも、実質的な生産活動か金融ポジションの形成のための資金源泉に変えることに向けられてしまう。この傾向は、それゆえに、従来にましてきめ細かな現金支払いと受取りとの組合せを含んだ資金返済契約の構造を内生的に生み出す。そしてこの構造においては、従来よりも多くの経済主体が負債の返済期に借換えをせざるを得ないのである。そこで、経済主体は生産物や生産要素の市場と並んで金融市場の通常の機能により大きく依存するようになる。借換えによるポジション設定が不調に終ると急激な変化が生じる。その変化は$P_K(M)$関数の急激な下方シフトと、借手リスク、貸手リスクの急激な上昇とにつながる。これらの状況の下では、投資のペースは急速に低下する可能性があるし、また実際低下するのである。

ここまでわれわれは、『一般理論』においてケインズが考察していた資本主義の循環的性質と金融的性質との双方に置いた力点と整合的に組合わせる経済モデルを明示的に示そうと努めてきた。ケインズをこのように解釈すると、『一般理論』は一九三〇年代初頭に広く流布していた考え、つまり金融・財政システムの不完全性に諸悪の根源があるという考えと整合的になる。『一般理論』の偉大さは、ケインズがこれらの不完全性を、資本主義の偶発的な、または付随的な特性としてよりも、終始一貫した特質として描き出したことにあったのである。彼は、そのような——一貫した欠陥をもった経済の——諸問題は、適用される理論がその問題の存在を認識していないとすれば、処方箋は言わずもがな、診断書を書くことさえできないことを理解していた。明示的に景気循環を組み込み、金融プロセスをモデル化している理論のみが有用たりえたのであった。

H・サイモンズ、J・ヴァイナー、そしてD・ロバートソンなどケインズと同時代の鋭敏な金融経済学者たちは、伝統的な古典派経済モデル——それは主として資源配分に焦点を合わせていた

——に現実的な金融市場のモデルをつけ加えようと努力した。これに対して、ケインズは伝統と袂をわかち、様々な部門の予算制約を規定する要因として金融的諸条件を直接導入したのであった。ヒックス－ハンセン・モデルと新古典派総合とにおいて、需要決定に力点を置くこと、とりわけ投資需要と貨幣を統合することは、古典派モデルよりもより強力な分析道具であり、またより優れた政策指針を提供しうることが明らかにされた。これらの通説的モデルの観点からみると、われわれの最近の経験は異常な性格を帯びている。しかし、われわれが強調してきたケインズの視野は、これらのみかけ上の異常現象を説明できるのである。もっとも、ケインズのそのような視野は標準的なケインズ解釈を発展させる過程で無視されてしまったのであった。本来のケインズ主義の方が今日の通説よりも、現在の状況にぴったり適合しているし、さらにそれは通常の財政・金融政策の指針を超える政策的な含意を持っているのである。

# 第八章　社会哲学と経済政策

## 序　論

『一般理論』の最後の章には、「一般理論が導く社会哲学についての結論的覚え書」という長い、しかしやや自信なげなタイトルがついている。ケインズは生涯を通じて政治的な人物であった。彼は、第一次大戦前の自由党の興隆期、およびその後の衰退期を通じて、絶えず自由党との結びつきを保ち続けた。より幅広い社会問題に対する『一般理論』の含意と、新しい理論を具体化するためにデザインされた適切な政策体系についてのケインズの考え方を理解する上で、『一般理論』以前に政治や社会政策についてケインズが書いた著作は重要である。『一般理論』は経済理論におけるひとつの鋭い断層を印しているが、彼が『一般理論』から導き出した「社会哲学」上の含意は、彼の初期の考え方と対応しているのである。事実、『一般理論』は、ケインズが「古典派」経済学を実践している段階においてさえ、彼の倫理感や直観が導き出していた考え方を、経済理論の視点から合理化するためのものであったとみなすことができる。

一九二六年に書かれた「自由放任主義の終焉」という評論の中で、ケインズは「現在のところ、われわれの同情心とわれわれの判断とは両極に分裂しがちであるが、このような状態は、知性の痛ましい麻痺状態にほかならない(1)」と述べている。彼は標準的理論を、彼の知る現実や実世界の問題に適合させようと努力し続けていた一九二〇年代の政治・経済にかんする著作の中にあってさえ、彼の同僚の大多数が経済理論から引出した結論とは対立する経済政策を常に提唱したのであった。『一般理論』から彼が導き出した公共政策上の意味は、彼の初期の考え方と整合しており、その考え方が『一般理論』の社会哲学において、つまりその最終章でも述べられているのである。

本章の議論は二つの部分に分けられている。第一の部分はケインズの社会哲学を取り上げる。第二の部分は、ケインズが経済政策にかんして導き出した、完全雇用を達成するために必要な政府の活発な介入を超えた、それ以上の幅広い含意を考察する。この次の章〔第九章〕においては、われわれの解釈を通してみた場合に、『一般理論』が現在の経済政策に対してもっている重要性を取り上げる。

## 社会哲学

一九二〇年代には、ケインズは自分自身を左翼とみなしていた。「確かに、私には平均的な労働党支持者よりも保守的でない傾向がある……私の想い描く共和国は天空のはるか左に位置している(2)。」このような傾向にもかかわらず、なぜ自分が労働党に加わらないかを説明するに当たって、ケインズは労働党を三つの党派に分けた。「組合主義者は、かっては抑圧されていたが今や暴君である。彼らの利己的で党派的な感覚に対しては、勇を振るって反対しなければならない。」「共産主義者は、彼らの信条に従って、善を生み出すために悪を創造することに没頭している。」そして「社会主義者は、現代社会の経済的基盤を悪ではあるが、しかし場合によっては善となりうるものと信じている。[3]」ケインズは組合主義者と共産主義者の目的と綱領を軽蔑しており、それを拒否した。同時に、彼は社会主義者の抱負に対しては共感を示しているが、しかしおだやかな言い方をしても、社会主義者が提唱する方法の有効性については懐疑的であった。

『一般理論』出版の一〇年前に彼は述べている。「労働党における建設的な考えの持ち主と自由党の建設的な考え方の人々〔彼が自分をその中に含めていることは確かである〕は、それら〔伝統的な社会主義理論と綱領〕に代えて、もっとましで役に立つものを置こうとしている。その両者に共通している概念はいまだ漠然としている。しかし、彼らの間には多くの共感が存在しており、考え方に類似の傾向がみられる。これら二つのセクトは時とともに、より一層友好的となり、建設の協力者となるであろうと私は信じている。[4]」『一般理論』を完成してしまって、ケインズはこれらの建設的な思想家たちが探求してきたものを見出したと信じた。彼は、自分の理論が伝統的な急進派の分析と綱領を陳腐で無用なものとしてしまったと考えていた。彼の新しい理論は、マルクス経済学が陥っていると彼が感じていた混乱状態を乗り越えたと考えていたのである。

ケインズは社会主義者の、具体的な議論に対してはともかくも、その理想に対してこのように共感を示したが、それと対照的に保守党員には嫌悪感を示した。

どうして私が保守党員になれよう。保守党は、私に、食べ物も飲み物も……知的慰めも精神的喜びも与えてくれない。保守党は私を愉快にさせたり、興奮させたり、啓発したりしない。ここでは名前を挙げることを差し控えるが、保守党員に共通する雰囲気、精神的態度、人生観は、私自信の利益にも公共の利益にもならない。それは、われわれをどこへも導いてくれないし、どのような理想も満足させない。またそれは、どのような知的基準とも合致しないし、われわれがすでに達している文明の水準を、破壊者から護ってくれるほど頼りがいがあるわけではないし、適応性があるわけではない。[5]

とくに、彼は社会主義に対する闘争において、資本主義の側に完全に身を置こうという気がなかったのである。

……私は、来るべき政治闘争が資本主義対社会主義という図式によってもっとも良く描写できると信じ……この図式の下で、最後の瀬戸際において資本主義のために死を賭すことができるという人たちはすべて、われわれから離れる方が〔自由〕党の健全な発展に寄与するものと考える。[6]

『一般理論』以前にケインズが政策論で見せた素顔の特徴をあげるとすれば，それは人道主義的な分権的社会主義に対する揶揄である。ただしこの揶揄は，経済学者としての教義によって緩らげられたのである。彼は，社会主義者が彼らの共通の目標を実現するために掲げたメカニズムを受入れることができなかった。

一九二六年当時のケインズにとって，政策問題は明白であった。それは

三つのことがら，即ち経済的効率性，社会正義，そして個人の自由を結合することである。第一のことがらは批判，用心，そして技術知識を必要とする。第二のものは通常の人々を愛する，利己的でない，情熱的な精神を必要とする。第三のものは，忍耐心，寛容，そして多様性や独立性のすばらしさを評価することを必要とする。これらのことは，何にも増して，例外的な人々，志を抱く人々に妨げなく機会を提供することを尊ぶものである。(7)

ケインズは『一般理論』の最後の章で，経済効率性，社会正義，個人の自由という三原則に立戻っている。経済効率性にかんするかぎり，分権化された市場プロセスが適切に働いて，何が生産されるべきか，またいかに生産されるべきかを決定する，とケインズは論じる。「現在の制度が，使用されている生産要素をひどく不適切な形で使用していると考えるべき理由は，私には見当たらな

い……現在の制度が破綻を来たしたのは、実際の雇用量の決定に際してであり、その配分の決定についてではない。」(『一般理論』三七九頁)しかしながら、市場メカニズムは社会的に苛酷な所得と富の分配をもたらすという点で欠陥をもっている。この章の後の方で「年金生活者の安楽死」を論じる際に述べるように、何が生産されるかの決定は、所得分配と関連している可能性が強い。そうだとすると、雇用の配分の方向を決定する要因として市場メカニズムを受入れるということは、市場が所得分配を決定するという点を予め無視してしまうことになろう。

社会正義は、適切な雇用量と、所得と富の当を得た分配を保証する計画によってもっとも良く達成される。効率性と正義のためには、完全雇用を確かなものとするのに必要な投資の社会化と資本の稀少性の払拭とが結びつかなければならない。そのことによって、資本の稼得する所得を十分に削減させ、適切な所得分配を達成するための直接税(所得税および相続税)を実現させるべきである。

個人の自由にかんするケインズの考えは、次のようなものである。つまり分権的市場メカニズムが意味する個人主義の制度は

その欠陥や悪用からまぬがれ得るならば、他の制度に比して、個人の選択肢の幅をはるかに広げるという意味で、個人的自由のもっとも良き護り手である。それはまた、この拡張された個人の選択肢からまさに生み出され、画一的で全体主義的な国家において極端に失われてしまう生活の多様性のもっとも良き護り手である。この多様性のために、われわれの先代たちのもっ

とも確かで実りの大きかった選択を体現している伝統を守らねばならない。それは様々な夢で現実に色彩りを与える。また、伝統や夢と並んで、経験主義という特性を具えているから、個人主義は将来をより良いものとするもっとも強力な武器でもある。(『一般理論』三八〇頁)

投資の社会化、所得分配是正のための介入、そして分権化された市場メカニズムの三要素からなる綱領をケインズは次のようにみなしていた。

それゆえに、消費性向と投資促進とを整合化させるような仕事にみられる政府の機能の拡大は、一九世紀の政治評論家や現代のアメリカの金融業者には個人主義に対する恐ろしい侵害のように見えることであろう。しかし、私は逆に、現存の経済構造の全体が崩壊してしまうのを回避するための唯一の実際的方法として、また、個人の創意をうまく働かせるための条件として、それを弁護したい。(『一般理論』三八〇頁)

このように、ケインズは資本主義を選びとった。もっとも、その長所についてはかなりの疑問を抱いていたし、また意味のある改革が実施されることという留保条件をつけてではあったが。

# 経済政策にとっての含意

## はじめに

ケインズは政治活動家であった。彼は絶えず政策案、綱領を工夫し、世に問い続けていた。現実世界についての彼の見解は以下のようである。

諸個人が長い間の慣習によって、経済活動における「自然的自由」(natural liberty)を所有しているというのは本当ではない。持てる者、あるいは取得せる者に永久の権利を授ける「契約」など存在しない。世界は私的利害と社会的利害とが常に一致するように、天上から統治されているわけではない。現実の世界においても、両者が一致するように管理されているわけではない。啓発された利己心は、常に社会全体の利益となるように働くという命題は、経済原理からの正しい演繹の結果とは言えない。また、利己心が一般に啓発された状態にあるというのも本当ではない。諸個人は各自別々に、自分の目的を追求するために行動しているが、彼らはあまりにも無知であるか、あるいは、あまりにも無力であるので、そうした自分自身の目的すら実現しえないことがしばしばなのである。(8)

それまで受け継がれてきた古典派経済学に欠落していたのは、ひとつの政策ルールとしての自由放任主義の短所を明らかにするような形で、資本主義経済の機能を説明する理論であった。そのような理論があったとすれば、それは社会的正義のための強い情熱を抱いた人々が主張し実行できるような政策上のきっかけ、つまり政策手段を提供したことであろう。その政策の目的は、経済効率が社会的正義や個人的自由の下僕となりうるように経済を導くことであったはずである。『一般理論』を通して、ケインズはそのような分析を提供したのであった。その新しい理論は全面的な社会主義の必要を除去し、根本的には資本主義的であり続ける経済への有効な介入メカニズムに合理的根拠を与え、それを示唆したのである。

『一般理論』の最終章において、ケインズは――雇用政策に加えて――これまでの議論にかかわる三つの幅広い政策問題に言及した。それらは、所得分配、投資の社会化、そして国家間の利害対立である。

## 所得分配

ケインズは、彼の最終章を次のような主張によって始めている。

われわれが生活している経済社会の著しい欠陥は、完全雇用が保証できないこと、そして富と所得の分配が恣意的で不平等になるということである。これまでの理論がこれらの欠陥の第一のものと関連していることは明白である。しかし、同時に、第二のものとの関連で重要な点が二つある。(『一般理論』三七二頁)

『一般理論』と所得分配問題とは重要なかかわりあいをもっている。なぜなら、『一般理論』は貯蓄を促進するためには所得の不平等が必要であるという議論を論駁し、完全雇用下の資本蓄積が続く結果として、資本の稀少性が大幅に低められるような制度の可能性を指摘しているからである。資本所有からの年金生活者の所得が、資本の稀少性を反映するかぎりにおいて、完全雇用下の資本蓄積は、ほどなく、純粋な資産所得の急激な低落をもたらすであろう。

「所得および富の不平等をある程度是認する社会的かつ心理的根拠は存在する。しかし、今日存在するほどの大きな較差を正当化し得る根拠は存在しない」(『一般理論』三七四頁)とケインズは信じていた。さらに彼は、所得分配の不平等を合法化し得る議論があるとしても、その種の議論は「遺産相続の不平等には、同じようには当てはまらない」(『一般理論』三七四頁)と考えた。

従来からよく聞かれる所得の不平等を是認する議論のひとつは、富裕階層は貧民よりも所得の高い割合を貯蓄するから、不平等は貯蓄率を引上げ、産出物のより大きな割合を資本の成長のために利用可能とする、というものである。しかし、ケインズの新しい理論は、完全雇用の条件の下での み、低い消費性向が資本の成長に貢献することを明らかにした。投資が完全雇用の実現を保証するのに常に十分であるというのでなければ、低い消費性向は、完全雇用の実現を困難とすることによって、富の成長に対する障害となる。

現代の条件の下では、富の成長は、通常考えられているような、富裕な人々の倹約に依存することからほど遠いのであり、むしろそれによって妨げられる傾向さえある。それゆえに、富の大きな不平等を正当化する社会的根拠は存在していないのである。（『一般理論』三七三頁）

にもかかわらず、ケインズは「蓄財の動機と、それを十分実現させるための私的な富所有の環境を必要とするような、有意義な人間活動〔主として、企業家と関連した活動〕が存在すること」（『一般理論』三七四頁）そして「人間の危険な性癖を、蓄財と私的富の機会の存在によって、比較的害のない水路へと導くことができること」（『一般理論』三七四頁）を信じていた。しかしながら、「これらの活動〔金銭的利益の追求〕を促進し、これらの〔支配したいという〕性癖を満足させるのに、現在みられるような極端に高い賭け金でゲームを演じさせる必要はない。」（『一般理論』三七四頁）このように、「人間性を変質させる仕事と、それを管理する仕事とを混同すべきでない」（『一般理論』三七四頁）ので、「依然として、ゲーム〔富形成のゲーム〕がルールと制約の下でおこなわれることを認める必要があろう」（『一般理論』三七四頁）と彼は主張した。ケインズは企業活動から結果する所得（主として資本利得）の不平等を望ましいものとみなしたが、富の「純粋」な所有からもたらされる所得（年金生活者の所得)の不平等を好ましくないとみなしたのであった。

このように、ケインズの考えでは、当時存在し、現在も存在している較差よりも小さなゆるやかな所得較差は社会的に望ましいが、大きな所得較差――とりわけ遺産相続による較差――は好ましくないし、不必要である。したがって、社会的にみて苛酷な所得分配状態を是正するための、所得および相続に対する直接税は望ましいものであるし、幸いなことに、あたかも何らかの見えざる手によるかのように、所得分配のそのような是正は完全雇用の達成と維持を容易にもするのである。

彼の経済理論と人間の欲求の性質についての判断のゆえに、ケインズは持続的な完全雇用の体制の下で、戦争や人口成長がない場合に生じるであろう投資量は、すぐさま「金利生活者の安楽死」をもたらし「その結果、資本の稀少価値をとことん享受しようとして次第に高まる資本家の抑圧的力も安楽死を迎えるであろう」(『一般理論』三七六頁)と信じていたのである。

この安楽死が生じるのは、「資本ストックを、その限界効率が非常に低い値に下落するところまで増加させることが困難であるという意味で、資本に対する需要には厳しい限界がある」(『一般理論』三七五頁)ためである、とケインズは考えていた。ひとたび資本量が「稀少でなくなり、そのために役割を失った投資家が最早ボーナスを受け取れなくなる」(『一般理論』三七六頁。強調点は著者による)と、年金生活者の所得も増加しなくなるであろう。資本所得の将来についてのこの予測を「金融業者の知性、決定力、および管理能力を……合理的な報酬で社会的な奉仕に向けられるようにする直接税の体系」(『一般理論』三七六―七頁)と組合わせれば、効率性、正義、自由という三原則と整合する所得分配を達成し得る。

資本は稀少でなくなるだろうというケインズの信念の背後にあるものは、人間の欲求の性質にかんする彼の考え方であった。ケインズはエドワード朝の啓蒙時代に青年時代を過ごしたが、この時代はヴィクトリア時代の知性抑圧と社会的な偽善主義が捨て去られつつあり、開かれた社会が約束されているかに思われた楽観主義の時代であった。彼が往来したケンブリッジとロンドンの社交界においては、人間関係と愛情とが追求されるべき中心的な善であった。人は富、地位や身分といったものをもたないとしても、真に人間的な満足を達成することを妨げられるべきではなかった。つまり、友愛、愛情、高潔な人格、人間の充足感は、万人の手に入るべきものであった。みじめで苛酷な貧困と戦争という二つの悪がこの地上から無くなれば、真の豊かさを実現する上で、現に存在している世俗の財貨に、それほど多くのものを追加する必要はなかろう、とケインズは述べた。その場合、真の豊かさを獲得できるか否かは、人々の生活の状態と関係のない僥倖に依存する。なぜなら、ケインズが考えていた状況においては、もっとも貧しい人々でさえ、残っているわずかばかりの私的所得の較差によって、真の人間的な充足を達成することを、不当に抑制されることはないであろうからである。

ケインズは、かなりの資本資源を必要とするような人間の欲望が完全に充足されると前提した場合、究極的にどのくらいの量の資本ストックが必要となるかという問題を取り上げた。

確かに、人間の欲求は限りのないものであるかに見える。しかし、その欲求は二つの項目に分類される――つまり、われわれの同朋の生活状況がどうであろうとも、われわれ自身その欲求を感じるという意味で絶対的な欲求と、その充足によってわれわれの同朋よりも自分たちが上になる、つまり、彼らよりも秀れていると感じさせてくれる、という意味での相対的な欲求とである。第二の項目の欲求は、優越感に対する欲望を満たすものであり、実際限りないものかもしれない。一般的な生活水準が高くなるほど、それらの欲求も一層強くなるのである。しかし、このことは絶対的な欲求にはそれほどあてはまらない――この絶対的欲求が満たされ、われわれが残された力を非経済的な目的に注ぎ込むことを選ぶという時代は、われわれのすべてが思っているよりも、恐らく早く到来するであろう(9)。

資本資源を必要とする人類のそれらの欲求を完全に満足させる可能性についてのケインズの考えには、循環論法が含まれている。また彼の個人的な基準と哲学が、議論の中へ入り込んでいる。しかし、生命や健康にとって基礎的な食物、住居、そしてその他の財・サーヴィスに対する絶対的な欲求を普遍的に充足させることは、今日のアメリカや西ヨーロッパなどの豊かな国々の能力で、十分に手の届くところにある。(ケインズが執筆していた当時、この目標はこれらの国々の技術能力によって達成可能であるか、あるいはそれに近いところにあった。) 最近提唱された負の所得税と家族手当制度は、ゆるやかな移転支出制度によって、絶対的貧困の除去が財政的にも可能であることを示している。

にもかかわらず、「絶対的」欲求にかんしては今日これほど余裕があるというのに、資本は依然として稀少である。第二次大戦以降の急速な資本蓄積の進展にもかかわらず、資本の不足は緩和されていないかに見える。資本は依然として、大きな正の収益を獲得し続けており、年金生活者の安楽死はどこにも見当たらない。このような状況のひとつの理由は、ケインズが相対的欲求と呼んだものが増大してきたこと、そしてこれらの相対的欲求の向かう方向が資本資源を必要としているということである。「われわれの孫たちの経済的可能性」と題する一九三〇年の評論の中でケインズは、絶対的欲求の充足が「われわれが残された力を非経済的目的に注ぎ込むことを選ぶ」状況をもたらすであろうと考えた。しかし実際には、豊かな社会は絶対的欲求を充足するに余りある力を、相対的欲求の追求に向けてきたのである。そして、この相対的欲求の充足は、その資本を必要とするという点で、通常の絶対的欲求よりも資本集約的でさえあるかもしれない。

年金生活者は衰退するであろうというケインズの予測は、彼自身の嗜好の一般化に立脚していた。世界の人々の嗜好が、エドワード朝啓蒙主義が育んだ価値基準によって洗練され、人間性豊かで、とくに平等主義的指向の強い知識人(つまりケインズ)が予想しなかった方向へ転じた理由を、いくつか考えることができよう。ひとつの理由は、金持ちたちが哲学や文化を愛するよりも、資本集約的な財の集合を消費するようになり、さらにさほど金持ちでない人々がそれをお手本にしたということかもしれない。それゆえに、様々の誇示的な浪費が一般的となり、この浪費が資本不足の継続につながったのである。資本不足を続けさせることになった消費パターンは、資本の稀少性に結びついた所得分配によって規定されたのかもしれない。年金生活者の安楽死を実現するためには、安楽死の後に実現されるとケインズが主張した所得分配をまず最初に達成することが必要かもしれない。

さらに、増大しつつある相対的欲求の向かう方向は、広告という装いをまとった「教育」によって鼓舞され、主としてそれによって創り出されている。現在のわれわれの経済制度の下では、豊かさは静かな喜びに対する需要を生み出していない。むしろ、豊かさは資本ストックを要する財に対する需要のいたずらな増殖とかかわっている。資本の稀少性を一層強め、それを助長する経済状況を生み出すことが、ケインズ以降民間需要がとった方向の特徴であった。

戦後の時期に資本所得が低下しなかったもうひとつの理由は、完全雇用を維持するために展開された政府の政策の構造に求められるかもしれない。第二次大戦前の大恐慌期には、雇用増大を目途とした政策は、もっぱら労働者の直接的雇用に重点が置かれていた。第二次大戦中に、戦時生産のための一連の契約方式が発案され、その契約方式によって戦時物資の製造に民間資本設備が利用された。戦後期にも、この契約方式は維持され、軍事施設の生産や、もっと市民生活向けの財の生産に利用された。これらの契約は、常に、契約請負者にとって大幅な利潤マージンを提供している。所得水準を維持するために立案された戦後の政策体系は、たんに資本消費的な軍事需要に重点が置かれていたばかりではなく、それらの政策の社会的な構造は資本所得に補助金を与える傾向をもっていた。さらに、軍需ともっと大規模な(社会保障などの)移転支出制度の組合せは、重い租税負担を必要としたが、その必要を満たすため消費者の所得を犠牲にして資本所得を助ける効果を伴うような課税手段が利用できる。戦後の政策がとってきた一般的に保守的な姿勢の中で、それらの利用可能な手段が使用されたのである。

ケインズが思い描いていたように、年金生活者の安楽死が実現されるためには、あらかじめ相対的欲求の増大を制限しておくことが必要なのかもしれない。そして、相対的欲求の増大を制限することは、資本所得が低いか、全く存在しないような所得配分を必要とするであろう。つまり、それに先立つ年金生活者の安楽死が必要というわけである。

資本が最早稀少でないような世界について、ケインズのヴィジョンの根底にあるのは、贅沢な消費を刺激することを避ける所得分配が実現されており、「洗練された」価値基準によって相対的欲求が抑制され、かつ制御され、消費が資本集約的なパターンから、そうでないものへ向けられるという世界である。機械装置や兵器の際限のない蓄積が人々の望みであるような世界は、完全な投資の充足が速やかに実現される世界ではない。

欲望を抑制し制御する必要に加えて、年金生活者の安楽死が経済における資本の充足から生じるべきだとすると、戦争の回避と人口安定化の実現という二つの前提条件が満たされねばならないとケインズは主張した。第二次世界大戦後の時期には、これらの前提条件は満たされなかった。戦争は資本設備を破壊する。第二次世界大戦以来の際限のないように見える軍備競争は、経済的には戦争と同じである。軍需品は資本集約的であるばかりではない。従来に増して精巧な武器体系を発展させるという、軍備競争の方向は、廃棄される軍備施設の生産に特化している資本設備を規則的に陳腐化させている。武器体系が次々と取り替えられるということは、それ以前の資本蓄積の果実を破壊するという点で、略奪や爆撃と同じ意味をもっていたのである。

第二次世界大戦後の一〇年間、豊かな社会では顕著な人口増加がみられた。(この人口増加はまだ止まっていないのかもしれない。)人口増加(ブーム)は、増加しつつある人口のために生活用具を整えるための資本蓄積をもたらす。人口成長率の低下は、たとえ急速な技術進歩があっても、資本蓄積の必要を低減させ、資本が稼得しうる地代(レント)の下落につながるはずである。

資本蓄積過程の必然的な所産として、年金生活者の安楽死は稀少な資本資源の所有からの所得を、完全に払拭しないまでも、大幅に減じるであろうというケインズのヴィジョンが実現されるためには、欲求の抑制、人口の安定化、そして戦争という負担の排除があらかじめ達成される必要がある。これまでのところ、これらの条件はいずれも完全には満たされていない――これらの条件の中でも、欲求の抑制という条件がもっとも実現からほど遠いと言えるであろう。

資本所得が総所得の比率として低下すべきであり、また低下するであろう理由として、ケインズは二つのことがらを挙げた。高所得が消費性向を減少させるとは限らない。事実、低い消費性向は非生産的である。というのは、それが投資誘因を減じるからである。さらに、完全雇用が維持され、欲求が抑制されていれば、完全な投資の充足は短時間の間に達成できる。そのような投資の完全充足が実現されれば、新しい社会秩序が生み出されるであろう。というのは、富と所得の分配に影響を及ぼす、あらゆる種類の社会慣習、経済的慣行も、それらがいかに忌わしく、不正であるとしても、われわれは現在万難を排してそれらを維持している。その理由は、それらが資本蓄積を促進するのにきわめて有用であるからなのだ。資本蓄積が達成された暁には、それらを気ままに放棄できることであろう。(10)

### 投資の社会化

『一般理論』は赤い三〇年代の産物であった。資本主義の弱点を白日の下にさらした大恐慌とともに、全面的な社会化は恐慌の可能な解決策の提案の中で非常に目立っていた。完全な社会化と対照的に、ケインズは「以上述べた理論はその含意において、多少なりとも保守的である」(『一般理論』三七七頁)と主張した。なぜなら、投資にかんする政策がよろしきを得て完全雇用を実現し、直接税にかんする賢明な政策が理にかなった所得分配を実現するならば、社会主義はいかなる意味においても、必要でないからである。

ケインズは「現在の制度が、利用されている生産要素をひどく間違って使用していると考えるべき理由はない」(『一般理論』三七九頁)と論じた。したがって、「中央集権的なコントロールが完全雇用に対応する総生産量を達成するのに成功すれば」(『一般理論』三七八頁)あとは市場に全面的に委ねることができよう。中央集権的なコントロールは、集計された消費性向、投資性向に影響を及ぼすことである。消費は部分的には「租税体系によって、部分的には利子率によって、また部分的には恐らく他の方法によって」(『一般理論』三七八頁)影響される。その他の方法の中には、移転支払いによって賄われる消費が、公共財の生産増加と並んで含まれていることであろう。

しかし、金融政策は完全雇用のために十分な投資を誘引しえないであろうから、

多少なりとも包括的な投資の社会化は、完全雇用に近い状態を確保する唯一の手段となるであろう。もっとも、このことは公共当局が民間部門の創意工夫と協力するためのどのような協調手段をも排除するとは限らない。しかし、この点を超えて、共同社会のほとんどの経済生活を包含する国家社会主義が必要かどうかは、自明とは言えない。国家が引き受ける上で重要なのは、生産手段の所有ではない。もし国家が生産手段の増加に注入される資源の総量と、その手段を保有する人々の基礎的報酬を決定できるならば、必要なすべてのことを達成できることであろう。さらに、社会化に必要な手段は、漸次的に、しかも絶え間なく社会の一般的な伝統へ導入される。(『一般理論』三七八頁)

さらに、ひとたび

中央集権的なコントロールが、現実的な可能性の範囲で、完全雇用に十分に近い状態に対応する総産出量を達成できたとすると、その時点からは再び古典派理論が姿を現す。産出量を所与とみなすならば、つまり、それが古典派理論の枠外にある力によって決定されているとみなすならば、民間部門の自己利益の追求がとくに何が生産されるかを決め、その生産に際して生産諸要素がどのような比率で結合されるかを決め、さらに最終生産物の価値が生産要素間でいかに配分されるかを決める、その方法にかんする古典派の分析に対して異を唱える必要はない。
(『一般理論』三七八—九頁)

完全雇用を達成するためには投資の社会化が必要であるというケインズの信念と、市場が資源配分という仕事を十分うまくやるので、私的所有権、支配権を保存できるという考えとの間には、見かけの上では、矛盾が存在する。この矛盾は、それらが述べられた時代と、その当時流布していた論議の文脈でケインズの考えを理解すれば、部分的には解消できる。先に述べたように、世界的な不況が吹き荒れていた一九三〇年代には、社会主義はまさに達成目前にあったのであった。同時に、知識人たちはスターリン主義ロシアに憤慨していた。彼らは、本格的な社会主義がもっている固有の全体主義的傾向にかんする問題を論じつつあったのである。一九三〇年代初頭には、社会主義に共感を覚える経済学者たちは、経済の基幹部門が社会化される一方、他の部分は民間に委ねるという、市場的社会主義と様々な混合経済制度について書いていた。そのような市場的社会主義、あるいは基幹産業が社会化された経済は、原理的には、ケインズの展望と整合的である。経済組織の問題に対するこれらの混合経済制度による解決策は、おそらく、完全雇用に近い状態の達成と、富の所有からの私的所得の解消、ないし大幅な削減という一対の目標を達成できるであろう。

しかし、戦後期にケインズの教義が吸収され、応用されるに当たって、かなりの期間名目的には社会主義政党によって支配されたイギリスのような国においてさえ、社会主義の途は採用されなかった。受入れられた教義は、一部分が財政赤字によって賄われるような大きな政府は完全雇用に近い状態を達成し、それを維持できるということであったが、このような教義が受入れられた理由の一端は、戦時政策が完全雇用を達成し得たことにもとめられる。産業の社会的所有は不必要であるという議論が展開され、受入れられた。政府が、その予算規模において十分に大きければ、生産的な資源を民間部門の所有に委ねておいて「安全」である。拡大された政策計画において、完全雇用を維持するのに必要な政府支出は、生産的施設に対する支出——つまり高速道路の建設、教育、医療、軍備、宇宙開発等に対する支出などである——と、移転支出および補助的消費——社会保障、厚生、食料キップ、医療など——の形をとった。

政府部門のこの拡大は、租税額の相対的増加を意味しており、租税表の形状が各種活動に補助金を与えたり(それを促進したり)、課税する(それを抑制する)ための道具となった。移転支出の制度を前提としても、完全雇用における消費と完全雇用生産量との間に生じるギャップは、完全雇用が維持されるためには、資源を使用する政府支出か、あるいは民間投資によって埋められねばならない。そこで、収益性を高めることによって投資を誘発しようとする手段が、租税支出体系の中に巧みに取り入れられている。このように、租税と政府支出が、消費や所得分配の公平性へのインパクトではなく、民間投資へのインパクトに基づいて評価されるような、高租税、高投資の経済が創り出されたのである。完全雇用政策は保守的な色彩を帯びてきた。達成された状況は富者のための社会主義とでも呼ぶのがふさわしいものである。

しかし、投資を刺激するための租税体系が、所得分配を貯蓄階層に有利な方向へ歪めるにつれて、完全雇用の維持のためには、より一層の投資と、その投資を誘発するための利潤ないし補助金の形をとった促進剤が必要になるという、単調な繰り返し過程が展開された。

以上述べたように、経済が実際にたどった発展経路は、ケインズによって唱えられた理想と著しい対照をなしている。ケインズの理想では、投資が完全雇用の達成に足りない場合、民間投資を直接促進することによって、より急速なペースの投資を誘発するのは望ましくないのであり、むしろ、「消費性向を高める見込みがあるような形で、所得を再分配する手段」(『一般理論』三七三頁)がとられるべきなのである。ケインズの見解では、そのような消費指向的な政策手段は、実際に「資本の成長にとってプラスの寄与をする」(『一般理論』三七三頁)ものと期待できる。社会化された投資の部門以外のところでは、政府介入の重点は、主としてより公平な所得分配の達成を目指す政策によって、消費性向を高める方向へ向けられるべきなのである。

ケインズはまた、「諸国家が、自国の国内政策によって完全雇用を実現することを学べば……ある国の利益とその隣国の利益とを対立させるような重要な経済的要因は存在しなくなるであろう」(『一般理論』三八二頁)と信じていた。ケインズの見るところでは、ヨーロッパやアメリカの豊かな国の間に存在する緊張は、自国の雇用を守るためには、「近隣窮乏化」政策によって国内雇用を引上げるとは言わないまでも、輸出が必要であるという認識に根ざしていたのである。

第二次世界大戦後の最初の二五年間、ケインズのこの見解は、豊かな資本主義諸国間の関係によって裏づけられた。最初にフランスが、そしてそれからアメリカがヴェトナムに巻き込まれたような、過去の植民地主義の名残りを別にすれば、資本主義体制をとり、かつ豊かである国同士の間で戦争はなかったし、深刻な軋轢さえも存在しなかった。イデオロギーの対立である冷戦は経済的対立の問題ではない。金融財政政策によって国内市場を維持できるので、各国にとって、制御された市場や世界貿易における有利な立場をめぐる「競争」の圧力は除去されたのである。

## 結論

ケインズは、彼の理論の政策的含意は深遠であると考えた。つまり、その理論は完全雇用に近い状態を維持するための方策を指示するばかりではなく、消費と公共財とに重きを置いた完全雇用の継続は、所得分配上の公平化をもたらすであろうと彼は予測したのである。そのような経済では、資本家の年金所得は消滅し、所得分布の最上層は課税によって剪定されるであろう。彼は消費関数を引上げる手段と、投資の社会化の双方が、完全雇用の維持のために必要であり、かつまた社会的目標として望ましいと信じていたのである。

## 二つの教訓

『一般理論』を要約する際に、ケインズは彼の議論から学ばれるべき二つの教訓があるとはっきり述べている。第一のものは、それまでに達成された平均的状態よりも、もっと完全雇用に近い状態を政策によって達成できるという明瞭な教訓であった。第二の、もっと難しい教訓は、従来よりももっと筋の通った、公平な所得分配に近い状態を政策によって達成できるというものである。

今日までのところ、第一の教訓は学びとられた。もっとも、その学びとられ方は、完全雇用に近い状態が、現在の豊かさを犠牲にして将来の疑わしい利益をもとめるような軍需生産や民間投資の形態をとった政府支出に過度に依存するというものであったのであるが、さしあたり、これまでのところ経済はコントロールされてきた。経済生活というゲームには、完全雇用にほどほどに近い状態を達成する装置が組み込まれて来た。しかし、完全雇用を達成するための政策が展開される過程において、第二の教訓は忘れられてしまった。所得分配における正義と公平性の達成を目指す政策の必要が、たんに無視されたばかりではない。いわばそれは逆転されてしまった。つまり、第二次世界大戦の直後において存在していた租税体系の平等主義的な偏りは弱められてきたのである。

おそらく、「経済学者や政治哲学者の考えは……通常理解されているよりも強力である。実際世界が他の何かによって支配されることは稀でしかない」(『一般理論』三七三頁)というケインズのあの有名な主張は修正されるべきであり、富者や権力者の利益に合致する考えが影響力を発揮するに到る政治的過程を考慮するべきであろう。確かに、『一般理論』からの教訓のうち、政策立案に利用されるようになったのはひとつだけあった。保守主義者がケインズ主義である場合、租税と財政支出政策は年金生活者に引導をわたすよりも、彼らに命を与えるように用いられる傾向が強いであろう。

(1) Keynes, "The End of Laissez-Faire," p. 294.
(2) Keynes, "Liberalism and Labor," pp. 308–9.
(3) Ibid., p. 309. 強調点はケインズによる。
(4) Ibid.
(5) Keynes, "Am I a Liberal?," pp. 296–7.
(6) Keynes, "Liberalism and Labor," p. 310.
(7) Ibid., p. 311.
(8) Keynes, "The End of Laissez-Faire," pp. 287–8.
(9) Keynes, "Economic Possibilities for Our Grandchildren," p. 326.
(10) Ibid., p. 329.

# 第九章　新しい解釈の政治的含意

第二次大戦後の四半世紀の間、先進資本主義経済は大不況の回避に成功した。一九六〇年代のしばらくの期間、アメリカでは自称ケインズ主義者たちが政府顧問や官僚として重要な地位を占めた。彼らは、これまでの歴史で体験された景気循環を克服したと高らかに宣言した。彼らの主張は、金融財政政策を適切に用いることによって、経済を微調整し、景気後退や不況を防止できる、というものであった。

本書で提示された議論は、彼らが経済分析の基盤とし、適当な政策運営の決定のための基盤としたモデルが、ケインズの『一般理論』の精神の本質に反したばかりではなく、彼らが取り組んでいた経済を間違った形で定式化してしまったことを明らかにした。彼らの用いたモデルは、金融と不確実性を事実上無視しており、それゆえに、経済体系の動きの主要な決定要因として、投機を意味のある形で導入できなかった。この間違った定式化のために、彼らの政策提言は、経済を循環過程ではなく、定常的な成長へ導くような経済の動学的プロセスを含意するモデルに立脚していたのであった。

一九六〇年代の前半、経済は順調に拡大し、経済体系のこの動向は、それらの助言者たちの主張を裏づけているかに見えた。この時期の政策の基本方針は経済成長率を一層高めるために、民間投資を増加させることを目指していた。この方針は、政策の究極的目標が高水準で、しかも急増する利潤の達成であることを意味していた。一九六〇年代初頭の順調な拡大と、投資促進を目的として企画された租税・補助金制度が、終戦後その時期まで深刻な不況がなかったことと相俟って、一九六〇年代の半ばの花々しい投資ブームの口火を切った。この投資ブームは、債務構造にかんする金融機関、および非金融企業による投機の増大によって可能となったのである。つまり、投機が総需要の拡大、とりわけて民間投資の拡大を資金的に支えたのであった。

投資の外部資金調達の結果、民間所得に対する民間負債返済額の比率が上昇した。このために期限の来た債務返済額と各種の源泉からの現金受取額とが、従来にまして密接に関連することとなった。加えて、金融機関、家計、そして通常の企業による債務管理のために、より多くの経済主体が、金融市場は当然「順調に」機能するものと前提して活動することとなった。それゆえ、過誤や予想外の変動に備えた受取額や流動資産のゆとり(マージン)は減少してしまった。一九六〇年代の長期に亘る経済的拡大を通じて、頑健な金融システムは脆弱なシステムに変貌した。この脆弱性の結果、もっと頑健な金融構造の下であれば、深刻な反作用を伴うことなく十分容易に吸収されたはずのショックが、一九六六年と一九六九―七〇年のアメリカにおいて、金融危機を思わせる混乱の引金となってしまったのである。

連邦準備制度による迅速な行動の結果、一九六六年と一九六九―七〇年の双方において、それらの危機が本格的な負債デフレ過程を生じさせることは防止された。しかし、負債デフレの芽を摘むためにとられた手段によって、貨幣供給量の加速的な増加がもたらされた。貨幣供給量のそのような増加と、基本的に財政依存形の政策スタンスのゆえに、金融逼迫は一九六六年にはちょっとした景気停滞を、また一九七〇―七一年には緩やかな、しかし少々長期的な景気後退をもたらしたにすぎなかった。連邦準備制度の金融システムに対する責任の自覚と財政政策についての政府の姿勢とが結びつくことによって、景気循環の形状が――景気の底はさほど深くなく、景気後退もさほど長くないように――うまく変えられた。しかし、今や、景気循環が政策によって消滅したわけではないことは明らかである。また明らかに、脆弱な金融システムの下で経済は頑健なシステムの下におけるのと全く異なった動きを示す。そして、金融システムの脆弱性は各種の経済主体の営業所得に対する負債返済額の比率の高さ、また経済主体が長期資産に対する彼らのポジションを、円滑に機能する短期金融市場における借換えにどの程度依存するかに関連している。

インフレ圧力の基盤が確固としており、また加速的であることは、一九六六年に初めて明らかとなったが、これは現在まで続いている。部分的には、このインフレ圧力は連邦準備が金融危機と負債デフレの脅威の下で、貨幣供給急増のペースを保たざるを得ないということに由来する。また部分的には、貨幣賃金率の決定のされ方のせいでもある。

ケインズ主義の分析、とくに新しい解釈による分析は次のような意味で制度的である。すなわち、われわれの過ごしている過渡的状況がどのように展開するかを決定する現実の行動は、現在の制度がいかに動くかにかかっているということである。したがって、われわれの分析は、貨幣が創造され、投資資金が調達され、貨幣賃金が決定される状況、そしてそれらが経済状態の推移に及ぼす影響を考慮することができる。われわれが展開してきた新しいケインズ主義モデルでは、貨幣賃金、とくに投資財生産に雇用される労働者の賃金の加速的上昇が経済に組み込まれているならば、そして、投資資金需要が資金供給を引出すような金融メカニズムが存在し、連邦準備制度が金融危機と負債デフレを防止する必要に迫られており、かつ政府の財政政策の姿勢が雇用を高い水準で下支えするようなものであるならば、諸価格の上昇率は、インフレ期待の影響によってより急速になることがないとしても、賃金上昇率と同じ程度に加速的なものとなる。労働組合の構成員の大幅な失業の可能性が考えられないとすれば、労働組合はより強力となる。そして、過去の賃金上昇の効果がその後の価格上昇によって相殺されるとすれば、雇用者たちは賃金上昇に対して抵抗しないであろう。長期的な全般的繁栄、失業に対する強い抵抗感、そして脆弱な金融システムの組合せは、とくに加速的インフレーションと結びつき易いのである。

労働組合が投資財の生産部門(建設業)において強力であり、完全雇用政策が投資主導型政策に従っているときに、インフレ過程はとくに生じ易い。建設業における賃金上昇は、投資財の供給曲線を上方へシフトさせることによって、金融財政当局に対して、政策態度を投資財の需要価格が供給価格とともに上昇するように調整することを余儀なくさせる。しかし、投資の需要価格は予想準地代に依存しており、各産業分野で準地代が上昇するためには全面的なインフレーションが必要である。

投資財生産における賃金上昇が、投資資金を外部資金調達に依存する経済にインフレーションを押しつける力は、投資の融資関係から明らかである。投資企業の内部資金調達能力は現在の準地代に依存しており、一方現在の準地代は生産物の現在の価格水準に依存する。投資財の供給価格が投資財労働者の賃金上昇によって上昇し、かつ投資水準が楽観的な期待、あるいはインフレ期待によって維持されるならば、外部資金は膨張した費用と内部資金との較差を埋めなければならない。したがって、所要外部資金量の増加は、投資財価格の上昇が示唆するよりも大きい。生産からの将来の準地代一般が、そのような投資の外部資金調達によって生み出された金融債務に体化されている将来の返済額の増大を賄うに十分な現金をもたらす高さになるためには、所得に占める利潤のシェアが上昇しなければならないか、あるいは、一般の財の価格水準が投資財部門の賃金上昇によって設定された経路に従うものでなければならない。完全雇用に近い状態にある経済においては、所得に占める利潤シェアを上昇させる可能性は（租税ないしは直接の補助金が増加されるのではないかぎり）限られている。ある点を越えると、投資財産業の賃金上昇は（ここでも、補助金が増やされるのでないかぎり）全面的に現在の生産物価格に反映されねばならないであろう。もしそれがおこらなければ、投資主導の方針か、完全雇用の維持のいずれかがあきらめられねばならない。

われわれは、経済的拡大を生み出し、それを持続させる上で、適当な資金量の利用可能性が不可欠なステップであるというケインズの見解を強調したが、一九六〇年半ばから今日までのできごとはこの見解の正しさを裏づけている。一九六〇年代の投資ブームは、資金需要に対応して金融部門がきわめて革新的な諸方法を導入したことと相俟って、景気循環の内生的な発生が依然として資本主義経済の根本的な特徴となっていることを明らかにしている。連邦準備制度が経済危機を回避する上で、効率性を発揮し、連邦政府の大規模な予算額によって所得の下限が引上げられているために、本格的な負債デフレの過程にきっかけが与えられることはなかった。投機的な冒険の成功を信じる気持ちに水を差すような経済危機や負債デフレの過程が見られないので、価格上昇の傾向と金融市場の重層化の傾向はさらに強められている。

標準的な新古典派モデルから導き出される教訓に従った政策手段が活発に利用されたので、景気循環は消滅はしなかったけれども、その形状は変化した。このように、近年の経験は、本書が提示したケインズの見解についての解釈と整合している。つまりわれわれは本来的に不安定な経済体系に当面しているのである。そして、根本的な不安定性は「上方へ」向かうものである。

経済は今や、自由放任経済というよりもコントロールされた経済である。しかし、そのコントロールの方向はケインズが思い描いていた方向とは違う。投資は社会化されなかった。その代り、投資がもつ社会的効用とは全く無関係に、民間投資を促進することを目指した手段が租税-補助金体系にひろく浸透している。政策方針は所得分配に働きかけて、消費-所得比率を上昇させるようなものではなかった。むしろ、政策方針は企業の非課税所得を増加させるようなものであり、それは消費-所得比率を低める傾向がある。(一九二九年の時点で、アメリカにおける個人消費支出-所得比率は〇・七五であったが、一九七二年にはそれは〇・六三となった。）さらに、所得分配のパターンは、資本の稀少性を持続させる傾向のある相対的欲求を蔓延させた。ケインズだったら文化的基準にかなっていると考えたであろうものを犠牲にして、広告によって消費を人為的に刺激することが、軍事支出に特有の実物資本の浪費とともに、資本不足の状態の継続をうまい具合に支えてきたのである。投資主導の政策方針は、最初にすべての人々の最低の消費水準を引上げることによって絶対的欲求を充足し、それから人生の重要な非経済的目標の追求に向かうという、ケインズが提唱した路線をとる代りに、充足の見通しすらみられない際限のない裁量的消費という踏み車の上に経済を立たせている。豊かなアメリカ社会に喜びがないのは、目標の喪失、「より多く」のものが実は努力に値しないような基準を受入れているためであるかもしれない。

民間投資主導型の政策の成功は、その民間投資を正当化する相対的欲求の継続的な増加に依存している。それはまた、経済政策が資本の稼得する準地代――つまり、年金生活者と企業家の所得――を維持し、増加させる方向にむけられることを必要とする。しかし、そのような高水準で増加する準地代はとくに投機と結びつき易い。とりわけ、これらの利潤が政策によって保証されている場合にはそうである。その結果は、抵当に差し入れられてしまう現金受取額の割合が増えるばかりではなく、資産ポジションを継続的な借換えに依存させる債務構造の実験である。完全雇用を目指す高投資・高利潤政策は――積極的な財政支出政策と物わかりの良い連邦準備制度による下支えがあるとしても――金融システムの不安定性を高め、経済パフォーマンスの不安定性を増す。短時間の間に、政策問題は深刻な不況の防止、停滞的な経済の活性化、インフレーションの抑制、そして金融逼迫ないし金融圧縮の緩和とめまぐるしく変転する。歴史的にはあれほど明らかであった金融不安と景気循環が、再び地平線に姿を現している。一九五〇年代と一九六〇年代初頭における金融システムの見かけ上の安定性と頑健さは、今や歴史的偶然であり、大恐慌のすぐ後に起こった第二次世界大戦の金融的な余滴のおかげであったとみなすべきかもしれない。

いかなる経済も、それが管理経済であろうとも自由主義経済であろうとも、公平であると考えられないのであれば、また社会正義を促進しているとみなされないのであれば、自由な社会として長らえることはできない。経済的手段によって社会正義を促進するためには、所得の不平等が所得を生み出す協働作業に対する貢献度の差異にかんする何らかの合意(コンセンサス)に対応していなければならない。高度に相互依存化した都市経済においては、不平等が制限されなければ、そのような合意が長くは続かない。いかなる経済にとっても、それが十分安定的であるためには、租税と政府介入がもたらす便益の配分が公平かつ平等であるとみなされねばならない。しかし、このことは、とりわけ管理経済にあてはまるのである。ある意味で、失業を防止し生産水準を維持するためにとられる政策手段は、経済生活というゲームを「設定」(fix)する。そのようなシステムが存続し得るためには、そのゲームが不公正には設定されていないのだという合意がなければならないのである。

われわれは、誰のためにそのゲームが設定されるべきか、またどのような種類の生産物が生産されるべきかという規範的な問題に、いやおうなく立戻らざるを得ない。理にかなった完全雇用が圧倒的に重要な目標であるとするならば、恒久的な浪費と欲求という政策体系は、これまで成功してきたことは明らかである。有用な資本の蓄積に全く貢献しないか、ほとんどつながらない投資、絶え間ない軍備拡大、そして気まぐれな消費の組合せは雇用の維持に成功してきた。しかし、失業と不況問題のそのような解決は、それに対応する幸福感の増加につながっていない。むしろそれは、すべての人々を——富める人々も、貧しい人々も、あるいはその中間の人々も——実りのない、インフレ的な踏み車に追いやっている。そして、それは生物学的な、かつ社会的な環境の悪化とみなされる諸状況を派生させているのである。

さらに、高水準の投資と高利潤が債務構造にかんする投資に依存し、またそれを誘発するので、経済的拡張をコントロールすることは次第に難しくなる。そこでの選択は、加速的インフレーションに順応するか、あるいは深刻な不況につながる負債デフレ過程を誘発させるかのいずれかであるかのように見える。標準的なケインズ解釈からもたらされた経済機能についての見解に立脚した経済政策の成功はおそらく、一時的なものであろう。現時点では、非インフレ的で持続的な経済的拡張をスタートさせることは、十数年前、つまり一九六〇年代の初頭におけるよりも、さらに難しい。

ケネディ－ジョンソン時代(一九六〇—六八年)に、高投資、高利潤、そして軍事支出政策が、部分的には経済成長政策の下に立案され採用された。代替的な選択肢は高消費政策である。資本主義的な金融機関の下では、とりわけ経済成長を伴って完全雇用に近い状態が続くことが不安定化要因を抱えているのであるから、適切な政策は経済体系が民間投資に依存する程度を引下げるように目指すこと——つまり、所得分配を変化させて、民間の平均消費性向を引上げるとともに、公共の消費、投資でそれを補強すること——になる。

基幹部門が社会化され、共同的消費が民間の欲求の大きな部分を充足し、所得と資産に対する課税が不平等の低減を目指して組み立てられ、さらに債務構造に対する投機を、債務の公正の許容範囲を規定する法律によって制約している経済においては、現下の政策体系に固有な緊張と不安定性を伴うことなく、完全雇用に近い状態が持続的に達成されるであろう。

基幹産業部門の社会化は、大規模な民間部門の成長、繁栄と完全に整合的であるから、この高消費体系は、現在のわれわれの政策体系よりも、企業家の能力、野心により大きな自由を許容するものと思われる。高投資、高利潤の政策体系は、巨大企業と巨大金融機関とに結びついている。というのも、そのような金融組織、産業組織は巨額の外部資金調達を容易にするようにみえるからである。しかし、アメリカの巨大企業に列せられる企業は停滞するか、あるいは非効率的となる傾向をもっている。高消費、所得不平等の制限、そして債務構造の許容範囲の制約に力点を置く経済政策は、もし制度化された巨大企業の力を制限する産業組織政策と結びあわされれば、現在の政策体系よりも個人の創意と企業家精神により良くマッチするはずである。

現在のところ、投資資金の調達にかんする規制がみられず、高消費と低民間投資を目指す政策も採用されていないので、持続的な完全雇用は、明らかに、あくせくした豊かさ、加速的なインフレーション、そして頻発する金融危機の脅威をもたらしている。

われわれが提示したケインズ解釈と最近の経験とに照らしてみれば、資本主義経済の繁栄に限界があることは明らかである。資本主義経済が深刻な金融危機と景気循環を生み出す傾向はいまだにみられるし、現在の制度の下でこの傾向を解消しようとすれば、加速的とは言わないまでも、継続的なインフレーションを招かざるを得ないと思われる。しかし、新しいケインズ解釈によれば、適切な政策を講じることによって、われわれは今よりももっと良い実績をあげることができる。もっと良い結果を生み出すためには、第一に、民間企業の債務構造を規制する必要がある。投資および資本ストックの保有(ポジション)のための借入資金調達は規制されねばならないであろう。大規模企業についてはとくにそうである。加えて、目に見える利益を生み出さないような民間投資、および政府投資、つまり軍事的投資に高度に依存することは改められるべきである。労働者と貧しい人々の所得が、豊かな人々の所得増加の「おこぼれ」の結果として増加するような政策に代って、貧しい人々の所得が直接に維持され増加し、豊かな人々が偶然の結果として生み出されるような新しい政策が採用されるべきである。

先に述べたように、高投資・高利潤政策が金融市場に与える反作用は不安定的であるから、現在の政策が今日まで享受してきた成功は一時的であることが判明すると思われる。これが正しいとすれば、そして理にかなった完全雇用が維持されるべきだとすれば、そのときには、これまで素描してきた、平等な所得分配と高水準の消費に力点を置く新しい政策が、経済的効率性、社会正義、そして個人の自由と整合性をもった現実的な戦略となるであろう。より、長期的な哲学的な視野からみれば、様々な完全雇用－所得分配政策が適当であるような一連の時代を思い浮べることができよう。つまり、高投資・高利潤の体系が高消費・平等主義の体系に受け継がれ、次いで再びもとに戻るといった連鎖である。われわれの生涯が過渡的な状況のもとで過ごされるということは、依然真実であり続けるであろう。経済生活を安定化するという問題に、最終的決着をつけることはできないのである。

ケインズが、自分自身創始しつつあると信じていた経済理論と政策とにおける革命の芽は、次の点で摘み取られてしまった。理論上の革命は静学的均衡分析に還元されてしまい、次いで古典派理論に吸収されてしまった。政策上の革新の目標は社会主義者たちの混迷し、かつ陳腐化さえしている分析と政策的処方箋から導き出されるとケインズが信じていた国家主義、画一主義を伴うことなく、社会主義者たちの目標を実現することであった。従来の解釈によれば、ケインズの理論は新しく、かつ合理性をもった根底的(ラディカル)な教義のための基盤を提供していない。標準的な解釈は、ケインズを民間消費と公共的消費を犠牲にして投資を促進し、社会正義を犠牲にして所得分配の不平等を助長する新保守主義の伝道者としてしまっている。

したがって、一九七〇年代の資本主義経済がいかに機能するかにかんする満足な分析を達成するためには、『一般理論』が展開された一九三〇年代に、経済学者たちの直面していた問題に立ち帰って、それを理解しなければならない。同様に、今日先進資本主義諸国が直面している政策問題を理解するためには、資本主義と社会主義の相対的な長所にかんして、一九三〇年代にわきおこった根本的な論争の中心となった問題に戻る必要がある。われわれが、ケインズと同様に、資本主義の基本的性格を保持した混合体制を支持するとしても、それは何ら制約されない資本主義に長所が認められるからではない。資本主義の重大な、しかし原理的には制御可能な欠陥にもかかわらずわれわれはそれを支持するのである。いずれにせよ、基本的な三原則である効率性、正義、自由が達成されるように資本主義が管理されるべきであるとすれば、その管理の方式はケインズにとって明白であった認識、つまり雇用の安定性と所得分配という点にかんして、資本主義には欠陥があるという認識に則ったものでなければならないであろう。

# 訳者解説　ハイマン・ミンスキーの理論——あとがきにかえて

## 一　ケインズとミンスキーの理論

金融恐慌は資本主義の歴史を彩る興味深いエピソードとして、常に多くの人々の関心を集めてきた。資本主義経済の一つの側面を示す現象として、これほどに心をそそられるものは他にないと言って過言でない。それは、剛胆な英雄、腹黒い敵役、気高く、英知溢れる調停者、無知蒙昧で慾の皮ばかりつっぱった道化役など多彩な登場人物によって演じられる悲喜劇である。この劇はわれわれに、金銭的欲望のおそるべき力と儚さを、じつに生き生きと教えてくれる。

しかし、この悲喜劇が今日のわれわれの世界においても演じられ、しかもわれわれが好むと好まざるとにかかわらず、その舞台に引っ張り出されて端役なりとも務めなければならないとしたら、あまり面白がってばかりはいられない。しかも現代の金融市場で生じている多くの現象は、金融恐慌が決して過去の遺物ではないことを示しているように思われる。一九八〇年代前半に起こった発展途上国の累積債務危機とそれが国際金融市場に与えた後遺症、不安定な為替市場の動向、一九八七年秋に多くの先進諸国が経験した株価の大暴落。これらは、少なくとも一部の専門家にとっては、資本主義が全く幸運にも半世紀の間免れてきた悪夢の再来を予兆するものに他ならない。

一歩退いて、冷静に考えても、それらの金融市場の動きが、一国経済は言うに及ばず、世界経済における生産活動、雇用状態、貿易規模等に深い影響を与えていることは疑う余地がない。われわれの経済生活に絶えず付きまとっている経済変動(あるいは景気循環)の仕組を理解する上でも金融恐慌、あるいはそれに類似する金融市場の大規模な変動・混乱のメカニズムを考察する必要があろう。とりわけ、複雑さの程度を刻一刻高めつつある現代の金融市場が古典的な金融恐慌から免れているか否か、もし現代の金融市場も悲観論者が主張するように、金融恐慌と呼ばれる業病から免れていないのだとすればそれはなぜか、また資本主義経済を金融恐慌の混乱から救うものがあるとすればそれは何か、等はまさに今日のわれわれが直面している重大な経済問題のひとつである。

ここに訳出したハイマン・ミンスキーの著書は、ケインズの理論を紹介するという体裁をとりながらも、実質的には上に述べたような現代の経済問題に対するひとつの理解枠組を提供することを目的としている。したがって、この書物はケインズの業績を訓詁学的に解釈し、それを読者に伝えようとしているのではない。ミンスキーの目指すものはあくまでも現在の資本主義経済が抱えている問題の解明であり、彼自身の理論を伝えるための媒体としてケインズが利用されているのである。

それでは、なぜケインズなのか。その理由は、ミンスキーによれば、現在経済学の主流を占めている(予定調和論的色彩の濃厚な)新古典派マクロ経済学——その本質は、ジョン・ヒックスによって定式化された *IS-LM* 分析、およびそれの様々な拡張版によって表現される——が資本主義経済の動態を捉えることに全く無力だからである。特にそれは、資本主義経済の金融面と実物面との複雑な相互連関が生み出す不安定性にほとんど全く解明のメスを入れることができない。それもそのはずであり、「新古典派総合」の名の下に定式化され、整理されてきたケインズ理論は、金融理論の並ぶ者のない大家であったケインズの著書から、金融市場にかかわる本質的な分析枠組を取り去ってしまった一種の紛い物にすぎないからである。ミンスキーにとっては、ケインズ理論の本質的な分析枠組を回復し、さらには適切な改善を加える――ケインズといえども、予定調和論的な新古典派経済学の影響から完全に自由ではありえなかった――ことが、とりもなおさず現代のマクロ経済学上の主要な課題に対する解答となるのである。

## 二　ミンスキー理論の構造

ミンスキーの著書は、前半第三章までのケインズ主義経済学(ケインズ自身が展開した理論ではなく、「新古典派総合」によって定式化された理論)の批判的考察、中盤第四章から六章までのケインズ理論の再定式化、終盤七章から九章までの再定式化されたケインズ理論がもつ政策的インプリケーションの解説、という三部構成になっている。この中で、もっとも注目すべきなのは、言うまでもなく、中盤部分である。この部分では、『一般理論』におけるケインズの所説を忠実に再現することによって、資本主義経済における諸資産の市場価格決定のメカニズム、資産市場の価格決定と企業の投資行動との関連、さらに投資決定過程における銀行・金融機関の役割が説明されている。

それは、自由放任的な市場経済において、金融過熱(ブーム)とその崩壊に続く「負債デフレ」が不可避的であるというミンスキー自身の考え方の理論的基礎を提供している。

この本質的に重要と思われる部分は、しかしながら、従来の標準的なケインズ理論の解説——なんと言っても、その最大の売り物は平易さにある——の水準を遥かに抜きん出ており、加えてミンスキー自身の説明が非常に複雑な体裁を取っていることもあって、かなり難解という印象を一般の読者に与えるのではないかと懸念される。そこでここでは、主に第四章から六章までのミンスキーの理論を訳者なりに整理し、読者の便宜に供したい。

**実物資本ストックの市場価格**　企業組織に体化されている実物資本ストックは株式市場など資本市場において、他の金融資産との関連で評価 $P_K$(市場価格)を与えられる。この点は、比較的お馴染みの資産市場の均衡分析に沿って説明されている。すなわち、実物資本のこの市場価格は、(1)その資本がもたらすものと期待されている収益 $q$ の流列、(2)企業が負っている債務の構造(より具体的には債務に伴う経常的な利子支払額と、投資家にとって受入れられる最大限の利子支払額との関係によって表現される)、(3)投資家たちの流動性に対する評価 $l$、(4)そして中央銀行によって与えられる貨幣供給額 $M$ によって規定される。(第四章の後半、第五章の図5-2および5-3の説明を参照されたい。)

この説明におけるミンスキー理論の特徴は、相対的に流動性の乏しい実物資本と名目タームで条件が確定した比較的流動的な金融資産との間の流動性格差を明示的に考察している点である。(図5-2とそれに関する説明を参照されたい。) 投資家たちが流動性を強く求める局面(その局面では、実物資産の収益性に対して悲観的な見通しが支配的となっている)においては、実物資本の価値は流動的な金融資産に比べて低い評価を与えられる。逆に、投資家たちが楽観的な見通しをもっている場合は実物資本の市場価格は相対的に高くなるのである。この評価額の変動は、マクロ的な経済変動の過程において重要な役割を演じる。(1)

**企業の投資決定**　新たに投資をおこなうに当たって、企業は投資財の供給価格 $P_I$ のスケジュールに直面している。企業にとっての投資の限界費用は、単に投資財の市場で与えられる投資財の単位価格だけによって表現されるのではない。この $P_I$ はいわば「実効的供給価格」と呼ぶべきものであり、投資財産業の供給曲線(限界費用曲線)に依存するばかりではなく、企業が抱えている債務残高、および新規の投資に関する資金調達の構造、そしてこれらの債務構造を前提として、投資家たち、つまり企業に対する資金供給者たちが評価する企業の債務返済能力の信頼性(ミンスキーは「貸手リスク」という言葉で説明している)にも依存する。

企業は投資額を増加させるにしたがって、債務発行(あるいは借入増加)により多く依存しなければならない。そのことは、他の条件が一定であれば、企業の借入金返済能力を、若干なりとも疑わしいものにするから、企業にとってより厳しい借入条件を課せられることを意味する。したがって、企業にとっての「実効的な」投資財供給価格 $P_I$ は投資額 $I$ の増加関数となる。また、投資家たちが企業の返済能力についてより厳しい評価を下すほど、この投資財の供給価格曲線の勾配は急になる。（第五章、図5－4における右上がりの貸手リスク曲線、および限界貸手リスク曲線に関する説明を参照されたい。）

一方、企業による投資財に対する需要価格を、上に説明した実物資本の市場価格 $P_K$ との関連で導き出す。この需要価格は実物資本の市場価格に、借手としての企業が負うリスクを考慮して決定される。つまり、投資額が増加するにつれて企業の借手リスクは高まる。なぜなら、企業の債務発行による資金調達部分が増えるので、一定の投資から期待される不確実な収益のうち、確実に返済されねばならない利子費用の比率が上昇するからである。そこで、企業の投資財に対する需要価格は、実物資本の市場価格 $P_K$ を上限として、投資額の減少関数となる。(2)（第五章、図5－4の右下がりの借手リスク曲線に関する説明を参照されたい。）

ある期間において企業の投資額を決定するのは、ここまで説明してきた投資財の供給価格曲線と需要価格曲線との交点である。この交点がどれだけの投資額をもたらすかは、これら供給曲線、需要曲線の位置による。たとえば、資金の供給者である投資家も、企業経営者も投資の収益性に関して楽観的な見通しを強くもつほど、これらの曲線はいずれも緩やかな勾配をもつので、企業の投資額は相対的に大きくなるのである。

**ブーム期のダイナミズム**　景気過熱(ブーム)は人々の将来の収益性、流動性の必要等にかんする楽観的な見通しの広がりから始まる。このような楽観主義の広がりは、まず第一に資産市場における実物資本価格 $P_K$ を、投資財の供給価格 $P_I$ との相対的関係において引上げる。さらに、その楽観主義は投資財の供給、需要両曲線を拡大する。これらのことがらは、いずれも企業の投資を活発化し、同時に企業の借入需要を高める。さらに、企業の投資支出増大は、ケインズ的な乗数過程を通じて経済の総需要を引上げ、その結果、企業の獲得する収益を増加させる。これは当初の楽観主義を一層高める。

しかし、企業が債務発行を増加させて、積極的に投資を推進するにつれて、企業は相対的に流動性を重視するような資金供給者からの借入れに依存する程度を高めざるをえない。企業は、固定的で市場性の乏しい多額の実物資本を保有する一方、債務額を増加させるばかりではなく、流動性の高い債務をより多く発行する。ミンスキーは、企業によるこのような資産・債務構造の選択を「投機」と呼んでいる。企業は、かなり多額の短期的債務を借りつないでいくことができるであろうと楽観的に予想しているのである[3]。

現在の金融市場においては、企業の「投機」を支える幾つかの仕組が存在している。短期金融市場の発達はその一例であり、非金融企業ばかりではなく銀行・金融機関も「投機的」な資産・債務構造を大胆に選択できるし、しばしばそれを実行している。とくにブーム期には、非金融企業の「投機」活動を支えるために、銀行・金融機関も「投機」のポジションを強める。すなわち、経済全体の債務構成が複雑化し、とりわけ相互に短期債務の発行、あるいはその可能性に依存するという短期的債務の多層化が進む。金融市場のこの状態はきわめて脆弱である。もし、市場参加者のごく一部が、金融市場における複雑化・多層化の基礎にある楽観主義に疑問をもち、市場取引の流れから身を引こうとする時に深刻な混乱をもたらす可能性が強いからである。

**デフレ的局面への移行と金融市場の混乱**　ブームの進行中、企業が短期的(流動的な)資金調達への依存度を高めるにつれて、一般の投資家にとって借手企業の返済能力は次第に疑わしいものになる。このことは、企業の市場価値(実物資本の市場価値)$P_K$を低下させ、そのことが企業の投資を直接低減させる。投資の減少は乗数過程を通じて、経済をデフレ的局面に向かわせる。

しかし、そのデフレ的局面は金融市場における重大な混乱――つまり、かつてアーヴィング・フィッシャーが負債デフレ(debt-deflation)と呼んだ混乱――の契機となる。企業の市場評価額$P_K$の低下によるデフレは、さらに企業の実物資本に対する収益の見通しを悲観的なものとする。企業や銀行・金融機関に対する短期資金の供給者たちは、借手たちの信頼性に疑問を感ずるようになる。それらの借手たちは、短期的な債務を返済するためにさらに短期的に借り繋ぐことが非常に困難になっていることに気づく。さらに、複雑に多層化している金融市場においては、少数の借手が返済不能に陥った時に、その影響が当該借手に短期資金を供給していた主体が自分たち自身返済不能に陥るという形で、広範に波及する可能性がきわめて大きい。投資家にとって、短期金融市場の資産は決して安全かつ流動的とは言い難いものになるのである。資金は、より安全な運用先を求めて、短期金融市場から逃避する。

実物資本の需要を支えていた短期金融市場資金の枯渇は、実物資本価格の低落に直ちに繋がる。$P_K$の低下は企業の投資を一層抑制し、企業は獲得した収益を借入れの返済、あるいは流動的な資産の保有に向けようとする。なぜなら実物資本の市場価値$P_K$が投資の供給価格$P_I$を下回っているか(図5-7あるいは6-4の場合)、あるいは$P_I$を上回っているとしても、貸手のリスク、あるいは借手のリスクが非常に高く評価されているために、投資額が留保利潤額以下になってしまう(図5-7あるいは6-3の場合)からである。

デフレ局面において、金融緩和政策は有効であろうか。ケインズは貨幣供給の増加が利子率を低下させることができないという意味での「流動性のワナ」が存在し得ることを指摘した。しかし、ミンスキーの理論では、たとえ利子率(金融債権に与えられる利子率)が貨幣の増加とともに低下するとしても、実物資本の市場価格は上昇しないかもしれないのである。実物資本の非流動性が、投資家たちによって極端にネガティヴに評価されている場合には、貨幣供給の増加は相対的に流動性の高い金融資産に対する需要を増加させ、その利子率を低下させるとしても、実物資本ストックに対する需要の増加には繋がらないからである。(この点は第五章の末尾に説明されている。)

## 三　ミンスキーの理論をどう評価するか

本書の後半でミンスキーが展開している政策論は、中盤に展開されている市場経済の不可避的な不安定性に関する理論的分析を受けている。彼の政策的提言は、資本主義的市場経済に対して批判的である人々によって、古くから主張されているものと大筋において違わない。その意味では、彼のこの部分の議論は陳腐だと言えよう。彼が提唱しているのは、要するに社会の総需要を安定的に維持するために市場経済の機能をある程度制約し、政府による計画を導入することである。また、政府は所得分配の在り方に介入し、より平等主義的な分配の実現に力を注ぐべきであるとしている。平等主義的な所得分配は、社会の総需要のより多くの部分を安定的な消費需要に向けることになると考えられるからである。

私自身は、この政策的な処方箋によって少なからず啓発されたけれども、一般的に言えば、その妥当性にはかなり異論の余地のあるところではないかとも思われる。今日の多数意見では、市場経済制度の不安定性を認めるとしても、それに対処するために政府が全面的に市場へ介入すること、あるいは計画化の色彩を強めることが好ましい結果を生むかどうか疑わしいであろう。しかし、ミンスキーの理論を評価する際には、彼の政策論議、あるいは社会哲学にこだわる必要はなかろう。

彼の理論は、ケインズが『一般理論』において意図していた、金融市場の動態と実物経済の変動、とりわけ企業の投資行動の変動とを統合するマクロ経済分析の枠組を提供しているのであり、この点にわれわれは評価の目を向けるべきである。実際この側面において、彼の分析は非常に強い影響力を発揮しつつある。たとえば、金融恐慌の歴史に関するものとして著名な、チャールズ・キンドルバーガーの *Manias, Panics, and Crashes* の理論的背景はミンスキーの分析によって与えられていると言われている。(4)

近年、先進諸国の金融市場においてしばしば生じている不安定な変動、銀行・金融機関の経営の悪化とその影響の内外市場への波及などの問題を考察する際にも、多くの専門家がミンスキーの研究を出発点としている。MIT のランス・テイラーとペンシルヴェニア大学のオコンネルは、難渋で多少混乱しているミンスキーの分析を整理した論文を発表しているほどである。(5)

彼の理論的分析には、必ずしも完結していない部分、あるいはいささか曖昧な部分が散見される。企業金融に関する彼の分析では、本来明らかにされねばならないことがらが、分析の前提として置かれている。(6)また、現在の金融システムが備えている幾つかの安全弁、具体的には中央銀行による「最後の拠り所としての貸手」の役割、あるいは金融システムの中枢を占める銀行部門に対する預金取付けを未然に防ぐための預金保険制度等が、金融市場を安定化させるのにどの程度貢献するかといった問題にはほとんど触れられていない。しかし、これらの限界にもかかわらず、資本主義経済における金融の側面と実物面との相互連関を考察するために、ミンスキーのこの著書は欠くことのできない素材となることは疑う余地がない。そして、ミンスキーの著書が指し示している方向は、彼自身が十分な説得力をもって主張しているように、まさにケインズが『一般理論』において目指していた方向でもある。

ミンスキーの原著書は一九七五年に出版された。この書物を十数年後の今日訳出することにどのような意味があるだろうか。この疑問に対する訳者の解答は、この解説の冒頭に述べられている。今日の資本主義経済の金融市場は、急速に複雑化、精緻化を進めているにも拘らず、(あるいはそれ故に)その不安定性をむしろ高めつつあるようにも見えること、その金融的な不安定性は実物経済の変動と深く結びついていること、そしてミンスキーの著書はそのような金融経済の変動のメカニズムを理解する一つの枠組を、ケインズの理論的業績に依拠しつつ提供していること。これらのことがらが本書の翻訳を十分に正当化すると訳者は判断している。

原著書は、かなり独特の理論的分析によって特徴づけられており、ミンスキー自身の文体が非常に難解であることもあって、翻訳にはいささか骨が折れた。あるいは訳者の不注意な過誤などがあるかもしれないが、この点は読者諸賢の叱責を待つこととしたい。翻訳の過程で、原稿整理、索引の作成などについて、平塚有里子、福田文子、若生寿一のお三方から多くの御協力を得た。また、岩波書店の坂下裕明氏も、訳者に多くの御助力と励ましを与えて下さった。これらの方々に対し深く感謝の意を表したい。

(1)『一般理論』においてケインズが便宜的におこなったように、資産を貨幣と長期資産(そこには実物資本も金融資産である国債等も含まれる)に大まかに二分するのではなく、少なくとも実物資本と金融資産とを区別すべきであるという議論は、従来からジェームズ・トービンによって唱えられてきた。J. Tobin, "A General Equilibrium Approach to Monetary Theory," *Journal of Money, Credit and Banking*, Vol. 1, 1969 を参照。

(2) ミンスキーによる批判の槍玉にあがっている新古典派投資理論においては、資産市場で決定される実物資本の価格 $P_K$ が次のような形で直接投資財の価格 $P_I$ を規定する。即ち、個々の企業は資産市場で与えられる実物資産価格 $P_K$ と投資財の市場価格 $P_I$ を比較し、$P_K$ が $P_I$ を上回る限り、投資額を拡大しようとする。逆に、$P_K$ が $P_I$ よりも低い場合には、いっさいの投資を差し控えようとする。個々の企業にとって、$P_K$ も $P_I$ も外生的に与えられているから、その投資需要額は結局不決定である。ただし、経済全体の投資額は決定される。それは、完全競争的と仮定されている投資財産業は右上がりの供給曲線(限界費用曲線)を持っており、投資財の限界費用、すなわち投資財価格 $P_I$ が $P_K$ に一致するところで、経常的な投資財の生産量が決定されるからである。要するに、新古典派の理論では $P_K=P_I$ が成立することになるが、そこでは明らかにミンスキーが重視している貸手リスク、借手リスクが全く考慮されていない。

(3) 一般的に、資産と債務の満期を乖離させることは金利にかんする投機を意味している。たとえば、ある経済主体が短期の債務によって調達した資金をより長期の資産へ投入する場合、将来金利が低下すればその主体は利益を得ることができる、しかし金利が上昇すれば、その主体は損失を蒙る。

(4) C. P. Kindleberger, *Manias, Panics, and Crashes: A History of Financial Crises*, Basic Books 1978.

(5) L. Taylor and S. A. O'Connell, "A Minsky Crisis," *Quarterly Journal of Economics*, Vol. 100, 1985.

(6) たとえばミンスキーは、企業が投資をおこなう際、内部資金(留保された利潤)を最優先して投入するものと仮定している。(図5-4等の説明をみられたい。) この仮定は、モジリアニとミラーが展開した新古典派の企業金融理論……それによれば、資本市場が「完全」な場合、企業にとって投資資金の調達方法は投資決定に全く係わりを持たない……が妥当しないことを意味しているが、なぜそうなのかをミンスキー自身は明示的には論じていない。

## 追記——岩波人文書セレクション版への訳者あとがき

一九九六年六月の末に、経済学の研究会議がアメリカのニューヨークにあるコロンビア大学で開催され、わたくしもその会議に出席していた。その会議は金融市場の混乱に関する理論的・実証的研究の報告の場であり、テーマそのものはミンスキーのこの著書にぴったりではあったが、その会議で彼の業績に直接言及されることはなかった。しかし、会議の後の夕食のときに、会議全体を仕切っていたカロマリスという、若いが非常に力量のある学者が、われわれに対して「実はミンスキーが亡くなった」と報告した。そのときのカロマリスの話では、旅先で急に亡くなられたということだったと記憶している。内外の金融市場や資産市場で、大きな混乱が発生しつつあった状況のもとで、ミンスキーの業績に人々の関心が集まり始めていたときであったので、わたくしとしては非常に残念という気持ちがこみ上げてきたことを覚えている。

彼のこの著書については、わたくし自身が翻訳の末尾に示した感想をお読みいただきたいと思う。当時のわたくしは新古典派総合にどっぷりとつかっていた。したがって、翻訳を引き受けたにもかかわらず、ミンスキーの主張に対して共感を覚える部分が少なからずある一方で、理論の詳細などについては納得できないと思う部分も存在した。この点は今日でも、大きくは変わっていない。しかし他方で、新古典派総合のアプローチや、さらにはもっと極端な市場主義をかかげるマネタリストの主張に対する批判が高まってきたことも確かである。最近の例を挙げれば、二〇〇八年の秋にアメリカに端を発して、世界各地に大きな混乱を巻き起こした「リーマン・ショック」を指摘できるであろう。このショックもまた、新古典派総合やマネタリストに対する批判の契機になったと考えられる。こうした批判は、この本で紹介されているミンスキーの主張の再評価にもつながるわけである。実際、多くの人々の間でミンスキーを評価しなおす動きが高まっていると言ってよい。わたくしの考えでは、この本は「岩波人文書セレクション」という少々古めかしいシリーズの一冊として位置づけられる以上の価値を読者に与えるのではないかと思っている。

二〇一三年一二月

*Reports of Three Decades*, ed. Robert Lekachman. New York : St. Martin's Press, 1964.

Viner, Jacob. "Mr. Keynes on the Causes of Unemployment," *Quarterly Journal of Economics*. 51 (November 1936), 147-67.

"Liberalism and Labor," pp. 307–11.

——. "The 'Ex-Ante' Theory of the Rate of Interest," *Economic Journal*, 47 (December 1973), 663–9.

——. "The General Theory of Employment," *Quarterly Journal of Economics*, 51 (February 1937), 209–23.

——. *The General Theory of Employment, Interest, and Money*. New York : Harcourt Brace, 1936 ; reprinted as vol. 7 of *The Collected Writings of John Maynard Keynes*. (注：ほとんどの版は本書のページ付けに従っている．)

——. "Recent Economic Events in India," *Economic Journal*, 19 (March 1909), 51–67.

——. "The Theory of the Rate of Interest," in *Readings in the Theory of Income Distribution*, vol. 3. Philadelphia : Blakiston, 1946 ; pp. 418–24.

——. *A Treatise on Money*. New York : Harcourt Brace, 1930.

——. *A Treatise on Probability*. Vol. 8 of *The Collected Writings of John Maynard Keynes*.

Leontief, Wassily W. "The Fundamental Assumption of Mr. Keynes' Monetary Theory of Unemployment," *Quarterly Journal of Economics*, 51 (November 1936), 147–67.

Minsky, H. P. "Monetary Systems and Accelerator Models," *American Economic Review*, 47 (December 1957), 859–83.

Patinkin, Don. *Money, Interest, and Prices : An Integration of Monetary and Value Theory*. 2d. ed. New York : Harper & Row, 1965.

Phillips, A. W. "The Relation between Unemployment and the Rate of Money Wage Rates in the United Kingdom, 1862–1957," *Economica*, 1958.

Robertson, D. H. *Banking Policy and the Price Level : An Essay in the Theory of the Trade Cycle*. London : P. S. King & Son, 1926.

Robinson, Joan. *Economic Heresies*. New York : Basic Books, 1971.

Simons, Henry Calvert. *Economic Policy for a Free Society*. Chicago : University of Chicago Press, 1948.

Sweezy, Paul M. "John Maynard Keynes," in *Keynes' General Theory :*

# 文　　献


Ackley, Gardner. *Macroeconomic Theory.* New York : Macmillan, 1961.

Clower, R. W. "Foundations of Monetary Theory," in *Monetary Theory.* Baltimore, Maryland : Penguin Books, 1969 ; Chapter 14.

Fisher, Irving. "The Debt-Deflation Theory of Great Depressions," *Econometrica*, 1(1933), pp. 337-57.

Galbraith, John Kenneth. "How Keynes Came to America," in *Economics, Peace, and Laughter.* New York : New American Library, 1972 ; pp. 44-56.

Hahn, F. H. *On the Notion of Equilibrium in Economics.* Cambridge, England : Cambridge University Press, 1973.

Hansen, Alvin, *Monetary Theory and Fiscal Policy.* New York : McGraw-Hill, 1949.

Harrod, Ray Forbes. *The Life of John Maynard Keynes.* New York : Harcourt Brace & World, 1951.

Hicks, J. R. "Mr. Keynes and the 'Classics' ; A Suggested Interpretation," *Econometrica*, 5(1937), pp. 147-59.

Keynes, J. M. "Alternative Theories of the Rate of Interest," *Economic Journal*, 47(June 1937), 241-52.

——. *The Collected Writings of John Maynard Keynes.* 28 vols. London and Basingstoke : Macmillan, for the Royal Economic Society, 1973.

——. *Essays in Persuasion.* Vol. 9 of *The Collected Writings of John Maynard Keynes.* Contains :

"Am I a Liberal ?," pp. 295-306 ;

"Can Lloyd George Do It ?," pp. 86-125 ;

"The Consequences to the Banks of the Collapse of Money Value," pp. 150-58 ;

"The Economic Consequences of Mr. Churchill," pp. 244-70 ;

"Economic Possibilities for Our Grandchildren," pp. 321-32 ;

"The End of Laissez-Faire," pp. 272-94 ;

## ハ 行



## マ 行

## タ 行



## ナ 行

## サ行

# 索　引

## ア 行



## カ 行

■岩波オンデマンドブックス■

ケインズ理論とは何か――市場経済の金融的不安定性
ハイマン・P. ミンスキー著

1988年 5 月20日　第 1 刷発行
1999年 7 月 7 日　モダンクラシックス版第 1 刷発行
1999年10月 5 日　モダンクラシックス版第 2 刷発行
2014年 1 月24日　人文書セレクション版第 1 刷発行
2017年 4 月11日　オンデマンド版発行

訳　者　堀内昭義（ほりうちあきよし）

発行者　岡 本　厚

発行所　株式会社 岩波書店
〒101-8002 東京都千代田区一ツ橋 2-5-5
電話案内 03-5210-4000
http://www.iwanami.co.jp/

印刷／製本・法令印刷

ISBN 978-4-00-730590-0　　Printed in Japan